旅游电子商务
（第2版）

孙建竹　陈丹　杨昳　陆慧　编著

清华大学出版社

北　京

内 容 简 介

本书主要内容包括绪论、旅游电子商务概述、旅游电子商务模式、旅游电子商务的技术基础、旅游电子商务电子支付技术与网络安全、旅游网站建设、旅游网络营销、旅游企业电子商务、旅游目的地电子商务、旅游管理部门电子政务和旅游电子商务实训指导。

本书反映了旅游电子商务研究的新观点和新成果,注重将旅游电子商务理论与实践相结合。本书没有执着于信息技术的深度挖掘和理论知识的深入讲解,而是从旅游企事业单位应如何应用电子商务的角度出发,力求内容通俗易懂,紧密结合实际,突出对专业技术应用能力的训练。

本书可作为本科院校、高等职业院校、成人教育机构旅游专业及相关专业学生的学习用书,也可供其他旅游行业相关人员使用。

本书配有课件,请读者扫描封底二维码获取。

图书在版编目(CIP)数据

旅游电子商务 / 孙建竹等编著. —2 版. —北京:清华大学出版社,2024.4
ISBN 978-7-302-65917-4

Ⅰ.①旅… Ⅱ.①孙… Ⅲ.①旅游业—电子商务 Ⅳ.① F590.6-39

中国国家版本馆 CIP 数据核字 (2024) 第 064196 号

责任编辑:施 猛 王 欢
封面设计:周晓亮
版式设计:孔祥峰
责任校对:马遥遥
责任印制:沈 露

出版发行:清华大学出版社
　　　　　网　　　址:https://www.tup.com.cn,https://www.wqxuetang.com
　　　　　地　　　址:北京清华大学学研大厦 A 座　　　　邮　　编:100084
　　　　　社 总 机:010-83470000　　　　　　　　　　邮　　购:010-62786544
　　　　　投稿与读者服务:010-62776969,c-service@tup.tsinghua.edu.cn
　　　　　质 量 反 馈:010-62772015,zhiliang@tup.tsinghua.edu.cn
印 装 者:三河市人民印务有限公司
经　　销:全国新华书店
开　　本:185mm×260mm　　　印　　张:17　　　字　　数:393 千字
版　　次:2015 年 7 月第 1 版　　2024 年 6 月第 2 版　　印　　次:2024 年 6 月第 1 次印刷
定　　价:59.00 元

产品编号:102682-01

前言(第2版)

党的二十大报告提出要"推动货物贸易优化升级,创新服务贸易发展机制,发展数字贸易,加快建设贸易强国","加快发展数字经济,促进数字经济和实体经济深度融合,打造具有国际竞争力的数字产业集群"。旅游电子商务是数字经济在贸易领域的重要业态,它能够满足贸易小额化、灵活化的发展需求,更适应快节奏的现代社会。

随着互联网技术的进步和数字经济的发展,旅游电子商务发生了重大变革,正逐渐成为旅游产业的主导力量。旅游企业利用先进的信息技术,将旅游服务与电子商务完美结合,为旅游者提供了更加便捷、高效和个性化的服务体验。近年来,旅游电子商务呈现蓬勃发展的态势,各大平台不断推出新的服务模式和产品,满足旅游者多样化的需求。同时,随着移动互联网的普及,移动端旅游电子商务市场也呈现爆发式增长。人们越来越习惯于通过手机预订旅游服务,这为旅游电子商务提供了更大的发展空间。

本次改版基于原版内容,梳理了第2章、第3章、第7章的内容,使其更具逻辑性;更新了第9章的案例,使其更具代表性;更新了全书的相关数据,补充了网络营销直播、社区平台营销等内容,使其更能反映我国旅游电子商务的发展现状;删除了一些陈旧的内容,使全书内容更加精练。

本书由孙建竹负责统稿,孙建竹、陈丹、杨昳负责书稿审定、提纲写作及修改工作。本书编写分工:第1章由陆慧(辽宁科技学院)编写,第2章由杨昳(辽宁科技学院)编写,第3、9章由陈丹(辽宁科技学院)编写,第4、5、6、7章由孙建竹(辽宁科技学院)编写,第8章由陈丹、杨昳、高杨(辽宁科技学院)编写,第10章由吕伟男(辽宁科技大学)编写,第11章由王惠(无锡商业职业技术学院)编写。

编者在编写本书过程中参阅了大量国内外文献,在这里谨向相关文献作者表示感谢!由于时间仓促、编写水平有限,书中难免有错误之处,恳请读者指正。反馈邮箱:shim@tup.tsinghua.edu.cn。

编者
2024年1月

前言(第1版)

如今，我们生存的社会被称为信息社会，信息在整个社会生活中变得日益重要。可以说，现代经济社会竞争的关键制胜因素就是信息的获取、处理和运用能力。没人会想到今天的Windows操作系统的诞生源于比尔·盖茨偶然获得的少量信息，当乔布斯向这个在当时还很不起眼的后辈展示他的麦金托什系统的时候，他绝对想不到这一举动在后来几乎断送了苹果公司，这就是信息社会的残酷所在。

随着信息通信技术的快速发展，世界也在迅速地改变。这种改变发生在各个领域，当然也包括旅游业。无论是微观上的虚拟企业的出现，还是宏观上的体验经济的大行其道，其根源都在于信息通信技术的迅速发展。由于这种变化，人们旅游的动机、旅游的内容甚至方式较以往都有所变化；由于这种变化，旅游企业的经营、管理、销售更加依赖于信息技术；由于这种变化，旅游管理部门的管理也变得更有效率。总之，旅游行业因其自身特性能够很好地适应信息时代的要求，而信息时代的到来为整个旅游行业的发展提供了前所未有的机遇。

本书力求结构合理、内容完善，注重实用性，全面反映我国旅游电子商务的基本理论、技术运用、现状及未来发展趋势。为加强应用型训练并培养学生的实际操作能力，本书每章选用大量的案例，并提供练习题。

本书由孙建竹负责统稿，孙建竹、陈丹、杨昳负责书稿的审定、提纲写作及修改工作。本书编写分工：第1章由陆慧(辽宁科技学院)编写，第2章由杨昳(辽宁科技学院)编写，第3、9章由陈丹(辽宁科技学院)编写，第4、5、6、7章由孙建竹(辽宁科技学院)编写，第8章由陈丹、杨昳、高杨(辽宁科技学院)编写，第10章由吕伟男(辽宁科技大学)编写，第11章由王惠(无锡商业职业技术学院)编写。

编者在编写本书过程中参阅了大量国内外文献，在这里谨向相关文献作者表示感谢！由于时间仓促、编写水平有限，书中难免有错误之处，恳请读者指正。反馈邮箱：shim@tup.tsinghua.edu.cn。

编者
2015年3月

目　　录

第1章

绪　论

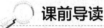

课前导读

　　本章论述了旅游业与电子商务的关系、旅游业与电子商务结合的优势、电子商务环境下的旅游产业价值链等内容。

学习目标

　　知识目标：了解旅游业与电子商务的特点，以及它们之间的关系；理解旅游业与电子商务结合的优势。

　　能力目标：掌握电子商务环境下的旅游产业价值链的构成。

　　素质目标：掌握旅游电子商务的相关知识，从旅游产业价值链出发，认识树立旅游企业品牌形象的重要性。

　　随着互联网技术的飞速发展，电子商务已经渗透到各个经济领域，旅游业与电子商务的结合，已成为各国旅游业内人士关注的热点。电子商务给经济和贸易领域带来了重大影响，而属于经济领域的旅游业必然被波及。为适应这种发展趋势，旅游业应利用其自身优势，丰富旅游服务手段，从而促进旅游业和电子商务的发展。

1.1　旅游业与电子商务的关系

　　随着社会的发展，旅游业已成为全球经济中发展势头最强劲和发展规模最大的产业之一。旅游业在城市经济发展中的产业地位逐步提升、经济作用逐步增强，旅游业对城市经济的拉动、对社会就业的带动以及对文化与环境的促进作用日益显现。旅游业是中国经济发展的支柱性产业之一。

　　作为国民经济的新兴行业，中国旅游业在发展初期就明确了开发建设的基本方针。一方面，坚持对外开放，广泛吸引海内外各界资金；另一方面，充分利用社会资源，鼓励国家、集体、个人投资建设旅游项目。这种开放的投资方针推动了中国旅游投资市场的活跃和旅游接待能力的提高，为旅游业的繁荣发展创造了条件。尽管中国旅游业的发展仍存在诸多问题和障碍，特别是旅游业管理体制和投资机制的市场化程度较低，但从总体上看，中国旅游业的投资环境呈现不断优化的趋势。

受新冠肺炎疫情影响，2020—2022年，中国旅游业收入波动较大，随着疫情结束，2023年上半年，中国旅游业复苏势头强劲，国内旅游收入达2.3万亿元，比上年同期增加1.12万亿元，增长95.9%，已超过2022年全年旅游业收入2.04万亿元，据此可以预见旅游业的广阔发展前景和巨大发展空间。未来，中国旅游业的发展将呈现以下两个趋势。

1. 旅游产品适合于网络交易

零售的旅游产品属于无形产品，产品的生产过程就是服务的过程，在电子商务的实现上不需要配送环节，因此旅游业电子商务的发展不会受当前物流系统的制约。

旅游产品的购买过程具有信息密集的特点。旅游产品包括食、住、行、游、购、娱等诸多要素，旅游产品销售就是将其各类产品信息组合在一起，传达给有旅游需求的人群。旅游产品销售过程实际上是产品信息的传递过程，而电子商务在信息密集型业务的处理中最能发挥优势。

在旅游业中，批发业务的交易过程是纯粹的信息流和资金流过程。目前，国内外航空公司均可办理电子机票销售及值机业务，国内大多数景点可办理网络售票业务，大多数旅游饭店可办理网络预订业务。旅游产品的批发已经大范围地实现了电子化和网络化。

2. 旅游企业可以从电子商务应用中获益

从消费者的角度来看，通过电子商务手段购买旅游产品可以获得实惠。首先，旅游电子商务大大降低了传统旅游消费者的信息收集成本，可以为消费者提供全面的目的地资讯，为消费者决策提供参考信息；其次，电子商务可以突破时空界限，为消费者提供全天候、跨地域服务，还可以实现在线支付旅游费用，为消费者购买旅游产品提供便利；最后，旅游电子商务提供的产品价格极具竞争力，从而帮助消费者节约旅游费用。

从旅游产品供应商的角度来看，电子商务可以帮助企业提升竞争力。一方面，旅游企业与供应商交易的电子化，可以缩短产品采购周期，降低成本，有助于企业从容应对市场竞争；另一方面，旅游企业借助与消费者交易的电子化，可以为消费者提供更优质的售前、售后服务，从而锁定消费者，为企业创造更大的价值。

由此可见，旅游业与生俱来的特质决定了其将会成为发展电子商务的"领头羊"。

1.2　旅游业与电子商务结合的优势

1. 个性化服务

互联网技术的发展，为旅游业的个性化发展提供了广阔的空间。旅游者可以自由地选择自己所需要的信息、产品和服务。例如，旅游者可以利用互联网自由组团、自由选择参加者、自由选择路线，还可以通过网络旅游服务公司"自助"预订旅游路线，选择交通方式，预订酒店及导游，而缺乏旅游经验的消费者，可以通过旅游企业后台服务器的专家系统向专家咨询意见。

2. 形式多样性

旅游电子商务既服务于相关的交通、住宿、景点等企业，同时也惠及广大旅游者。如今"旅游者点菜、企业竞标接盘及旅游者自行组团"等模式已经形成，旅游电子商务呈现迅猛的发展势头。随着旅游业与网络经济的联动发展，市场经济的无形力量将会对旅游业的良性循环与变革起到积极有效的推进作用，从而形成可行的"游戏规则"，进而促进传统经济和网络经济共同发展。

3. 不需要配送环节

旅游产品具有无形性和无需储藏的特点，其生产和销售的过程是在服务的过程中完成的，在电子商务的实现上不需要配送环节，因此发展旅游电子商务的条件可谓得天独厚。

4. 降低旅游企业的经营成本

(1) 降低企业交换信息的成本。企业之间的信息沟通与交流是企业间形成各种关系的基础，开通电子商务的旅游企业可以借助互联网与其他企业建立网络商务联系，从而降低企业的信息交换成本。

(2) 降低企业的交易成本。电子商务的一大优点是节约交易费用。互联网研究与发展中心发布的《中国电子商务指数报告》的测算结果表明，电子商务比传统交易方式节省11.61%的费用和9.34%的时间。

5. 改变传统旅游业的运作模式

旅游业与电子商务的结合不仅给传统旅游业带来了冲击，还在一定程度上促进了完整的旅游产品的形成。在这种模式中，旅游网站逐渐发展成为中介机构或信息中心，而旅行社逐渐转变为专注于带团出游及协调其他旅游企业的服务性企业。

1.3 电子商务环境下的旅游产业价值链

1. 电子商务给旅游业带来的机遇

"电子商务"一词是随着互联网的普及而流传开来的。旅游业属于劳动密集型与信息技术密集型产业。作为交易商品非物质化的旅游活动，其在旅游市场中流通的驱动力不是具有物质形态的商品，而是有关旅游产品的信息传递引起的旅游者流动。从这个角度来看，旅游业的流通核心是信息。电子商务的引入为旅游业的发展带来了全新的发展契机。传统的旅行社业务操作具有很大的局限性，从旅游产品设计、供应商采购到市场推广、销售、计调再到和地接社联络、结算等诸多环节，都需要大量的业务操作，这些操作基本上都是手工操作，效率低下、成本高昂。同时，面对激烈的市场竞争，旅游企业不得不扩大规模，实行连锁经营，以期降低边际成本、提高收益，但传统的扩张方式往往会导致机构臃肿，可能引发管理失效。

旅游电子商务的出现给新世纪的旅游业带来了一道曙光，它不仅可以帮助旅游企业提高效率，降低成本，寻求新的利润增长点，而且可以增强旅游企业的竞争力，使旅游企业持续、高速增长，从容应对国际旅游机构的竞争。

旅游电子商务为旅游企业提供了电子商务应用操作平台，在这个平台上，旅游企业可以轻松完成旅游产品设计、供应商采购、对外宣传推广和在线销售，还可以进行内部的业务交流与合作，确保旅游业务的高效顺畅运营。同时，旅游电子商务可以帮助旅游企业解决"信息"供应的问题。这里的"信息"不同于传统的产品那样越用越少，而是会越用越多，如此积累下去，将会形成巨大的旅游信息数据库，其中蕴涵无尽的商机。

2. 电子商务环境下旅游业价值链的构建

1) 传统的旅游业价值链

旅游产业是以关联协作为特征的产业。传统的旅游业价值链从旅游目的地的供应商开始，经旅游批发商，到旅游零售商，最后由旅游零售商将旅游产品出售给客源地的旅游者。

旅游业价值链可以分为主体与左、右分支三个部分，整个价值链呈线性、块状且顺序明确。

(1) 主体独立运作的商业旅游机构是价值链的主体。各项旅游活动都是由旅游者、旅行社、旅游批发商、旅游中介以及目的地的旅游服务企业相互协调完成的，而且整个流程具有固定的顺序，缺一不可且不可逆、不可跳跃。这就导致传统的旅游价值链信息流动缓慢、程序灵活性差。旅游业价值链是一种按顺序连接的固定链，和生物链相同，中间某一环节断裂就会导致整个链条解体。

(2) 左、右分支。传统旅游业价值链右边的分支，即由商业性旅游机构组成的价值链的主体部分，主要关注旅游产品交易的达成，而不甚关心目的地旅游信息的提供；而左边的分支，即由目的地机构组成的部分，主要负责目的地旅游信息的提供，而不关心旅游交易。左、右分支显然是分离的，彼此间很少有合作或联动。旅游业是一个生产供应与消费距离跨度较大的产业，一方面，旅游消费者不了解旅游企业所提供的旅游产品和服务；另一方面，旅游企业也不了解旅游消费者的需求，这就造成了信息不对称和信息延误。

2) 电子商务环境下旅游业价值链

网络经济的发展重新定义了旅游业价值链中各环节的竞争与合作的内涵和形式。杰弗里·雷鲍特(Jefferey F. Rayport)和约翰·斯维奥克拉(John J. Sviokla)于1995年提出了开发虚拟价值链的观点，他们认为当今每家企业都在两个世界中竞争，即管理者可感知的物质世界及由信息构成的虚拟世界，后者即指电子商务这一新的价值增长点。两条价值链增值的过程基本上是不同的，实物价值链是由一系列线性、连续的活动构成的，而虚拟价值链是由非线性的网络活动组成的。旅游业电子商务化对企业之间的传统价值链产生了巨大的冲击，在旅游目的地直销网站大批建立的同时，涌现一批新兴的电子旅游中间商——专业的旅游电子商务平台网站。新的旅游价值链以计算机网络技术为平台，以互联网为媒介，克服了传统价值链的弊端。

电子商务环境促使旅游业价值链日趋网络化，以旅游电子商务平台和旅游目的地信息系统为中心呈网状分布，无明显的顺序性，整个链条中的各个部分可以交叉跨环节联系，信息传递速度快、损耗少。旅游者、旅游电子商务平台、旅游目的地信息系统与其他五个节点部分均有直接连接途径。

旅游电子商务本质上是网络信息流程与商务运作程序的融合，它主要通过现代网络信息技术改造传统的信息流程，并以网络信息流引导商流、资金流和人流，快速撮合交易，从而有效地实现降低成本、提高效益的目的。尽管旅游业应用电子商务还存在认识不统一、技术不完善等问题，但旅游产品的独特性使旅游业成为最适合开展电子商务的行业之一。电子商务的出现向传统旅游业提出了挑战，同时也为旅游业的发展提供了一次腾飞的机遇。为此，我们必须高度重视旅游电子商务对传统交易方式的技术创新作用与变革意义，充分认识到旅游电子商务的创新所带来的市场效率的提升，及其对旅游企业生产与管理方式变革的影响。

◈ 单元小结与练习

◆ 单元小结

本章论述了旅游业与电子商务的关系。旅游产品的无形性决定了旅游产品适合于网络交易，从而使旅游企业可以从电子商务中获得竞争力。这种竞争优势表现在能够提供个性化服务、形式多样、降低旅游企业的经营成本、改变传统旅游业的运作模式等方面。电子商务环境下的旅游产业价值链以计算机网络技术为平台，以互联网为媒介，呈网状分布，无明显顺序。

◆ 习题

1. 简述旅游业与电子商务结合的优势。
2. 列举传统旅游产业价值链的构成要素。
3. 描述电子商务环境下旅游产业价值链呈现的状态。

第2章 旅游电子商务概述

课前导读

有人曾断言中国不会出现像沃尔玛那样的零售连锁店，但是一定会出现网络零售经营巨头，最近几年我国电子商务的发展印证了这一观点。旅游业属于服务业，本身具有发展电子商务的独特优势。本章主要讲解旅游电子商务的基础知识、产生与发展、特点和优势、业务流程和应用。

学习目标

知识目标：了解国内外旅游电子商务发展的基本情况；了解电子商务的基本知识；掌握旅游电子商务的相关知识。

能力目标：能够结合当前我国旅游行业的实际情况，运用旅游电子商务知识。

素质目标：了解国内外旅游电子商务的基本情况，掌握相关的理论知识。

2.1 旅游电子商务的基础知识

随着信息通信技术(information and communications technology，ICT)的迅猛发展，电子商务应运而生，给企业经营带来了深刻的影响。

2.1.1 电子商务简介

电子商务(electronic commerce，EC)通常是指在全球各地广泛的商业贸易活动中，在因特网开放的网络环境下，基于浏览器/服务器应用方式，买卖双方在不谋面的情况下，进行各种商贸活动，实现消费者网上购物、商户网上交易和在线电子支付以及各种商务活动、交易活动、金融活动和相关综合服务活动的一种新型的商业运营模式。电子商务的概念包含广义和狭义两个层面。广义的电子商务是指使用各种电子工具从事的商务活动，这些工具包括电报、电话、广播、电视、传真、计算机、计算机网络、全球信息基础设施(global information infrastructure，GII)和Internet等；狭义的电子商务是指利用互联网从事的商务及相关活动。

结合以上定义，本书认为，电子商务具体是指在技术、经济高度发达的现代社会里，由掌握信息技术和商务规则的人，系统化地运用电子工具，高效率、低成本地从事以商品交换为中心的各种活动的总称。这个分析突出了电子商务的前提、中心、重点、目的和标准，指出它应达到的水平和效果，也是对电子商务更严格和体现时代要求的定义，它从系统的观点出发，强调人在系统中的中心地位，将环境与人、人与工具、人与劳动对象有机地联系起来，用系统的目标、系统的组成来定义电子商务，从而使它具有生产力的性质。

电子商务涵盖的范围很广，一般可分为企业对企业(business-to-business)、企业对客户(business-to-customer)、客户对客户(customer-to-customer)3种模式。随着国内互联网使用人数的增加，利用互联网进行网络购物并以银行卡付款的消费方式已成为一种趋势，其市场份额的快速增长和电子商务网站的大量涌现，共同推动了电子商务的空前发展。

2.1.2　旅游电子商务的内涵

在传统的旅游商务活动中，各类旅游企业通过发布旅游产品信息吸引旅游者，并通过销售旅游产品获得盈利。进入电子商务时代，旅游企业依然以商务活动为中心，可以通过互联网来提高旅游产品销售量。

利用先进的计算机网络技术管理企业、销售产品、服务客户、提供技术支持等成为电子商务时代旅游商务活动的重要特征。在旅游业中，企业管理信息系统被广泛应用于旅行社管理、酒店管理、景区管理，互联网已经成为各种旅游企业对外宣传产品信息的重要窗口。旅游电子商务是在传统旅游商务活动的基础上，根据互联网的特性，将旅游商务活动嫁接到互联网络上的。如今，互联网已成为旅游企业不可或缺的营销渠道之一，同时也是促进旅游业发展的动力源泉。

世界旅游组织在其出版物*E-Business for Tourism*中指出："旅游电子商务就是通过先进的信息技术手段改进旅游机构内部和对外的连通性，即改进旅游企业之间、旅游企业与上游供应商之间、旅游企业与旅游者之间的交流和交易，改进旅游企业内部业务流程，增进知识共享。"

杨春宇将旅游电子商务定义为："旅游企业基于互联网提供的互联网技术，使用计算机技术、电子商务通信技术与企业购销网络系统联通而形成的一种新型的商业活动。"

国内著名的电子商务咨询公司艾瑞咨询指出："旅游电子商务是指通过现代网络信息技术手段实现旅游商务活动各环节的电子化，包括通过网络发布、交流旅游基本信息和旅游商务信息，以电子手段进行旅游宣传促销、开展旅游售前售后服务、进行电子旅游交易，也包括旅游企业内部流程的电子化及管理信息系统的应用等。"

结合电子商务的概念和旅游业特点，本书将旅游电子商务定义为："利用先进的计算机网络及通信技术和电子商务的基础环境，整合旅游企业的内部和外部资源，扩大旅游信息的传播和推广，实现旅游产品的在线发布和销售，为旅游者与旅游企业提供一个知识共享、增进交流的交互平台的网络化运营模式。"旅游电子商务集合客户心理学、消费者心理学、商户心理学、计算机网络等多门学科，展现和提升了"网络"和"旅游"的价值，具有营运成本低、用户范围广、无时空限制以及能与用户直接交流等特点，同时能够提供更加个性化、人性化的服务。

2.2　旅游电子商务的产生和发展

2.2.1　国际旅游电子商务的发展

国际旅游电子商务的发展经历了两个阶段，即基于专用网的电子交易阶段和基于互联网的旅游电子商务阶段。

1. 基于专用网的电子交易阶段

从20世纪60年代末到80年代，部分大企业的计算机系统开始通过专用增值通信网络联系在一起，越来越多的企业间交易信息开始通过网络传输，实现电子数据交换(electronic data interchange，EDI)，企业内部局域网也得到了一定范围的应用。这个阶段可以称为旅游电子商务的萌芽阶段。

20世纪70年代，美国航空公司开发了计算机联网订票系统——SABRE，乘客可以在美国航空公司的售票点或旅行社通过该系统终端查询全国范围航班的时间、票价、座位情况等信息，进而通过终端订票。同一时期，银行间采用安全的专用网络进行电子资金转账，即利用通信网络进行账户交易信息的电子传输，提高了资金交换的效率，改变了金融业的业务流程，这是旅游电子商务最原始的形式之一。同时，美国许多银行投入巨资研究和开发家庭银行，客户通过按键电话即可查询账户余额、划账和付账。

从20世纪70年代后期到80年代初期，电子商务以电子报文传送技术(如电子数据交换)的形式得到推广。电子数据交换使企业能够用标准化的电子格式与供应商交换商业单证(如订单)。电子报文传送技术减少了文字工作量，提高了自动化水平，也简化了业务流程，可以说，EDI在旅游电子商务的发展历程中起着举足轻重的作用。1990年，联合国正式推出EDI的标准UN/EDIFACT，并被国际标准化组织正式接收为国际标准ISO 9735，统一了世界贸易数据交换中的标准和尺度，为旅游业利用电子技术在全球范围内开展商务活动奠定了基础。

2. 基于互联网的旅游电子商务阶段

20世纪90年代初，美国政府宣布互联网向社会公众开放，电子商务进入了快速发展阶段，从而促进了旅游电子商务的发展。1993年，万维网的诞生使得互联网具备了多媒体应用的能力。万维网为信息出版和传播方面的问题提供了简单易用的解决方案，既带来了规模效应，又降低了业务成本，同时也丰富了企业业务活动的多样性。在这一阶段，大量企业开始在互联网上建立网站、促销产品、进行交易，上网人数与网上交易金额迅速增加，为旅游电子商务的快速发展和应用奠定了基础。

2.2.2 我国旅游电子商务的产生和发展

1. 我国旅游电子商务的产生

与世界旅游电子商务的发展历史一样，我国的旅游电子商务也是从EDI应用开始发展的。1990年，联合国推出了迄今为止唯一的一套EDI标准(UN/EDIFACT)，并且在全球范围内推广。我国从1990年底开始接触UN/EDIFACT标准，并由当时的国家计委、外经贸部、中国海关、国家技术监督局组成了联合攻关小组，研究这套标准在中国的应用，特别是在国际贸易以及与之相关领域的应用。

1995年底，随着互联网开始演变成为一种大众媒体，网络开始深入社会生活的各个层面。各种基于商务网站的旅游电子商务业务和网络公司不断涌现，旅游电子商务在我国迅速发展。1997年，各种旅游电子商务广告和宣传大量出现，旅游电子商务的概念开始在我国传播。1998年，国家经贸委与信息产业部联合启动以电子贸易为主要内容的"金贸工程"，它是国家继"金桥""金关""金卡""金税"等工程之后，为促进我国商品流通领域电子化和信息化建设而实施的应用工程，它使我国商品流通领域产生重大突破。1998年，北京、上海等城市启动电子商务工程。1999年，8848等B2C网站正式开通，网上购物进入实际应用阶段；政府上网工程、网上纳税、网上教育、远程诊断等广义的电子商务也相继启动。2000年7月7日，由国家经贸委、信息产业部指导，中国电信集团公司与国家经贸委经济信息中心共同发起的，"企业上网工程"正式启动，这项工程促进了中国经济结构的调整和产业升级，有利于建立现代企业制度、转换经营机制，也有利于提高企业的管理水平和国际竞争能力，开创国有企业改革和发展的新局面。2001年6月1日，由海关总署牵头，国家12个有关部委联合开发了口岸电子执法系统(被称为"中国电子口岸")，经过北京、天津、上海、广州4个进出口口岸试点运行后，在中国各口岸全面运行。2001年12月29日，国家"十五"科技攻关计划重大项目国家信息安全应用示范工程正式启动。同时，国家有关部门如国家税务总局、国家知识产权局、国家工商管理局、国家海关总署及国家高级法院等机构，开始研究电子商务有关法律法规的制定和执法问题。2004年8月28日，第十届全国人大常委会第十一次会议表决通过《中华人民共和国电子签名法》，并决定于2005年4月1日开始实行。此法的施行标志着我国信息化立法迈出重要步伐，将对我国的电子政务、旅游电子商务等信息化建设产生积极的促进和保障作用。2004年12月25日，中国第一个下一代互联网示范工程(CNGI)核心网之一——CERNET2主干网正式开通。

电子商务的发展为其在旅游业的应用奠定了基础，从而促进了旅游电子商务的发展。如图2-1所示，我国网民规模和互联网普及率从侧面反映出我国旅游电子商务有着良好的发展前景。

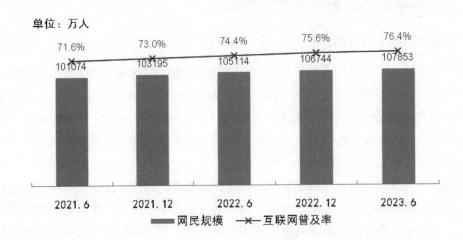

图2-1　我国网民规模和互联网普及率

资料来源：CNNIC第52次中国互联网络发展状况统计报告

2. 我国旅游电子商务的发展

我国旅游电子商务的发展与电子商务的发展息息相关，最早可以追溯到1996年。经过多年的积累与探索，我国旅游电子商务迈出了坚实的步伐。如今，我国具有一定旅游资讯能力的网站已超过5000家。其中专业旅游网站300余家，主要包括地区性网站、专业网站和门户网站的旅游频道三大类。虽然电子商务运用于旅游业仅有二十几年的时间，但是其发展势头十分强劲，电子商务已经成为信息时代旅游交易的新模式。

1) 以华夏旅游网、携程旅行网、艺龙旅行网成立为代表的萌芽起步阶段(1997—2001年)

1997年，由国旅总社参与投资的华夏旅游网正式成立，标志着我国旅游业与互联网开始融合。1999年10月，携程旅行网接受美国国际数据集团(International Data Group，IDG)投资并开通，又在2000年3月和11月分别接受软件银行(Soft Bank)和凯雷集团(Carlyle Group)的资金注入。2000年11月，携程旅行网收购现代运通，成为当时中国最大的宾馆分销商。1999年，艺龙旅行网(见图2-2)在美国特拉华州正式成立。此后，国内各种小型旅游电子商务网站纷纷出现，以旅游网站为主要形式的旅游网络公司在2000年前后达到百余家，旅游电子商务呈现欣欣向荣的景象。

作为传统的旅游服务企业，数量众多的旅行社拥有一般旅游公司所不具备的品牌、业务渠道、客户资源、服务能力等优势，把这些资源优势与互联网有机结合起来，必然会产生非常显著的效果。传统旅游企业从此走上电子商务发展之路。上海春秋旅行社就是其中的佼佼者。上海春秋旅行社在国内旅游业中多次荣膺国家旅游局(现为文化和旅游部)评定的国内旅行社百强之首，这一非凡的业绩除了得益于其在经营理念上能够始终与国际接轨，注重市场、创新和质量，还与其旅游电子商务的成功应用密不可分。早在1994年，上海春秋旅行社就开始应用计算机实时预订系统，解决全国分社的散客运作，达到了降低营运成本和提高工作效率的目的，在旅游信息化方面走在同行的前列。2001年1月，上海春秋旅行社组织新的人力、物力，将春秋航空网从简单的信息发布网站改造成能够进行旅游电子商务活动的网站。

图2-2　艺龙旅行网

然而，过热的市场投资及过于乐观的市场预测导致了2000年电子商务泡沫的破裂。与电子商务其他领域一样，我国旅游电子商务也不可避免地进入了调整期。

2) 以携程和艺龙形成竞争格局为代表的快速增长阶段(2002—2004年)

在经历了互联网泡沫破裂的痛楚后，我国电子商务的发展迎来了快速成长期。2002年5月，全国机票中央预订系统正式启动，这为我国旅游电子商务的发展奠定了至关重要的基础，它标志着以在线预订为核心的早期旅游电子商务交易全面展开。在此阶段，历经大浪淘沙，旅游电子商务领域发生了很多重要事件。2002年3月，携程旅行网并购北京海岸航空服务有限公司；同年10月，携程旅行网的总收入突破1亿元人民币；2003年12月9日，携程旅行网正式在美国纳斯达克证券市场挂牌交易，成功上市。2004年7月，美国的Expedia入股艺龙旅行网；同年10月，艺龙旅行网在美国纳斯达克上市。此外，2002年11月，同程网上旅行社1.0版本研发成功；以淘宝和腾讯为首的传统电子商务巨头纷纷进入旅游业，"淘宝旅行"和"QQ旅游"凭借多年的客户积累和品牌塑造迅速在旅游电子商务市场中占有一席之地。

此阶段最典型的特征莫过于携程旅行网和艺龙这两大旅游电子商务服务提供商竞争格局的形成，此时的应用服务以在线预订为主要盈利模式。

3) 以去哪儿网、芒果网、途牛网等百花齐放为代表的转型升级阶段(2005—2009年)

2005年，我国第三方支付平台——支付宝的出现，为突破网上支付这一"瓶颈"提供了非常好的解决方案，更重要的是为消费者建立了网上支付的信心，旅游电子商务也开启了在线交易的新纪元，特别是机票产品，越来越多地实现了在线支付。支付宝的出现，成为我国旅游电子商务发展不可忽视的重要因素之一。

2005年5月，去哪儿网成立，它与携程旅行网和艺龙旅行网具有完全不同的盈利模式，成为我国第一家旅游搜索引擎网站，实现了网民在线比较国内机票和酒店价格的功能。2006年，芒果网和途牛网正式成立。2008年11月，南方航空、新浪网与芒果网达成全面的商旅业务战略合作。2009年3月，芒果网与易休网完成并购，整合出全新子品牌。2008年11月，欣欣旅游网正式组建，3个月后其旅行社联盟正式上线。

2009年，旅游电子商务市场竞争更加激烈。全球最大的旅游网站之一Trip Advisor的中国官方网站——到到网正式上线。2009年1月，途牛网与扬子晚报达成战略合作伙伴关系，并于2009年3月宣布完成数百万美金的A轮融资。2009年11月，同程网成功进入租车市场。

此阶段的主要特征体现在三个方面，即去哪儿网逐渐变成携程旅行网的最大竞争者；各种风险投资开始大举进入在线旅游市场，为我国旅游电子商务的发展提供了充足的资金动力；线上到线下(online to offline，O2O)模式开始在旅游电子商务中出现，在线预订已不是在线旅行社(online travel agency，OTA)的唯一利润来源。

4) 以携程、去哪儿等持续发展为代表的高速发展阶段(2010年至今)

2010年以来，我国的旅游电子商务发展如火如荼。2010年2月，携程旅行网投资永安旅游(控股)有限公司旗下旅游业务；同年3月，收购汉庭连锁酒店集团和首旅建国酒店的部分股份。2011年，腾讯入股艺龙旅行网，以16%的股份成为艺龙旅行网第二大股东。2011年5月，去哪儿网与中国旅游研究院建立战略合作伙伴关系；同年6月，去哪儿旅行网与百度共同宣布双方达成战略合作协议，百度成为去哪儿网第一大机构股东。2013年11月，去哪儿网在美国纳斯达克成功上市。此外，2011年6月，12306网站(中国铁路客户服务中心)开始试行网络售票，并迅速成为我国最大的在线预订网站之一。

此阶段的主要特征体现在三个方面，即线上和线下的结合愈发紧密，网络门户企业之间的合作愈加频繁；以手机为首的网络移动终端迅速在我国普及，移动旅游电子商务的应用全面展开；物联网、云计算等新技术在旅游业中广泛应用，智慧旅游成为旅游电子商务新的发展趋势。

2.3　旅游电子商务的特点和优势

2.3.1　旅游电子商务的特点

旅游电子商务是在传统商务的基础上发展起来的，由于有了信息技术的支撑，旅游电子商务活动呈现一些新的特点。

1. 交易电子化

在基于互联网的商务活动中，交易双方无须当面接触，均可以通过网络运用电子化手段进行信息收集、贸易洽谈、合同签订、货款支付及电子报关。

2. 贸易全球化

互联网打破了时空界限，把全球市场连接成为一个整体。通过互联网，企业可以面向全世界销售自己的产品，也可以在全世界寻找合作伙伴，同时还要应对来自世界各地的竞争对手。

3. 运作高效化

由于实现了电子数据交换的标准化，商业报文能在瞬间完成传递与计算机自动处理，这使得旅游电子商务克服了传统贸易方式的费用高、易出错、处理速度慢等缺点，极大地缩短了交易时间，提高了商务活动的运作效率。因为互联网沟通了供求信息，企业才可以对市场需求做出快速反应，加快产品设计和开发的速度，以做到即时生产。

4. 交易透明化

互联网上的交易是透明的，通过互联网，买方可以对众多的企业产品进行比较，这使得买方的购买行为更加理性，也进一步扩大产品选择的空间，而建立在传统市场区隔基础上，依靠信息不对称制定的价格策略将会失去作用。通畅、快捷的信息传输有助于交易各方核对各种信息，防止伪造单据和贸易欺骗行为。网络招标体现了"公开、公平、竞争、效益"的原则，电子招标系统可以避免招投标过程中的暗箱操作现象，从而制止不正当交易、贿赂投标等腐败现象。实行电子报关与银行的联网有助于杜绝进出口贸易的假出口、偷漏税和骗退税等行为。

5. 操作方便化

互联网几乎遍及全球各个角落，用户通过网络可以方便地与贸易伙伴传递商业信息和文件。在旅游电子商务环境中，人们不再受时间和地点的限制，能够以非常简便的方式完成过去手续繁杂的商务活动。例如，人们可以随时上网查询信息、通过网络银行全天候划拨资金、足不出户订购商品、跨越国界进行贸易洽谈。

互联网跨区域、跨时间地覆盖全球，使得旅游企业有更多的时间、更大的空间进行营销，可随时随地提供全球性营销服务。

旅游活动的组织牵涉面较广，而且往往是跨地域运作，这就决定了旅游交易过程的复杂性。一方面，旅游资源和旅游目的地是极为分散的，必须通过有效的旅游服务中介(比如旅行社)把两者整合起来，从而促成交易；另一方面，旅游业务牵涉众多的交易环节，比如交通、餐饮、景点、购物中心以及保险等，交易过程颇为复杂。在传统条件下，旅游交易不但成本高、效率低，而且交易过程的透明度不高，往往引起旅游者的不满。利用电子商务实现旅游交易的网络化和电子化，对于旅游企业而言，既可以有效降低旅游业务成本，提高经营效率，又可以更直接地了解旅游者的旅游需求，以便更好地提高旅游服务质量；对旅游者而言，电子化交易既可以降低开支，提高交易效率，又可以免除携带现金的麻烦，使旅游者可以有更多的时间和精力享受旅游过程中的乐趣。因此，旅游电子商务给旅游企业和旅游者都带来了便利。

6. 部门协作化

旅游电子商务要求企业内部各部门、生产商、批发商、零售商、银行、配送中心、通信部门、技术服务等多个部门通力协作。旅游电子商务是协作经济，网络技术的发展，使得企业间的合作可以像企业内部各部门间的合作一样紧密。企业无须追求"大而全",而应追求"精而强",在经营过程中,企业应集中于自己的核心业务,把自己不具备竞争优势的业务外包出去,通过协作来提高竞争力。旅游电子商务把众多旅游供应商、旅游中介、旅游者联系在一起,将分散的利润点集中起来,提高资源利用率。互联网可存储大量信息,可传递的信息数量与精确度远超其他媒体。旅游者可以通过互联网查询景点信息,也可以通过互联网提出自己的意见和要求,这样有助于旅游企业了解旅游者需求,及时更新和改进产品。

7. 服务个性化

在旅游电子商务阶段,旅游者的个性化需求得以凸显,旅游企业可以系统地收集旅游者的个性化需求信息,并通过智能系统自动处理这些信息。旅游企业可以进行市场细分,针对特定的市场生产不同的产品,为旅游者提供个性化服务。这种个性化主要体现在三个方面,即个性化的信息、个性化的产品、个性化的服务。个性化的信息主要指旅游企业可以根据旅游者的需求与爱好有针对性地提供商品信息,也指旅游者可以根据自己的需要有目的地检索信息;个性化的产品主要指旅游企业可以根据旅游者的个性化需求来订制产品;个性化的服务主要包括服务订制与旅游企业提供的针对性服务信息。

2.3.2　旅游电子商务的优势

旅游电子商务之所以受到企业的青睐,主要是因为它具有以下一系列明显的优势。

1. 有助于树立旅游企业形象

旅游企业在互联网上建立网站,可以在网络虚拟空间树立企业形象,也可以向世界各地的潜在旅游者宣传产品与服务。企业形象是企业的一项无形资产,随着网络的普及与发展,旅游企业在互联网上创建网站并开展旅游电子商务已成为必然趋势,网上企业形象的树立将成为旅游企业宣传产品和服务的关键。

2. 改变旅游企业竞争方式

在网络经济时代,竞争方式正在发生重大变化。当前的竞争是高科技的竞争,是速度、质量、成本、效率和服务等综合实力的竞争,旅游电子商务为广大中小企业在高科技的竞争中取胜提供了一个新机遇,同时它也在一定程度上改变了新财富分配的格局。

3. 提高旅游企业的运营效率

旅游企业可以运用企业资源计划、供应链管理、管理信息系统、客户关系管理系统来协调与相关部门的关系,提高运营效率。通过旅游电子商务,旅游企业可以广泛收集信息,对市场变化做出快速反应;可以及时与客户联系,缩短签约时间;可以运用电子机票、无纸化火车票等,为旅游者出行提供便利;可以通过互联网实现电子结算,为旅游者和旅游企业带来极大便利。

4. 提供个性化服务

未来，个性化消费将逐步成为消费的主流。旅游企业可以通过客户关系管理系统有效地管理旅游者的需求，进行市场细分，从而提供个性化服务。

5. 提供更有效的售后服务

旅游企业可以利用互联网提供售后服务，在网站上介绍旅游产品、解答旅游者咨询等。对于从事旅游电子商务的企业来说，旅游电子商务使得售后服务不再是旅游企业的额外负担，而是旅游企业维持老客户、提高市场占有率的一种有效手段。

6. 降低企业成本

从事旅游电子商务的旅游企业能够有效降低成本，具体体现在以下几个方面。

(1) 降低促销成本。促销已成为旅游商品宣传推广的重要方式，旅游促销广受世界各国的重视，我国各地旅游管理部门也逐步开始重视旅游促销在开发旅游资源方面的积极作用。但旅游促销与一般有形商品的促销有很大的区别，有形商品的促销因为有实物为证，难度相对较小，效果也较为明显；而旅游促销往往在异地进行，无法向促销对象提供完整的有形商品。在传统条件下，旅游企业只能通过图片、模型、声像资料、人工解说等方式向潜在旅游者提供部分的信息，因为促销只能局限在某一个时间和某一个地点进行，相对来说，受众数量有限，促销效果也就不尽如人意。而利用互联网进行旅游产品促销，不但可以提供生动活泼、形式多样的旅游信息，而且因为不受时间、空间限制，促销范围大大扩展，促销效果也更为明显。更为重要的是，利用互联网进行旅游产品促销可降低促销费用。

(2) 通过互联网进行信息交换，代替以前的实物交换，不仅可以降低印刷与邮寄成本，还可以减少因多次交换所带来的损耗。

(3) 旅游企业可以降低固定成本，实现无店面销售，从而免去租金支出，并节约水电与人工成本，进而有效缩减管理成本。

(4) 旅游电子商务可以帮助旅游企业降低成本，从而为旅游者带来交易价格的优惠。

7. 提高旅游信息服务水平

通过旅游网站，旅游者可以迅速得到各种旅游信息和旅游服务。旅游电子商务像一张大网，把众多旅游产品和服务的供应商、旅游中介、旅游者整合在一起，使参与各方能够充分交流各种信息，寻找到理想的合作伙伴和客户。对于旅游产品和旅游服务提供商来说，旅游电子商务使得旅游企业与旅游者的交流和沟通变得更加直接，相关业务部门之间的合作也变得更为容易；对于旅游者来说，旅游电子商务提供了全面丰富的旅游资源，既可以帮助旅游者减少旅游活动的盲目性，又可以帮助旅游者获得更多、更深层次的旅游信息。

8. 促进旅游业的健康快速发展

旅游电子商务平台可以将无形的旅游产品有形化，比如通过多媒体的方式，把旅游景点在互联网上栩栩如生地展示出来；通过网上交互的方式，借助VR、AR等先进技术手段，为旅游者提供虚拟旅游体验；通过互联网把天南海北的旅游者整合起来，共同交流旅游心得，介绍旅游经验等。旅游电子商务必然会带动线下有形旅游市场的蓬勃发展，为旅游业的兴旺发达带来无限商机。

2.4　旅游电子商务的应用

旅游电子商务作为电子商务与旅游业发展的新领域和新趋势，近年来在国内外受到了广泛的关注，并呈现迅猛的发展势头。旅游电子商务的快速发展一方面与旅游业务的特性密切相关，另一方面与旅游者需求的变化和市场竞争的加剧密不可分。可以说，旅游电子商务已成为影响我国旅游业健康快速发展的一个重要因素。

2.4.1　旅游电子商务的应用主体

旅游电子商务的应用范围非常广泛，参与主体众多。根据当前旅游电子商务的主要应用及主要服务对象，旅游电子商务的应用主体可以分为旅游者、旅游企业、专业旅游电子商务服务商、旅游行业管理者、旅游研究与策划机构。

1. 旅游者

旅游者在旅游业中扮演着多重角色，既是旅游业服务的对象，更是旅游产品销售的目标群体，是旅游电子商务的重要组成部分。广大的旅游消费群体组成了旅游电子商务的应用主体，旅游者的需求是旅游电子商务发展的核心推动力之一。

旅游者可以通过互联网查询和对比酒店价格、查询和对比航空机票价格、查找旅游目的地等各种相关信息并编制旅行计划。在互联网上，旅游者不仅是旅游信息的获取者，同时也是旅游信息的发布者和传播者，旅游者可将亲身体验、活动图片和视频发布到互联网上，与广大网民分享，进行经验交流。

2. 旅游企业

旅游企业是旅游产品的组织商和发布商，也是旅游电子商务的主要应用者之一。旅游企业的电子商务应用主要体现在旅游企业内部的网络化管理和旅游企业网络平台的宣传与促销上。传统的旅游企业主要包括酒店、旅行社、旅游景区(点)、航空公司、餐饮企业等。旅游企业借助互联网平台传递自身产品信息的同时，能够获取大量的旅游市场信息，这些信息为旅游企业明确发展方向、制定发展计划、选择销售渠道、实施客户管理、制定运营策略提供了有力依据。旅游企业的互联网应用可以是多方面的，最普遍的是建立自己的旅游网站，以作为企业宣传和促销产品的网络平台。如图2-3所示，九寨沟景区官网(www.jiuzhai.com)首页设置了最新动态、旅游产品、智慧服务、全域旅游、活动、政务工作和多语种等诸多栏目。

图2-3　九寨沟景区官网首页

　　旅游企业可将自己的旅游产品提交给专业的旅游电子商务服务商进行代理销售，其中的典型代表是航空机票代理和酒店客房预订这两个旅游产品。以中青旅、国旅为代表的传统旅游企业也纷纷尝试开展网上旅游服务，并提供网上订房订票服务。这主要是因为互联网用户的快速增加以及与旅游市场目标客户的高度吻合，极大地刺激了传统的旅游企业，促使这些企业把互联网线上营销和线下营销有效结合起来，通过整合营销服务，可以更快、更有效率地满足旅游者的需求。

3. 专业旅游电子商务服务商

　　专业旅游电子商务服务商是指运用互联网技术，建立旅游商品交易平台，通过网站运营吸引广大旅游者访问，为众多旅游企业提供旅游产品的展示和预订的电子商务平台。专业的旅游电子商务服务商是旅游电子商务发展的中坚力量，既是互联网上的旅游产品中介企业，也是网上的旅游产品"超市"。专业旅游电子商务服务商向旅游者提供免费服务，包括为旅游者提供酒店查询及预订服务、旅游线路详细介绍和预订、机票信息快速查询和预订，以及旅游辅助信息查询服务。专业旅游电子商务平台是旅游信息的聚集地，无论是旅游产品信息还是旅游服务信息应有尽有，为旅游者节省了搜索旅游信息的时间和精力，因此吸引了大批旅游者访问。例如，携程旅行网(www.ctrip.com，见图2-4)就是中国专业旅游电子商务服务商的代表之一，网站提供了国内旅游的各种信息，汇集了国内旅游企业的众多旅游产品。

图2-4　携程旅行网

随着旅游电子商务的发展和旅游者需求的提高,除了旅游产品预订网站,行业内还不断涌现出提供其他旅游信息服务的专业旅游电子商务服务商,如旅游信息垂直搜索引擎、旅游评论网站、自助游旅游网站、旅游论坛等。

4. 旅游行业管理者

旅游行业管理者是为旅游业制定行为规范、实施市场监督和行业管理的机构,对旅游业健康持续发展起着保驾护航的作用。旅游行业管理者利用互联网建立旅游电子政务管理网络,其作用主要是发布旅游动态新闻、采集旅游业相关数据、宣传旅游目的地、颁布旅游业各项法律法规、培养旅游从业人员、接受旅游投诉等。旅游行业管理者主要分为以下两类。

(1) 国家旅游行政管理部门,如文化和旅游部、地方省市文旅局。国家旅游行政管理部门在互联网上建立的网站,一般称之为"××旅游官方网站",由于它代表当地的旅游管理部门,发布的信息可信度极高,对于旅游者了解当地状况有着很高的参考价值。中华人民共和国文化和旅游部官方网站(www.mct.gov.cn)是国家级旅游官方网站,设置了机构简介、信息发布、政务公开、政务服务、公共服务、互动交流等栏目,全面介绍中国旅游的各项信息,并通过电子政务办公网络向旅游者发布旅游动态信息。

各省市的文旅局也建立了旨在介绍当地旅游信息的地方旅游官方网站,如北京文旅局的北京旅游网(www.visitbeijing.com.cn),设置了文化北京、特色文化、畅游北京、旅游手册、北京周边、视觉北京、《旅游》杂志、环游号、互动咨询等栏目,成为介绍北京旅游相关信息的一个重要窗口。

(2) 旅游业中各行业管理协会,如中国旅游协会、中国旅游饭店业协会、中国旅行社协会等。各类行业协会在互联网上建立网站,通过互联网平台发布业界动态信息,组织行业研究考察,进行行业培训,并开展行业交流活动,这些措施不仅推动了本地区旅游业健康有序发展,还加强了行业内部、行业与其他旅游行业之间的交流与交往,这些网站已成为行业会员管理和交流的网络平台。

例如,中国旅游饭店网(www.ctha.com.cn)是中国旅游饭店业协会的网站,中国旅游饭店业协会是中国境内的饭店和地方饭店协会、饭店管理公司、饭店用品供应厂商等相关单位,按照平等自愿的原则结成的全国性行业协会。中国旅游饭店业协会聚集了全国饭店业中知名度高、影响力大、服务规范、信誉良好的星级饭店和国际著名饭店集团在我国的分店。中国旅游饭店业协会通过对行业数据进行科学统计和分析,对行业发展现状和趋势做出判断和预测,引导和规范市场;组织饭店专题研讨、培训及考察,并积极开展与海外相关协会的交流与合作;利用中国旅游饭店网和协会会刊《中国旅游饭店》向会员提供快捷资讯,为饭店提供专业咨询服务。其他旅游网站包括中国旅游协会的中国旅游协会网(www.chinata.com.cn)、中国旅行社协会的中国旅行社协会网(www.cats.org.cn)、中国旅游车船协会的中国旅游车船协会网(www.ctaca.com)等。

旅游行业管理者虽然不直接参与旅游电子商务交易,但它为旅游电子商务创造了健康良好的运行环境,不仅提高了旅游者对旅游电子商务的信赖度,也普及了旅游行业的各项法律法规，为旅游电子商务的快速、健康、全面发展起到了保驾护航的作用。

5. 旅游研究与策划机构

各类旅游研究与策划机构也在互联网上建立网站，将有关旅游研究成果通过互联网平台进行展示，并与各研究机构、旅游企业、旅游者进行广泛交流，通过平台提升自身知名度，扩大业界影响，同时可以承揽旅游研究项目。

旅游规划以旅游市场导向为出发点，以旅游项目设计为重点，按照国民经济发展要求和当地旅游业发展基础，对旅游消费中的食、住、行、游、娱、购6个要素发展及相关行业发展进行科学安排和部署。旅游规划为景区的旅游发展描绘了一幅锦绣蓝图，保证了旅游业健康有序协调发展。

旅游规划设计研究机构通过互联网展示研究成果，不仅能增进研究机构之间、研究机构与旅游企业之间的交流，还能让旅游企业方便地找到适合编制本地旅游规划的研究机构，为旅游研究与旅游市场发展之间建立沟通的桥梁。北京绿维创景规划设计院有限公司的绿维文旅网站(www.lwcj.com，见图2-5)是绿维机构的策划和规划设计平台，其定位是专业旅游商业运作策划机构，以旅游商业运作策划、旅游房地产策划、景观房地产策划、旅游规划、旅游项目设计等为核心业务，以商业策划、项目设计和景观设计为基础，为地方政府、旅游投资商从事旅游资源开发提供深度的可实现商业化操作的规划、策划、设计及咨询顾问服务。

图2-5 绿维文旅主页

2.4.2 旅游电子商务的应用范围

电子商务在旅游业中的应用主要包括以下几个方面。

1. 信息查询服务

信息查询服务包括旅游服务机构相关信息(如酒店、旅行社以及民航航班等信息)查询、旅游景区信息查询、旅游线路信息查询以及旅游常识查询等。

2. 在线预订服务

在线预订服务主要包括酒店客房预订、民航航班机票预订、旅行社旅游线路预订、旅游景区门票预订等。

3. 客户服务

旅游服务企业提供可实施互联网在线旅游产品预订的客户端应用程序，旅游者(包括通过系统进行预订的个人和团体)利用应用程序，可以与代理人(包括酒店、旅行社、民航以及旅游景区等相关旅游服务机构)进行实时的网上业务洽谈和交易，从而获得优质、高效和个性化的服务。

4. 代理人服务

代理人可以通过网络与客户进行实时的网上业务洽谈、管理旅游产品的预订记录、查阅旅游账目等。

5. 网上促销

旅游景区、旅游服务企业等可以通过互联网充分展示旅游产品和服务的全方位信息，从而实现网上促销的目的。

6. 旅游线路设计

旅游服务企业的专业人员可以通过互联网向旅游者提供个性化、专业化的旅游线路设计，旅游者可以根据自己的时间、行程、财务预算、兴趣爱好等选择适合自己的旅游线路。

7. 消费指南

政府旅游主管部门以及旅行社可以通过互联网向旅游者提供公正而又丰富的旅游消费信息，帮助旅游者充分了解旅游目的地的旅游商店、酒店、娱乐场所的名称、地址、联系方式、经营特色以及参考报价等信息，使旅游者的购物等消费活动更有保障。

8. 导游预订服务

旅行社、旅游景区可以通过互联网向旅游者提供导游预订服务，旅游者可以按照自己的需要选择合适的导游。这样既可以减少旅游者旅游活动的盲目性，又可以对导游服务质量进行必要的监控。

9. 旅游广告服务

开展旅游电子商务的企业可以利用旅游电子商务平台提供的旅游广告服务，宣传旅游产品和旅游服务，从而树立企业形象，赢得更多的商机。

10. 旅游者社区服务

旅游景区和旅游服务企业可以利用互联网为旅游者构建交流的桥梁，建立属于自己的旅游客户群，这样不但可以为旅游者创造更多的旅游乐趣，而且可以争取到更多的潜在旅游者。从某种意义上来说，旅游者社区是网上旅游市场的集散地。

应当指出的是，电子商务在旅游行业的应用没有固定的模式，只要对旅游者有利，能为旅游企业创造价值，能为旅游业发展做贡献，都应该大胆尝试和探索。

◈ 单元小结与练习

◆ 单元小结

旅游电子商务作为电子商务与旅游业发展的新领域和新趋势，呈现迅猛的发展势头。旅游电子商务是指利用先进的计算机网络及通信技术和电子商务的基础环境，整合旅游企业的内部和外部资源，扩大旅游信息的传播和推广，实现旅游产品的在线发布和销售，为旅游者与旅游企业提供一个知识共享、增进交流的交互平台的网络化运营模式。旅游电子商务具有交易电子化、贸易全球化、运作高效化、交易透明化、操作方便化、部门协作化、服务个性化的特点，它有助于树立旅游企业形象，能够改变旅游企业竞争方式，提高旅游企业的运营效率，方便旅游企业提供个性化服务和更有效的售后服务，降低旅游企业成本，提高旅游信息服务水平，促进旅游业的健康快速发展。

◆ 实训

实训2.1　　　　实训2.2　　　　实训2.3

◆ 习题

1. 什么是电子商务？什么是旅游电子商务？
2. 简述国内外旅游电子商务发展的现状及趋势。
3. 旅游电子商务有哪些特点和优势？
4. 简述旅游电子商务的应用主体和应用范围。

第3章

旅游电子商务模式

课前导读

旅游电子商务利用先进的计算机网络及通信技术和电子商务的基础环境，整合旅游企业的内部和外部资源，扩大旅游信息的传播和推广，实现旅游产品的在线发布和销售，为旅游者与旅游企业提供一个知识共享、增进交流与交互的平台。本章在分析旅游电子商务的特性和主要优势的基础上，介绍常见的旅游电子商务模式和我国旅游电子商务的发展方向与保障措施。

学习目标

知识目标：掌握旅游电子商务的模式；了解旅游电子商务对相关企业和个人的影响。

能力目标：能够分析当前我国旅游电子商务发展中的现象和问题。

素质目标：具备运用相关基础理论知识解决旅游电子商务发展中的实际问题的能力。

3.1 旅游电子商务模式的核心特性

旅游电子商务模式的核心特性包括聚合性、有形性、服务性、便捷性、经济性和个性化。

1. 聚合性

旅游电子商务把众多旅游供应商、旅游中介、旅游者联系在一起，将分散的利润点集中起来，提高资源利用率。互联网可以存储大量信息，其可传递的信息数量与精确度远超其他媒体。旅游者可以对想要去的地方进行有效查询，并在网上对旅游产品提出自己的意见和要求。据此，旅游企业不仅能了解旅游者需求，还能及时更新和改进产品。

2. 无形性

旅游服务的特性之一是无形性，由此带来生产和消费的同一性。与其他有形产品相比，旅游服务是一种典型的无形产品，它的交易和消费方式与有形产品存在很大的区别。有形产品一般是从生产地运送到消费者所在的市场，在那里进行销售并被消费，购买和消费过程基本不在同一时间进行，而旅游服务是旅游者直接到旅游目的地进行消费，生产和消费过程在同一时间进行。所以，旅游业务避开了一般有形产品开展电子商务时必须解决的物流问题，这一点对发展电子商务颇为有利。

旅游产品的无形性使旅游者在购买产品前难以亲自了解产品情况，旅游电子商务带动的"网络旅游"提供了大量的旅游信息和虚拟旅游产品，通过网络多媒体为旅游者提供了"身临其境"的体验机会，使原本无形的旅游产品慢慢变得有形起来。

3. 服务性

旅游服务充分体现了信息交互的重要性，旅游消费中的食、住、行、游、购、娱六大要素涉及大量的信息，旅游信息的传递与交互对于旅游者及旅游服务部门等都具有十分重要的意义。从旅游者的角度来看，他们对旅游信息的需求是十分广泛的，既包括旅游目的地的基本信息，如景点分布、历史文化、气候特点等，又包括食宿、交通、购物等相关信息。旅游电子商务不仅可以准确、及时提供这些信息，而且有比较强的交互性。从旅游服务部门的角度来看，它们同样希望能够提前获知旅游者的数量、到访时间、消费水平以及其他相关信息，以便早做准备，从而满足旅游者的需要。

互联网为旅游活动中丰富而频繁的信息交互活动提供了理想的平台。在信息传递的容量、频率以及信息表现形式上，互联网具有有不可比拟的优势，可以为旅游业务的运作带来极大的便利。

4. 便捷性

互联网跨区域、跨时间地覆盖全球，使得旅游企业有更多的时间、更大的空间进行营销，可随时随地提供全球性营销服务。

旅游活动的组织不仅牵涉面广，而且往往是跨地域运作，这就决定了旅游交易过程的复杂性。一方面，旅游资源和旅游目的地极为分散，需要通过旅游服务中介(比如旅行社)将两者有效地整合起来，以促成交易；另一方面，旅游业务牵涉众多交易环节，比如交通、餐饮、景点、购物中心以及保险等，交易过程颇为复杂。在传统条件下，旅游交易存在交易成本高、交易效率低以及交易过程透明度不高的问题，这些问题常常会导致旅游者的不满。利用电子商务实现旅游交易的网络化和电子化，对旅游企业而言，既可以有效降低旅游业务的成本，提高经营效率，又可以更直接地了解旅游者的旅游需求，以便更好地提高旅游服务质量；对旅游者而言，可以降低开支，提高交易效率，又可以免除携带现金的麻烦，使旅游者可以有更多的时间和精力轻松享受旅游过程中的乐趣。旅游电子商务为旅游企业和旅游者带来了极大的便利。

5. 经济性

(1) 旅游企业可以通过互联网快速更新信息，更新成本较低。

(2) 网络用户可以免费获取大部分网络信息，因此，发展旅游电子商务，不仅方便旅游企业收集和发布信息，而且方便旅游者获取信息，降低双方发布或获取信息的成本。

(3) 网络信息可以重复使用，可以降低旅游企业的信息发布成本，旅游企业也会愿意在其他方面让渡利益；而旅游者因为节省了信息获取成本，也会愿意在其他方面多支付成本，从而间接促成交易。

(4) 发展旅游电子商务，可降低旅游企业的运营、宣传、销售成本，提高旅游产品和服务的价格优势，克服传统旅游企业经营模式宣传力度小、覆盖面窄、复购率低等劣势，有利于形成旅游品牌，例如人们熟知的携程、同程、去哪儿、途牛等。

6. 个性化

互联网可以传输多种媒体信息，使得交易过程中的信息交换可以多种形式存在，从而使旅游宣传营销的方式丰富化、个性化、人性化，不仅有利于营销人员充分发挥创造力、想象力，还为旅游者设计富有个性化旅游产品，提供有针对性的服务。

3.2　我国旅游电子商务模式

按照交易对象，旅游电子商务可以分为以下5类。

3.2.1　B2B旅游电子商务模式

B2B(business-to-business)是指企业和企业之间进行的电子商务活动。B2B旅游电子商务可以大大降低电子商务平台、旅行社、酒店、景区(点)、旅游交通等企业在办公、采购等方面的成本，并在树立品牌形象、增加企业竞争力等方面提高效率。这种模式是电子商务的主流，也是各类企业在面临激烈的市场竞争时，改善竞争条件、建立竞争优势的主要方法。

在旅游电子商务中，B2B模式主要包括以下几种情况。

(1) 旅游企业之间的产品代理，如旅行社代订机票与饭店客房，旅游代理商代售旅游批发商组织的旅游线路产品。

(2) 组团社之间相互拼团。当两家或多家组团旅行社经营同一条旅游线路，并且出团时间相近，而每家旅行社只组织到为数较少的客人时，旅行社征得旅游者同意后可将客源合并，交给其中一家旅行社操作，通过规模运作降低成本。

(3) 地接社批量订购当地旅游饭店客房、景区门票。

(4) 客源地组团社与目的地的地接社之间的委托、支付关系等。

旅游业是一个由众多子行业构成、需要各子行业协调配合的综合性产业，食、住、行、游、购、娱各类旅游企业之间存在复杂的代理、交易、合作关系。B2B模式大大提高了旅游企业间的信息共享和对接效率，也提高了整个旅游业的运作效率。

B2B旅游电子商务模式的典型案例是同程网(现为同程旅行网)。同程网创立于2002年，是中国最大的旅游交易平台之一，搭建了包括旅行社、酒店、景区、交通、票务在内的近10万家旅游企业间的信息交流和交易平台。同程网的目标市场主要在B2B和B2C领域，其中B2B业务占据主导地位，旨在为旅游企业提供更高效、便捷的交易服务。

3.2.2　B2C旅游电子商务模式

B2C(business-to-consumer)是指企业与消费者之间进行的电子商务活动。B2C旅游电子商务是借助于互联网开展的在线销售活动，可将其视为网上旅游零售业。近年来，互联网为企业和消费者开辟了新的交易平台，使得这类旅游电子商务得到了较快发展。

互联网提供的搜索浏览功能和多媒体界面，使得旅游者更容易寻找和深入了解所需的旅游产品。交易时，旅游者先通过网络获取旅游目的地信息，然后在网上自主设计旅游活动日程表，预订旅游饭店客房、车船机票等，或报名参加旅行团。对旅游业这样一个旅游者地域高度分散的行业来说，B2C模式方便旅游者远程搜寻、预订旅游产品，克服了传统条件下距离带来的信息不对称。B2C旅游电子商务模式的典型案例包括携程网、去哪儿网、飞猪旅行等。这些平台提供各种旅游服务，如酒店预订、机票购买、景点门票预订等，旅游者可以直接在这些平台上购买旅游产品，享受方便快捷的服务。另外，B2C模式还包括旅游企业向旅游者拍卖旅游产品，由旅游电子商务网站提供中介服务等。因此，开展B2C电子商务具有巨大的潜力，是今后旅游电子商务发展的主要动力。

3.2.3　B2G旅游电子商务模式

B2G(business-to-government)是指企业与政府机构之间进行的电子商务活动。B2G旅游电子商务涉及的商业活动包括旅游企业网上交税、政府主导的旅游结算、政府旅游信息发布等。B2G模式可加强政府对旅游企业的监管，提高税收缴纳的效率。除此之外，全国一些旅游大省正在试行的旅游结算平台(如云南省丽江市)，在一定程度上解决了困扰旅游产业发展的"三角债"问题，规范了旅游市场，促进了旅游产业的健康发展。

B2G旅游电子商务模式的典型案例是中国青年旅行社(简称中青旅)。中青旅是一家大型旅行社企业，与政府机构、企事业单位等有着广泛的合作。中青旅通过B2G模式为政府机构、企事业单位等提供旅游服务，如团队出游、公务出差等。这种模式有利于提高旅游服务的专业性和可靠性，同时也为中青旅带来了稳定的业务来源。

3.2.4　C2C旅游电子商务模式

C2C(consumer-to-consumer)将大量的个人和卖家联系起来，以便进行商品在线交易。C2C模式的发展离不开旅游电子商务平台的高速发展，携程、艺龙、去哪儿等网站都是该市场的有力推动者。C2C旅游电子商务涉及的业务主要包括旅游商品销售、个人所有但对外经营的房间预订、个人农家乐和渔家乐的产品服务等。值得注意的是，与C2O等其他旅游电子商务模式相似，旅游者的信任、税收、交易安全性等也成为制约C2C旅游电子商务发展的重要因素。

C2C旅游电子商务模式的典型案例是途家网。途家网是中国领先的度假公寓平台，提供全国各地的度假公寓预订服务。途家网的C2C模式允许个人房东将自己的房源在平台上展示和出租，旅游者可以直接与房东联系并预订房源，从而体验个性化的住宿服务。这种模式在旅游市场中越来越受欢迎，为旅游者提供了更加多样化的住宿选择。

3.2.5　C2B旅游电子商务模式

C2B(business-to-consumer)模式是由旅游者提出需求，由旅游企业通过竞争满足旅游者的需求，或者是由旅游者通过网络结成群体与旅游企业讨价还价。

C2B旅游电子商务主要通过电子中间商(专业旅游网站、门户网站旅游频道)进行。这类电子中间商提供一个虚拟开放的网上中介市场和信息交互平台，旅游者可以直接发布需求信息，旅游企业查询后双方通过交流自愿达成交易。

C2B旅游电子商务主要有两种形式。第一种形式是反向拍卖，即竞价拍卖的反向过程。旅游者会提供一个价格范围，对某一旅游服务产品表示求购意愿，随后，由旅游企业出价，出价可以是公开的，也可以是隐蔽的，旅游者将选择质价合理的旅游产品成交。因为单个旅游者预订量较小，所以这种形式对于旅游企业来说吸引力有限。第二种形式是网上成团，即旅游者提出设计旅游线路并在网上发布，吸引其他兴趣相同的旅游者。通过网络信息平台，愿意按同一条线路出行的旅游者汇聚到一定数量后，再请旅行社安排行程，或直接预订饭店客房等旅游产品，这样可提高与旅游企业议价的能力。

C2B旅游电子商务利用信息技术带来的信息沟通面广和成本低廉的特点，特别是网上成团的运作模式，使传统条件下难以兼得的个性化旅游需求满足与规模化组团降低成本有了很好的结合点。C2B旅游电子商务是一种需求方主导型的交易模式，它体现了旅游者在市场交易中的主体地位，有助于旅游企业更加准确和及时地了解旅游者需求，能够促进旅游业向产品丰富和个性满足的方向发展。

C2B旅游电子商务模式的典型案例是淘宝旅行组织的"淘友团丽江"活动。该活动允许旅游者根据自己的需求定制旅游线路，并邀请朋友参与评论和招募同游者，使旅游者成为旅游活动的发起者。淘宝旅行通过这种方式实现了多元化和差异化的组合，将线路游与自由行相结合，打破产品界限，以旅游者需求为中心进行引导。C2B模式体现了旅游者作为主导因素的旅游发展趋势，具有广阔的发展前景。

3.3　我国旅游电子商务的发展方向和保障措施

当前，我国旅游电子商务正处于高速发展阶段，一方面，国家政策的宏观导向为行业的发展奠定了基础；另一方面，社会化媒体的交互作用刺激消费成为行业发展的重要催化剂。此外，移动终端的应用普及和旅游者成熟度的不断提高也是旅游电子商务发展的重要前提。依托技术的进步和庞大的用户群体，我国旅游电子商务显示出强势增长势头。

3.3.1　我国旅游电子商务的发展方向

1. 旅游物联网

物联网是以互联网为基础，借助信息传感设备，通过信息交换与通信实现对物品的智能化识别、定位、跟踪、监控和管理的网络体系。随着技术的不断成熟，物联网已经被广泛应用于各个行业，其中就包括旅游业。

旅游业为服务业的龙头产业，信息技术前进的每一步都会对其产生影响。当前，国内外各地都在努力尝试应用物联网技术达成旅游活动全过程、旅游经营全流程和旅游产业全链条的全面数字化和智能化。

(1) 物联网可以更好地为旅游者服务。旅游者是旅游活动的主体，随着消费行为的不断成熟，旅游者对旅游信息、旅游体验等需求也在不断增加。物联网可以有针对性地为旅游者提供综合信息查询、在线预订、行程规划、线路选择等服务，帮助旅游者做好出行规划。

物联网强大的信息储存和处理功能可以使旅游产业链上的吃、住、行、游、购、娱等相关信息实现互联互通，为旅游者的旅游活动提供"全程式"服务。例如，餐饮、住宿、娱乐、购物等资讯信息查询与订购；列车、航班时刻表及票价查询与订购；景区线路信息、景区实时人流量、医疗服务等日常的旅游信息服务。在参观游览过程中，还可以为旅游者提供智能化导览服务，借助精准的定位技术，结合旅游者的个人喜好，通过文字、图片、声音、视频等多种形式，生动详细地为旅游者展示景区内的自然风光、人文景观、旅游基础设施以及民俗民风，同时可以开启语音导游服务，为旅游者提供详细的讲解，给旅游者带来丰富的旅游体验。旅游活动结束后，旅游者可以利用物联网平台发表评论、攻略，分享旅游过程中的感受等。借助Web 2.0技术、旅游网站、论坛、微博等互动平台，物联网可以实现旅游者之间、旅游者与旅游企业之间、旅游者与管理部门之间的互动沟通，并能及时处理旅游过程中的旅游投诉等。

(2) 物联网改变了旅游企业运营方式。旅游企业在为旅游者提供旅游资源信息和相关服务的同时，也需要接受旅游管理部门的监督管理。物联网可以聚合IT资源与存储、计算能力，形成一定范围内的虚拟资源池，实现旅游企业信息化的集约建设。同时，通过供应链、企业资源管理、在线营销、在线订购等专业化服务系统，物联网可以为旅游企业提供基于网络共享的软件和硬件的应用服务，既有效降低了中小型旅游企业利用信息化手段开展经营活动的资源和技术障碍，又有效提升了旅游企业信息化建设、应用和服务效率。

(3) 物联网有利于实现科学的旅游行业管理。旅游管理部门具有经济调节、市场监管、公共服务和社会管理的职能。在物联网技术的支持下，旅游管理部门将实现传统旅游管理方式向现代旅游管理方式的转变。旅游管理部门可以更有效地维持旅游秩序，及时处理旅游质量问题，实现与交通、卫生、公安等部门的信息共享和协作；旅游创新系统加强了旅游管理部门、旅游者、旅游企业和旅游景区的联系，高效整合了旅游资源，从而实现科学的旅游管理。

此外，物联网技术的运用将进一步推进旅游电子政务的建设，实现区域间的互联互通，提高旅游宏观决策的有效性和科学性。

2. 旅游云计算

云计算是电信与IT融合创新的产物，是分布式计算技术的一种，其通过网络将庞大的计算处理程序自动拆分成无数个较小的子程序，再交由多部服务器所组成的庞大系统，经搜寻、计算分析之后将处理结果回传给用户。通过这项技术，网络服务提供者可以在数秒之内处理数以千万计甚至亿计的信息,提供和"超级计算机"同样强大效能的网络服务。

在旅游电子商务蓬勃发展的今天,海量的旅游信息和数据更加需要云计算等先进的思想和技术来应对。

(1) 加快旅游数据资源整合,提高旅游信息利用率。现代旅游业是以信息密集型为重要特征的服务业,需要处理海量的数据和信息,对大多数旅游服务企业来说,仅仅依靠自身的力量往往力不从心。云计算不仅可以实现高效快速的数据存储和分析,还可以为旅游业的发展提供存储能力和计算能力的保障。

运用云计算技术可以使线上和线下、虚拟与现实有机结合。旅游企业可根据旅游者的位置、行为以及其他个性化信息,全方位提供专业化和多样化的服务,更好地满足旅游者多方面的需求。

(2) 有效配置资源,实现可持续发展。旅游行业是一个具有明显淡旺季的行业,在旺季,各个旅游景区往往人满为患,而在淡季通常旅游者稀少。对旅游服务提供商来说,如何平衡服务资源是一个相对困难的课题。利用旅游云服务,旅游服务企业可根据实际需要动态调整和平衡各种服务资源,做到伸缩自如、保障有力,确保各项业务活动实现可持续发展。

3. 移动旅游电子商务

1) 移动旅游电子商务的概念与功能

移动智能终端的发展和应用拓展了在线旅游预订渠道,随着智能手机的普及和旅游预订App的不断完善,线下用户和潜在旅游用户正在或已经转化为手机在线旅游预订用户。

移动旅游电子商务是指旅游服务产品消费者利用移动终端设备,通过无线和有线相结合的网络,采用某种支付手段来完成和移动旅游提供者的交易活动。

移动旅游电子商务的功能具体可以概述为4个方面,即旅游信息服务、各种旅游服务的查询和预订、旅游电子商务网站的个性化服务、为旅游爱好者提供自主性交流的平台。

2) 移动旅游电子商务的优势

(1) 服务创新。移动旅游电子商务结合了互联网、多媒体与手持移动终端的高速化、个性化、便捷化的特点,为旅游服务机构提供了一种可以伴随旅游者整个行程的服务方式。相比于传统旅游电子商务,移动旅游电子商务可以提供与旅游者当前所处地段直接相关的服务内容,从而满足旅游者个性化需求。

(2) 潜在用户规模大。随着移动互联网用户规模不断增长,移动电子商务市场呈现快速增长的势头。旅游行业利用移动电子商务开展了旅游信息查询服务,如机票预定、酒店预订等。

3) 移动旅游电子商务的未来趋势

(1) 人工智能技术的深度融合。人工智能技术的发展为移动旅游电子商务带来了新的机遇。通过应用人工智能技术,平台可以更加精准地推荐旅游产品,提供更加个性化的服务。例如,平台利用人工智能技术分析用户的浏览记录和购买记录,推送符合用户兴趣和需求的旅游产品。

(2) 大数据的应用。大数据技术可以为移动旅游电子商务平台提供更加全面的数据支持。通过对用户行为数据的分析，平台可以深入了解用户需求，优化产品和服务。同时，通过对市场数据的分析，平台可以及时调整市场策略，提高市场竞争力。

(3) 5G技术的融合。5G技术的应用将为移动旅游电子商务带来更快的网络速度和更加稳定的网络环境。通过5G技术，平台可以提供更加清晰、流畅的直播和视频服务，满足用户对于高品质旅游体验的需求。同时，5G技术还可以支持更多的智能设备同时连接，提供更加便捷的预订和支付服务。

3.3.2 我国旅游电子商务发展的保障措施

旅游电子商务具有诸多优点，如提高旅游企业的工作效率、为旅游者提供方便快捷的服务等，将成为旅游业发展的必由之路。但要发展旅游电子商务，必须有强大的产业资源基础，必须注重旅游市场的精心培育和服务，必须拓展适应国情的和强大的高技术手段。我国发展旅游电子商务的前景是明朗的，为保障其发展，可采取以下措施。

1. 政府必须为发展旅游电子商务创造良好的环境

要实现旅游产业的现代化和国际化，必须先行推进旅游业的信息化，而旅游电子商务是旅游信息化的基本组成部分。各级政府部门应高度重视旅游电子商务的发展，明确政府有关管理部门的职责，加强协调，共同研究制定我国发展旅游电子商务的战略、目标、规划和实施措施，保持有关政策、法规、标准的一致性和连续性。积极研究制定与旅游电子商务有关的政策、法律、法规以及相应的标准规范，尽力营造有利于旅游电子商务发展的环境，促进旅游电子商务的健康、有序发展。

2. 旅游企业应切实提高电子商务发展与应用的能力与水平

我国旅游企业应加强应用旅游电子商务的主动性，一方面，积极地将产品和服务推向互联网；另一方面，大胆探索和总结旅游电子商务发展的有效途径，特别是增加网络服务项目和完善电子商务功能。例如，为旅游者提供旅游咨询服务、建立三维网络虚拟景点等，使旅游电子商务的形式更加灵活，内容更加丰富，功能更加实用。同时，旅游企业应注意将服务项目进一步细化和深化，依据旅游者个性定制旅游路线，推荐旅游景点等；或者根据旅游者的时间安排，向旅游者推荐最佳旅游路线，提高旅游者的满意度和忠诚度。此外，旅游企业还应充分利用现代网络技术、数据库技术等进行客户关系管理，开发旅游者需要，逐步实现"一对一"的个性化和专业化服务。

3. 加强相关专业人才培养

旅游企业应组织从业人员学习计算机知识和技能，结合信息化建设的特点，针对不同应用层面的管理和应用人员开展培训教育，提高企业推进旅游信息化的水平，帮助从业人员掌握电子商务技能，培养和造就一支既熟悉业务又懂信息技术的专业队伍。各级各类旅游教育机构在面对世界旅游发展的新形势时，需要抓住机遇，实施科技兴旅战略，积极培养适应时代发展的旅游电子商务人才，以实现旅游的管理创新、经营创新和市场创新。

◈ 单元小结与练习

◆ 单元小结

旅游电子商务模式是旅游信息管理课程的基本内容，学生要明晰旅游电子商务的定义，明确旅游电子商务的特性和主要优势，在此基础上，熟悉并掌握常见的旅游电子商务模式。

对旅游电子商务模式的认识不能停留在理论层面，还要分析旅游电子商务模式实例，并能运用基本知识分析和解决当前我国旅游电子商务模式存在的问题。

◆ 实训

访问携程旅行网、E龙网、同程网、芒果网，谈谈它们提供了哪些功能和服务。

实训3.1　　　　实训3.2　　　　实训3.3

◆ 习题

1. 旅游电子商务有哪些发展优势？

2. 旅游业具有哪些适宜发展电子商务的特性？

3. 我国旅游电子商务的未来发展应从哪几个方面入手？

4. 旅游电子商务对旅游者产生了哪些影响？提供了哪些保障？

5. 结合旅游电子商务发展新趋势讨论其发展潜力。

6. 旅游电子商务对社会经济的深层次影响有哪些？

7. 旅游电子商务对你的旅游出行有没有产生影响？如有，请结合实例谈谈产生了哪些影响。

8. 传统旅行社是否会在未来消失？O2O模式旅游带来哪些改变？

9. 移动旅游电子商务是否会成为今后旅游电子商务的主流模式？

10. 查阅资料，谈谈旅游电子商务未来的发展趋势。

第4章 旅游电子商务的技术基础

课前导读

计算机网络的发展对于我们的工作和生活影响深远，而旅游业由于其行业特性更是与计算机网络技术联系紧密。本章主要介绍网络知识和多媒体技术知识。本章内容不仅是学习后续内容的基础，更是旅游企事业单位开展日常工作的基础。

学习目标

知识目标：了解现代计算机网络的分类方法；了解IP地址是如何构成的；掌握配置TCP/IP的具体操作方法；掌握IE浏览器及网络常用软件的使用方法；了解多媒体的相关知识。

能力目标：能够结合我国旅游行业发展现状，应用计算机网络和多媒体技术。

素质目标：理解计算机网络和多媒体技术与旅游业的关系；能够运用计算机网络与多媒体技术处理基本的旅游业务。

4.1 计算机网络基础知识

4.1.1 现代计算机网络的起源和发展

20世纪60年代，为了应对来自苏联的核进攻威胁，美国国防部高级研究计划署(Advanced Research Project Agency，ARPA)提出要研制一种崭新的、能适应现代战争的、残存性很高的网络。一批专家根据美国军方提出的要求，设计出使用分组交换网的新型计算机网络——ARPANET。1969年12月，ARPANET(当时仅4个节点)正式投入运行。相较于面向终端的计算机网络，以分组交换网为中心的计算机网络的功能得到了很大的扩展，成为20世纪70年代计算机网络的主要形式。

ARPANET问世后，其规模迅速增长，并于1983年分解成两个网络：一个是军用计算机网络MILNET；另一个是民用科研网，仍称为ARPANET。

美国国家科学基金会(National Science Foundation，United States)认识到计算机网络对科学研究的重要性，于1986年建立了国家科学基金网NSFNET。它是一个三级计算机网络，分为主干网、地区网和校园网，覆盖了美国主要的大学和研究所。后来MILNET接管了ARPANET，并将网络名改为互联网。

互联网的迅猛发展始于20世纪90年代，最终成为世界上规模最大和增长速度最快的计算机网络。欧洲核子研究组织(European Organization for Nuclear Research，CERN)开发的万维网World Wide Web被广泛应用于互联网上，极大地方便了广大非网络专业人员对网络的使用，也成为促进互联网呈指数级增长的动力。

4.1.2 现代计算机网络在我国的发展

根据公开资料，我国计算机网络的发展经历了以下几个重要事件。

1980年，铁道部(现为国家铁路局)开始进行计算机广域网实验，它是最早着手建设计算机广域网的单位。如今已建成铁路客票发售和预订系统，加快了我国铁路客票管理和发售工作现代化的步伐。

我国第一个公用分组交换网CNPAC于1989年11月建成运行。基于此，1993年9月，新的中国公用分组交换网建成，由国家主干网和各省(自治区、直辖市)的省内网组成，并将其命名为CHINAPAC。CHINAPAC采用X.25标准，并非互联网的体系结构，因此可以说它基本上完成了历史使命。

20世纪80年代后期，银行、军队、公安以及其他一些部门也相继建立了各自的专用计算机广域网。

自20世纪90年代起，我国陆续建立了基于互联网技术、可以和互联网互联的9个全国范围的公用计算机网络，即我国的互联网主干网。

- 中国公用计算机互联网(CHINANET)；
- 中国金桥信息网(CHINAGBA)；
- 中国教育和科研计算机网(CERNET)；
- 中国科学技术网(CSTNET)；
- 中国联通互联网(UNINET)；
- 中国网通互联网(CNCNET)；
- 中国移动互联网(CMNNET)；
- 中国长城互联网(CGWNET)；
- 中国国际经济贸易互联网(CIETNET)。

其中，CHINANET覆盖我国30个省(自治区、直辖市)的200多个城市；CERNET几乎将国内所有大专院校连接起来；CSTNET连接了一批中国科研单位，包括中国科学院；其他网络是近年来面向公众服务建设的互联网主干网，技术起点相对较高。

4.1.3　现代计算机网络的分类

按照不同的标准，可对计算机网络做出如下分类。

1. 按照网络的覆盖面进行分类

按照网络的覆盖面，计算机网络可分为以下3种类型。

1) 局域网

局域网(local area network，LAN)是计算机局部区域网的简称。局域网一般由微型计算机通过高速通信线路相连(速率通常为10Mbit/s)，其覆盖范围可以根据具体的应用环境和需求灵活调整，从几十平方米到几千平方米不等。

2) 广域网

广域网(wide area network，WAN)也称为远程网，它通常跨接很大的物理范围，作用距离从几十千米到几千千米，它能连接多个地区、城市和国家，或横跨几个洲并能提供远距离通信，形成国际性的远程网络。

3) 城域网

城域网(metropolitan area network，MAN)的作用范围在局域网和广域网之间，如一座城市，其传送速率比局域网更快，作用距离为5～50km。

值得一提的是，随着计算机网络技术的迅猛发展，这三种网络的边界已经变得逐渐模糊。

2. 按照网络的拓扑结构进行分类

拓扑结构是网络管理者关注的问题。按照网络的拓扑结构，计算机网络可分为以下3种类型。

1) 集中式网络

集中式网络又称为星形网，如图4-1(a)所示。在一个集中式网络里，所有信息流都必须经过中央处理设备，即中央交换节点，所有链路都从这个中央交换节点向外辐射。整个网络的可靠性基本上取决于中心节点的可靠性。

2) 分散式网络

分散式网络又称为非集中式网络，如图4-1(b)所示。它是集中式网络的扩展，也是星形网和格状网构成的混合网。与集中式网络相比，分散式网络具有较高的可靠性。

3) 分布式网络

分布式网络是格状网，其中任何一个节点都至少和其他两个节点相连，如图4-1(c)所示。相较于前两者，分布式网络可靠性最高。

目前，一些网络常把非主干网做成集中式网络，把主干网做成分布式网络。

3. 按照网络的交换功能进行分类

按照网络的交换功能，计算机网络可以分为4种类型，即电路交换、报文交换、分组交换和混合交换。其中，混合交换是指在一个数据网中同时采用电路交换和分组交换。这种分类方法是网络设计者经常采用的方法。

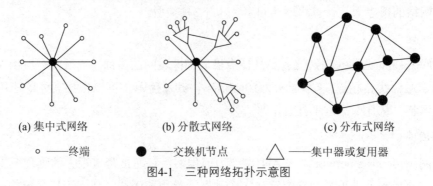

　　(a) 集中式网络　　　　　　(b) 分散式网络　　　　　　(c) 分布式网络

　○——终端　　　　●——交换机节点　　　△——集中器或复用器

图4-1　三种网络拓扑示意图

4.1.4　计算机网络的主要技术指标

1. 带宽

对于数字通道而言，所谓的带宽就是指在信道上(或一段链路上)能够传送的数字信号的速率，即数据率或比特率。比特(bit)是计算机数据的最小单元，也是信息量的度量单位。一个比特就是二进制数字中的一个1或0。在计算机网络中，带宽的单位是比特每秒(bit/s)，更常用的带宽单位是千比特每秒(kbit/s)、兆比特每秒(Mbit/s=10^6bit/s)、吉比特每秒(Gbit/s=10^9bit/s)或太比特每秒(Tbit/s=10^{12}bit/s)。人们通常使用更简单但不严格的记法来描述网络的带宽，即省略bit/s。例如，10Mbit/s记作10M，10Gbit/s记作10G。

2. 时延

时延是指一个报文或分组从网络的一端传送到另一端所需要的时间。时延由以下3个部分组成。

1) 传播时延

传播时延是电磁波在信道中传播所需要的时间，其计算公式为

$$传播时延=信道长度÷电磁波在信道上的传播速率$$

电磁波在自由空间的传播速率是光速，即$3.0×10^5$ km/s；在光纤中的传播速率约为$2.0×10^5$ km/s；在电缆中的传播速率约为$2.3×10^5$ km/s。例如，电磁波在460km的电缆线路中的传播时延约为2ms。

2) 发送时延

发送时延是发送数据所需要的时间，其计算公式为

$$发送时延=数据块长度÷信道带宽$$

信道带宽常称为数据在信道上的传输速率。它和电磁波在信道上的传播速率是两个完全不同的概念，切不可混淆。

3) 排队时延

排队时延是指数据在交换节点等候发送，在缓存的队列中排队所经历的时延。它的大小主要取决于网络当时的通信量的大小。当网络的通信量较大时，会发生队列溢出、数据丢失的现象，这时排队时延相当于无穷大。

数据经历的总时延是上述3种时延之和，用公式表示为

$$总时延=传播时延+发送时延+排队时延$$

4.1.5 局域网的基础知识

20世纪70年代末，由于微型计算机价格不断下降，计算机得到了广泛使用，计算机局域网技术也得以迅速发展。局域网在计算机网络中占有非常重要的地位。

1. 局域网的特点和优点

1) 局域网的特点

(1) 网络为一个单位所拥有，且地理范围和站点数目均有限。

(2) 相较于广域网，局域网具有较高的数据率、较低的时延和较小的误码率。

2) 局域网的优点

(1) 便于共享昂贵的外部设备、主机以及软件和数据，且从一个站点可以访问全网。

(2) 便于系统地扩展和逐渐地演变，各种设备的位置可以灵活调整和改变。

(3) 系统的可靠性、可用性和残存性较高。

2. 局域网的分类

按照网络拓扑结构的不同，局域网可分为4类，即星形网、环形网(最典型的是令牌环形网，简称令牌环)、总线网和树形网。4种局域网的拓扑示意图如图4-2所示。

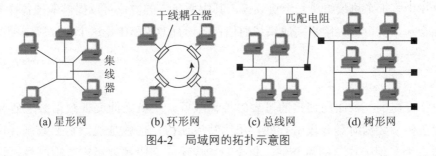

图4-2 局域网的拓扑示意图

3. 局域网接入的工作方式

任何用户欲将计算机网络接入互联网，都要使用互联网服务提供者(Internet Service Provider，ISP)提供的接入服务。也就是说，ISP是用户的接入点。

位于局域网中的用户计算机使用路由器，先通过数据通信网与ISP连接，再通过ISP的线路接入互联网，即所谓的局域网接入。局域网接入的工作方式如图4-3所示。

采用局域网接入互联网的用户一般有以下4个目的。

(1) 通过互联网实现企业网或校园网的互联。

(2) 通过互联网提供某种类型的信息服务。

(3) 保证数据传输的可靠性，获得更大的带宽。

(4) 在单位内部配置由自己管理的电子邮件服务器。

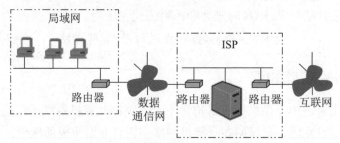

图4-3　局域网接入的工作方式

　　用户以局域网的方式接入互联网，需要付出比较高的租用线路的费用，因此，只有具有一定规模的网络，如校园网或企业网，才会采用这种接入方式。

4.1.6　互联网的相关概念

1. TCP/IP

　　世界各地建立的各种形式的局域网在互联之前存在不同的网络结构和数据传输规则，而互联网允许这些小型局域网作为它的子网接入后，网络之间要通过什么样的规则来传输数据呢？TCP/IP担当着互联网上的"世界语"的角色。

　　TCP/IP(transmission control protocol/internet protocol)的中文全称为传输控制协议/网际协议，它既是一个在互联网上运行的软件，又是硬件系统之间互相通信的规则集合。可以说，它是互联网的软件基础。

　　TCP/IP由若干个协议组成一个协议簇，其中所包含的协议可以提供各种各样的功能和服务，综合起来就可以为用户完成系统通信任务。而TCP和IP是这个协议簇中的两个核心协议。

1) TCP

　　TCP负责提供一种面向连接的可靠的传输服务。主机之间交换数据必须建立一个会话，TCP在传输数据时是分段进行的，用比特流通信，也就是说，它把数据看作无结构的字节流。为了保证通信的可靠性，每个TCP传输的字段都被指定了顺序号，这样若一个分段被分解成几个小段，接收主机便会清楚所有的小段是否都已经接收到，然后发送应答，以确认收到数据。接收主机在接收到每一个小段之后，必须在指定时间内返回确认信息给发送主机。若发送主机没有收到确认信息，就会重新发送该数据。

2) IP

　　IP是TCP/IP簇中最重要的一个协议。它的作用是把从高层TCP接收的数据包传送到低层，同时接收低层发送的数据包并将其发送到高层。IP数据包包含发送方的主机地址，又称源地址；也包含接收方的主机地址，又称目的地址。但是，IP并不确认数据包是否按顺序发送，也不确认数据包是否被破坏，因此IP数据包是不可靠的。

一般情况下，高层的TCP服务会假设接收到的数据包中的源地址是有效的，即IP地址形成了许多服务的认证基础，这些服务相信数据包是从一个有效主机发送而来的。IP确认包含一个选项——IP source routing，用来指定一条源地址和目的地址之间的直接路径。

2. IP地址

1) IP地址的结构

IP地址授权机构会向每一台接入互联网的主机分配一个号码，这个号码就是这台机器的IP地址，它在网络中唯一标识这台计算机的逻辑地址。就像电话号码一样，IP地址也采用分层结构，如086-024-××××××××这个号码，就是我国沈阳市的一部电话号码。其中，086是我国电话的地区号，024是所在城市(沈阳)的地区号，××××××××是电话号。每一部电话的号码在全世界范围内都是唯一的，所以电话网才可以准确无误地将电话转接到相对应的号码上。

IP地址的结构如图4-4所示，它由两部分组成，即网络号和主机号。网络号用来标识一个逻辑网，主机号用来标识网络中的一台主机。

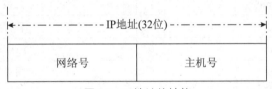

图4-4　IP地址的结构

TCP/IP规定，IP地址用二进制数来表示，每个IP地址为32bit(位)，即4字节。为了便于用户理解与记忆，IP地址通常采用点分十进制地址格式表示，即×.×.×.×的格式，每个×都是一个整数，取值范围为0～255。例如，"202.96.64.68"就是一个有效地址。

2) 子网掩码

在进行计算机网络规划时，为了便于管理以及融合不同的网络技术，往往要将单个大网划分为多个子网，这些子网通过路由器等网络设备来连接。通过重定位路由就可以实现缓解网络拥挤、提高网络性能的目的，于是产生了子网掩码的概念。

子网掩码可以用二进制数表示，也可以用点分十进制地址格式表示，也就是说，在表示形式上子网掩码与IP地址是一样的。通过子网掩码，用户可以清楚地知道一个网络是如何进行划分的。

利用子网掩码，用户可以判断网络中任意两台计算机的IP地址是否属于同一子网。具体做法：将两台计算机各自的IP地址与子网掩码进行逻辑运算，然后比较结果。若所得结果相同，则说明这两台计算机处在同一个子网之中。

3. 域名

1) 域名的定义

尽管IP地址解决了互联网的地址编制问题，但对于用户来说，一串数字还是有些复杂，不便于记忆。能否找到另一种命名方法，使得网上计算机的命名更简单、更便于用户记忆呢？互联网于20世纪80年代中期开始，在IP地址的基础上向用户提供一种新服务，即域名系统(domain name system，DNS)服务。该服务用具有一定含义的字符串来标识互联网上的一台计算机。这个字符串具有树状结构，也就是说，采用这种命名方法，任何一个连接在互联网上的计算机，都会有唯一的具有层次结构的字符串名字，即域名。

域名由两个或两个以上的词构成，中间由点号分隔开，最右边的词称为顶级域名。顶级域名采用两种分配模式，即组织模式和地理模式。以组织模式来划分的顶级域名的定义如表4-1所示。从以地理模式划分的顶级域名中可以看出计算机所属的国家或地区，也就是说，每个国家(地区)均以一个顶级域名的形式出现，一些国家(地区)的顶级域名如表4-2所示。

表4-1　顶级域名的定义

顶级域名	域名类
com	公司企业
edu	教育机构
gov	政府部门
int	国际组织
mil	军事部门
net	网络服务机构
org	非营利性组织

表4-2　一些国家(地区)的顶级域名

顶级域名	国家
cn	中国
jp	日本
uk	英国
au	加拿大
hk	中国香港

2) DNS服务器

DNS服务器是进行域名(domain name)和与之相对应的IP地址(IP address)转换的服务器。它是一种能够实现名字解析(name resolution)的分层结构数据库。

4.1.7 TCP/IP的配置

一个计算机用户欲访问互联网(不包括电话拨号上网)或局域网，首先必须配置TCP/IP，具体操作步骤如下所述。

● 右键单击"网上邻居"，弹出快捷菜单，如图4-5所示。选择"属性"选项，打开"网络连接"窗口，如图4-6所示。右键单击"本地连接"，弹出快捷菜单，如图4-7所示。选择"属性"选项，打开"本地连接属性"对话框，如图4-8所示。

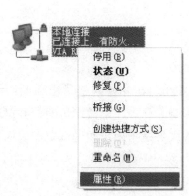

图4-5 "网上邻居"快捷菜单　　　　图4-6 "网络连接"窗口

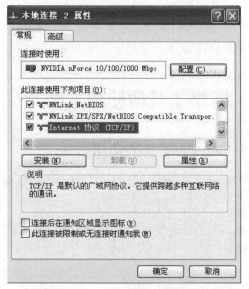

图4-7 "本地连接"快捷菜单　　　　图4-8 "本地连接属性"对话框

- 在"本地连接属性"对话框中，选择"常规"选项卡，并在其中选择"Internet协议(TCP/IP)"，然后单击"属性"按钮(或双击该选项)，打开"Internet协议(TCP/IP)属性"对话框，如图4-9所示。

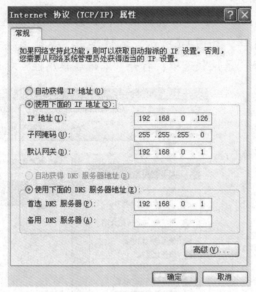

图4-9　"Internet协议(TCP/IP)属性"对话框

- 根据计算机所在的网络环境，在"IP地址"和"子网掩码"文本框中输入属于这台机器的IP地址和所在网络的子网掩码。如果计算机处在某一个局域网之中，还需要输入"默认网关"服务器的IP地址、"首选DNS服务器"的IP地址，必要时还需要输入"备用DNS服务器"的IP地址。
- 单击"确定"按钮，结束配置。

值得注意的是，如果用户的计算机具有动态主机配置协议(dynamic host configuration protocol，DHCP)服务器，那么在如图4-9所示的对话框中，选择"自动获得IP地址"和"自动获得DNS服务器地址"即可。

4.2　网络工具的使用方法

4.2.1　WWW服务的使用方法

万维网(world wide web，WWW)通常被称为Web。在互联网最早出现的服务中，WWW服务毫无疑问是最受欢迎的服务之一。它的影响力已经超出技术范畴，并已进入电子商务、电子政务和远程教育等领域。所谓的WWW服务是指用户通过浏览器访问互联网中的网页。

1. Microsoft Edge浏览器简介和基本功能

1) Microsoft Edge浏览器简介

Microsoft Edge是微软基于 Chromium 开源项目及其他开源软件开发的网页浏览器，其正式版已于2020年1月15日正式发布。2022年6月15日，IE浏览器被永久关闭，Microsoft Edge成为微软唯一正在运营的网页浏览器。

2) Microsoft Edge浏览器主要界面

Microsoft Edge浏览器的用户界面如图4-10所示，主要包括5个部分。由于浏览器的设置不同，其用户界面也会有所不同。

图4-10　Microsoft Edge浏览器的用户界面

- 标题栏。标题栏用于显示当前正在浏览的网页名称。
- 菜单栏。菜单栏包括Edge浏览器的全部功能，是浏览器窗口的基本元素。通过菜单选项可以完成Edge浏览器的全部功能。但是，仅从浏览网页的角度出发，菜单栏并不常用。
- 工具栏。工具栏又称为边栏，将最常用的菜单命令制成快捷按钮，便于用户快速完成常用操作。当某一个按钮为灰色时，表示该功能暂时不能使用。
- 地址栏。用户在浏览器中输入要访问的网页的URL(uniform resource locator，统一资源定位器，简称网址)地址或IP地址，就可以浏览网页，或显示当前的URL地址。
- 显示区。显示区可显示当前网页内容。

3) Microsoft Edge浏览器的基本功能

(1) 浏览网页的基本方法。用户如果知道某个网站或网页的URL地址或IP地址，就可以直接将其输入在浏览器的地址栏内，再按Enter键，就可进入想要浏览的网站或网页。

例如，用户想要访问"携程旅行网"网站，在地址栏内输入其URL地址"https://www.ctrip.com/"，即可打开网站，如图4-11所示。

图4-11　携程旅行网网站首页

(2) 添加和管理收藏夹。对于一些常用和有价值的网页地址，用户不需要记忆，只要把它们保存在浏览器的收藏夹里，需要时打开收藏夹，就可以方便地访问那些网页。

① 添加收藏夹。用户要将某网址添加到收藏夹，其操作很简单。

● 在地址栏内输入URL地址，例如：键入"https://www.ctrip.com/"，打开携程旅行网网站，在菜单栏中单击"设置"，出现"收藏夹"菜单，如图4-12所示。

图4-12　打开"收藏夹"菜单

● 单击"…"，选择"将此页添加到收藏夹"菜单命令，如图4-13、图4-14所示，同时还可以进行收藏夹整理，如图4-15所示。

图4-13　打开"收藏夹"下拉菜单

图4-14　"将此页添加到收藏夹"对话框

图4-15　收藏夹管理对话框

② 导入、导出收藏夹。导入、导出收藏夹的作用包括两个方面：一是可以和他人相互交换收藏夹；二是自己可以备份收藏夹，以便特殊时间使用，如新旧机器交替时。具体操作过程以导入收藏夹为例。

● 在"收藏夹"栏中，执行"导入收藏夹"菜单命令，弹出"导入设置"窗口，如图4-16、图4-17所示。

图4-16 导入、导出窗口

● 单击"导入收藏夹"按钮，弹出导入浏览器数据窗口，如图4-17所示，选择从何处导入数据。

图4-17 "导入浏览器数据"窗口

● 单击"导入"按钮，弹出"导入浏览器数据"对话框，如图4-18所示，单击"导入"，显示"正在导入"，如图4-19所示。

● 导入完成后，弹出如图4-20所示的对话框，单击"完成"即可。

图4-18 "导入浏览器数据"对话框

图4-19 正在导入对话框

图4-20 导入完成对话框

● 在"收藏夹"栏中，执行"导出收藏夹"菜单命令，弹出"导出"对话框，如图4-21所示，单击"保存"即可。

图4-21　导出对话框

2. Microsoft Edge浏览器的设置

浏览器在安装后提供的是完整的默认设置，包括"个人资料""隐私、搜索和服务""开始、主页和新建标签页""Cookie和网站权限""系统和性能"和"辅助功能"等方面。用户也可以根据自己的需求，进行更具个性化的设置。"设置"窗口如图4-22所示。

图4-22　"设置"窗口

1) 浏览器首页的设置

● 在"设置"对话框中，选择"开始、主页和新建标签页"选项卡，如图4-23所示。

图4-23　首页设置

- 在"开始"按钮框中输入用户喜欢的网站网址，单击"保存"按钮，即可将该网站的首页设置成浏览器的首页。

2) 历史记录选项的设置和查看

Edge浏览器提供历史记录功能，即能够将用户访问过的网站或网页地址保留一段时间。历史记录保留时间的长短，用户可以自行设置。使用这个功能，用户可以方便地查看在此之前某天或某时浏览过的网站或网页。用户也可以在必要的时候清除历史记录，以避免其占用大量空间。

- 单击工具栏中右上角的"设置及其他"按钮，打开"历史记录"，如图4-24所示。栏中所示时间为用户曾访问过网站或网页链接的时间。

图4-24　历史记录打开对话框

- 单击"历史记录"列表中的链接，即可快速打开相应的网站或网页。
- 在"历史记录"中有"按日期筛选"和"搜索"两个选项。在"按日期筛选"选项中可以选择相应的日期精准查阅，如果"历史记录"列表中的内容较多，可以单击左侧列表中"搜索"选项，在文本框中输入搜索条件，按确认键即可快速定位某个网站或网页，如图4-25所示。

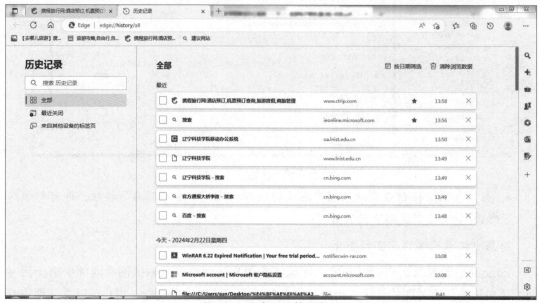

图4-25　历史记录管理窗口

4.2.2　文件下载工具的使用方法

1. 利用IE浏览器直接下载

IE浏览器不但可以用来浏览互联网中的网页，还可以用来将文件下载到本地计算机上。值得注意的是，通过IE浏览器下载的文件中常常带有病毒，会感染机器，危害机器的安全性，所以用户需要在计算机中安装杀毒软件，并且要及时升级和杀毒，以保证机器安全运行。

假如用户的计算机没有安装任何下载软件，那么可以利用IE浏览器直接进行Web方式的下载。具体的操作方法以从天空软件站(http://www.skycn.com/)下载"暴风影音"文件为例来进行说明。天空软件站是可以提供软件下载服务的专门网站。

用户可以先通过分类查找或站内搜索等方式，查找所需下载的"暴风影音"软件，然后通过链接来完成下载。具体操作步骤如下所述。

- 在地址栏中输入天空软件站URL，打开天空软件站主页，如图4-26所示。在"软件搜索"栏中键入"暴风影音"，单击"软件搜索"按钮；或单击"主站"，或"电信"，或"网通"，进入常用软件界面，如图4-27所示。

图4-26 "暴风影音"搜索界面

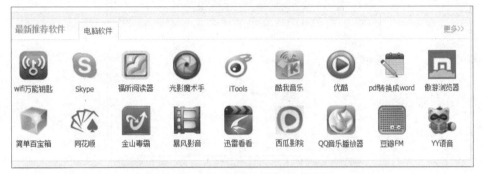

图4-27 "暴风影音"常用软件界面

● 在常用软件界面，单击"暴风影音"，进入"暴风影音"下载页面，如图4-28 所示。

图4-28 "暴风影音"下载页面

● 选择其中一个下载地址，单击后系统会自动弹出下载页面，如图4-29所示。单击 "保存"按钮，选择一个文件下载后的保存位置，如图4-30所示。系统会自动下 载，并且显示下载进度窗口，如图4-31所示。

图4-29 "暴风影音"下载页面

图4-30 "暴风影音"保存位置页面

图4-31 "暴风影音"下载进度窗口

　　完成文件下载任务的时间，取决于所下载的文件的大小和网络的性能。

　　值得注意的是，许多软件下载网站都会提供很多个下载链接地址，用户可以根据自己的上网方式和所处的地理位置选择最优的下载链接地址。

2. 使用下载工具FlashGet下载

1) FlashGet软件简介

FlashGet，即网际快车原名JetCar，支持多种语言，是一款免费的、专用的下载工具软件，但它只能提供WWW服务的文件下载服务。FlashGet通过把一个文件分成几个部分同时下载来提高下载速度，其速度可以提高50%～100%。FlashGet软件主界面如图4-32所示，包括以下3个区域。

- 文件夹列表区，包括"全部任务""正在下载""完成下载"和"回收站"4个部分。
- 下载队列区，显示不同文件夹中的操作信息。
- 下载信息区，显示每个选择操作的详细信息。

图4-32　FlashGet软件主界面

2) FlashGet软件的安装和文件下载

(1) FlashGet软件的安装。FlashGet软件官方网站的网址为"https://www.flashget.com"。用户可以到FlashGet官方网站下载最新版本。FlashGet软件的官方下载界面如图4-33所示。

图4-33　FlashGet软件的官方下载界面

用户可以利用IE浏览器直接下载FlashGet软件(在没有安装任何下载软件的情况下)，然后在保存位置找到其安装程序，根据安装向导进行安装并运行。具体操作步骤如下所述。

图4-34　FlashGet安装向导

- 双击"安装向导"，如图4-34所示，进入安装程序首页，即"许可验证"界面，如图4-35所示。
- 选择"我接受"，单击进入"安装选项"页面，如图4-36所示。

图4-35　安装程序"许可验证"界面　　　　图4-36　安装程序"安装选项"页面

- 单击"下一步"按钮，进入"目录选择"页面，如图4-37所示，系统默认将其安装在C盘，用户也可选择安装目录。单击"浏览"按钮，弹出"浏览文件夹"对话框，如图4-38所示，选择要安装软件的文件夹后，单击"确认"按钮。

图4-37　安装程序"选择目录"页面

图4-38　"浏览文件夹"对话框

- 单击图4-37中的"下一步"按钮，进入"正在安装"页面，如图4-39所示。
- 单击图4-39中的"下一步"按钮，进入"完成安装"页面，如图4-40所示，单击"完成"按钮，结束FlashGet软件的安装操作，同时在屏幕上会出现一个半透明的悬浮窗图标，如图4-41所示，右下角任务栏会出现FlashGet的任务图标。

图4-39　安装程序"正在安装"页面

图4-40 安装程序"完成安装"页面

图4-41 FlashGet悬浮窗

(2) 文件下载。安装FlashGet软件后，用户即可利用其进行文件下载操作。在此还是以从天空软件站下载"暴风影音"文件为例来说明具体的操作过程。

- 用户在天空软件站找到并打开"暴风影音"下载界面，这一步和前文讲述的利用IE浏览器下载的方法相同；然后选择一个下载地址，单击鼠标右键，弹出快捷菜单，如图4-42所示。

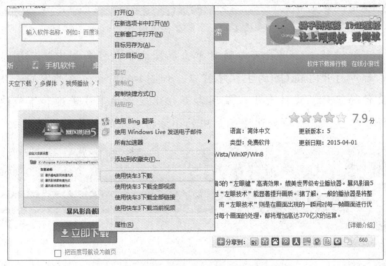

图4-42 单击鼠标右键弹出的快捷菜单

- 在快捷菜单中选择"使用快车3下载"菜单命令，系统会弹出"新建任务"对话框，如图4-43所示。软件会自动将相关信息复制到对话框中，并默认将下载文件储存在"F:\Downloads"文件中。用户可以根据自己的需要修改下载后文件保存的目录和文件的名称。

- 单击"立即下载"按钮，FlashGet软件便会自动开始下载文件，同时悬浮窗会显示下载进度，如图4-44所示。

图4-43 "新建任务"对话框

图4-44 下载文件进度

- 在文件下载过程中，用户可以随时单击屏幕右下角任务栏中的 图标，或单击悬浮窗，都可打开FlashGet的主程序窗口，如图4-45所示。在此窗口，用户可以看到下载文件的名称、文件大小以及用占百分比表示的下载进度和下载速度等信息。在选择信息区，"下载分块图示"中的小方格表示的也是下载进度。

图4-45 FlashGet主程序窗口

- 单击选择信息区的"连接信息"，用户可以查看文件的链接状态，如图4-46所示。

图4-46 文件的链接状态

- 单击选择信息区的"任务信息"，用户可以查看任务属性、目录、文件大小、下载用时、平均速度、下载地址等信息，如图4-47所示。

图4-47 文件下载的任务信息

(3) 批量文件下载。用户有时需要从同一网站上下载成批的文件，FlashGet软件提供的批量下载功能可以为用户轻松解决这个问题。但使用该功能是有前提的，即用户所要下载的这些文件的文件名是按序号(或字母)递增或递减排列的。具体操作步骤如下所述。

- 单击主程序窗口中的"新建"按钮，弹出快捷菜单，如图4-48所示。
- 单击快捷菜单中的"新建批量任务"，弹出"添加批量任务"对话框，如图4-49所示。

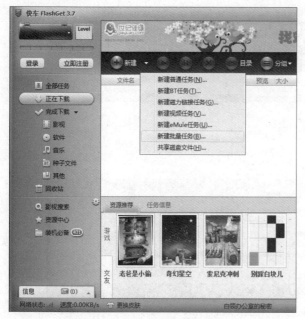

图4-48 文件的批量下载快捷菜单

图4-49 "添加批量任务"对话框

假如用户需要下载的文件地址是"http://www.amazesoft.com",文件共有21个,即index01.htm~index21.htm,需要注意的是,用户在URL文本框中输入的下载文件地址应为"http://www.amazesoft.com/index(*).htm"。文本框下方的通配符设置应是1~21,通配符长度为2,然后单击"确定"按钮,21个下载任务即全部添加到FlashGet中,并且开始自动下载。

(4) 删除下载文件。具体操作步骤如下所述。

● 删除已下载文件。打开FlashGet主程序窗口,单击文件夹列表区的"完成下载"按钮,选择要删除的文件,然后在工具栏中单击"删除"按钮,如图4-50所示。

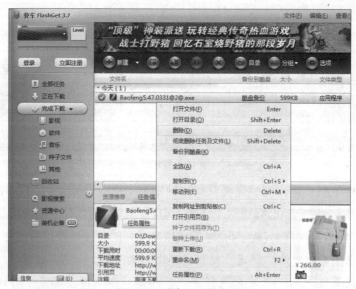

图4-50 删除已下载文件

- 删除正在下载的文件。打开FlashGet主程序窗口，单击文件夹列表区的"正在下载"按钮，选择要删除的文件，然后在工具栏中单击"删除"按钮即可。

无论是删除已下载文件，还是删除正在下载的文件，都是将其删除至回收站，若要彻底删除，用户应单击回收站按钮，选择要删除的文件，再单击"删除"按钮，此时会弹出"删除任务确认"对话框，如图4-51所示，单击"是"按钮，即可完成彻底删除下载文件的操作。

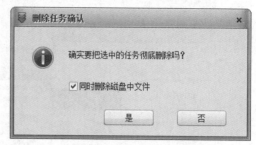

图4-51　"删除任务确认"对话框

3. 使用下载工具Thunder下载

迅雷Thunder是一款新型下载软件，能够将网络上存在的服务器上的资源和个人计算机上的资源有效地整合起来，构成独特的迅雷网。通过迅雷网，各种数据文件能够以最快的速度进行传递。

1) Thunder软件的下载和安装

同FlashGet软件下载一样，用户也可以到Thunder官方网站下载最新版本的Thunder软件，其官方网站网址为"https://www.xunlei.com"。下载结束后，便可执行安装程序，按照安装向导的提示逐步完成安装并运行，Thurder的主界面如图4-52所示。

图4-52　Thunder的主界面

2) 利用Thunder软件下载资源

下面还是以在天空软件站下载"暴风影音"文件为例进行说明。

- 在天空软件站找到要下载的"暴风影音"文件的下载界面，选择下载链接地址，单击鼠标右键，弹出快捷菜单，如图4-53所示。

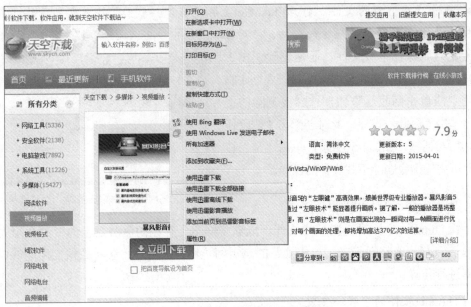

图4-53　单击鼠标右键弹出的快捷菜单

- 在快捷菜单中，选择"使用迅雷下载"菜单命令，打开"新建任务"对话框，如图4-54所示。用户可以保持默认值不变，也可以根据需要和习惯设置下载文件保存的位置，或更改文件的名称。

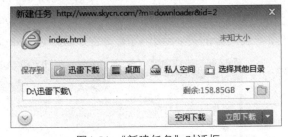

图4-54　"新建任务"对话框

- 单击"立即下载"按钮，系统开始下载操作。Thunder在下载过程中，主界面会显示下载任务的各种状态信息，如图4-55所示；悬浮窗会显示下载速度，如图4-56所示。

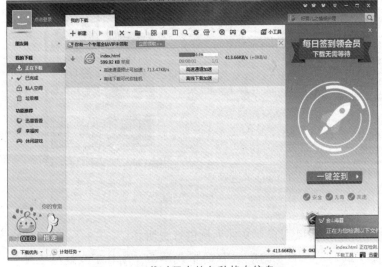

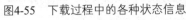

图4-55　下载过程中的各种状态信息　　　　　　图4-56　悬浮窗显示下载速度

3) Thunder的任务管理

Thunder的任务管理窗口，即"我的下载"窗口位于其主界面的左侧，如图4-57所示。

- 全部任务。显示所有下载任务，包括已完成、正在进行和未完成的下载任务。
- 正在下载。显示所有正在下载的任务和出现错误的任务。当一个文件正在下载时，用户需要单击"正在下载"来查看其下载状态。

图4-57 "我的下载"窗口

- 已完成。显示所有已完成的下载任务。用户若发现下载完成后的文件不见了，只要单击"已完成"就可找到它。
- 垃圾箱。垃圾箱用来存放用户从"正在下载"和"已完成"中删除的任务。"垃圾箱"的作用就是防止用户误删除，必要时用户可以从"垃圾箱"中还原误删除的任务。当然，用户要想彻底删除某项任务，应在"垃圾箱"中进行删除操作。

和FlashGet一样，Thunder还具有很多强大的功能，如批量下载、离线下载等，读者可以自行尝试，在此不再赘述。

4.3 常用压缩软件的使用

文件下载是一种常用的互联网服务，而压缩软件是其中的常见文件类型。本节以WinRAR软件为例，介绍压缩软件的使用方法。

4.3.1 WinRAR软件简介和下载与安装

1. WinRAR的软件简介

互联网中的很多文件是经过压缩处理的，其目的是在下载文件时减少文件在网络传输中占用的带宽，用户也可以通过压缩文件来减小文件的存储空间。因此，用户需要掌握文件压缩与解压缩的相关知识。目前，较为常见的压缩文件扩展名分别是rar和zip，它们分别由WinRAR和WinZIP软件产生。

WinRAR软件可以用于很多类型的压缩文件处理，具有很强的压缩与解压缩功能，并且能处理很多类型的压缩文件，如rar、zip、arj、cab等。WinRAR软件还可以生成自解压缩文件。

2. WinRAR软件的下载与安装

WinRAR软件的官方网站网址为"https://www.winrar.com.cn"。用户可以通过官网下载最新版本的WinRAR软件，也可以登录各种大型下载网站进行下载。

WinRAR软件的安装很简单，用户双击下载后的文件即可自行安装。WinRAR主界面如图4-58所示。

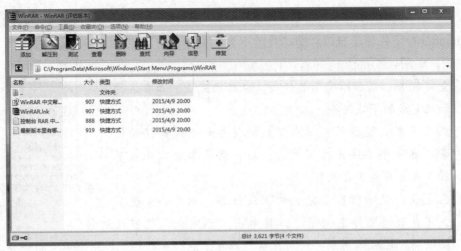

图4-58　WinRAR主界面

4.3.2　使用WinRAR压缩文件

　　用户可用右键快捷菜单来完成对文件的压缩操作。首先选择压缩的文件或文件夹，单击鼠标右键，如图4-59所示。选择"添加到压缩文件""添加到'照片.rar'"以及"压缩并E-mail"中的一个命令，即可完成对应的压缩操作。

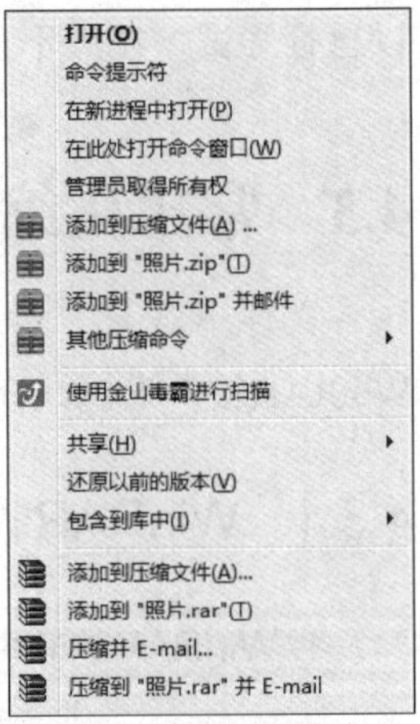

- 若用户选择"添加到压缩文件"命令，则会打开"压缩文件名和参数"对话框，如图4-60所示。在此对话框中，可以重新为压缩文件命名、选择压缩文件格式、选择压缩方式等。设置好后，单击"确定"按钮，即可对所选的文件或文件夹进行压缩。
- 若用户选择"添加到'照片.rar'"命令，则会将文件压缩，并将其存放于当前所在文件夹中(在此例中即为"照片"文件夹)。在压缩过程中，会显示压缩进度对话框，如图4-61所示。

图4-59　右键快捷菜单

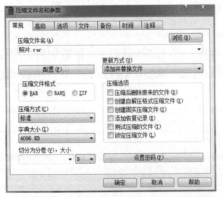

图4-60　"压缩文件名和参数"对话框

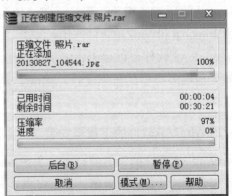

图4-61　压缩进度对话框

4.3.3 使用WinRAR解压缩文件

所谓解压缩文件，就是将压缩后的文件解压缩恢复到原来的样子，下面介绍两种方法。

1. 通过右键菜单解压缩文件

- 选择需要解压缩的文件，单击鼠标右键，弹出快捷菜单，如图4-62所示。

- 选择"打开""解压文件""解压到当前文件夹"以及"解压到Expression Media 2电子目录查看软件.rar"中的一个命令，即可完成对应的解压操作。

图4-62 单击鼠标右键弹出的快捷菜单

2. 通过双击鼠标解压缩文件

- 双击要解压的压缩文件，出现WinRAR软件主界面，单击"解压到"，弹出"解压路径和选项"对话框，如图4-63所示。

- 设置解压路径和选项，然后单击"确定"按钮，WinRAR软件就会将当前目录框中的所有文件解压缩到解压路径中，完成解压缩文件的任务。

图4-63 "解压路径和选项"对话框

4.4 多媒体技术基础

4.4.1 多媒体技术简介

1. 多媒体的定义及其特征

"多媒体"一词译自英文"multimedia"，它是由multiple和media复合而成的。多媒体技术中的"媒体"是指信息表示和传输的载体，它是人与人之间沟通和交流观念、思想或意见的中介。而所谓的多媒体，是指信息表示媒体的多样化，常见的多媒体有文本、图形、图像、声音、音乐、视频和动画等多种形式。从本质上说，多媒体具有以下4个重要特征。

(1) 多维化。这里指的是多媒体的多样化，既包括输入，又包括输出，主要涉及听觉和视觉两方面。在多媒体的实际应用中，输入称之为获取，输出称之为表现，两者并不一定是相同的；如果两者完全相同，只能是记录和重放，从效果上看，并不理想。如果对其进行加工、变换，即"创作"，就可以收到很好的效果。

(2) 集成性。这里的"集成"既包括多媒体设备的集成，也包括多媒体信息的集成和表现的集成。

(3) 实时性。实时性又称为动态性，是指多媒体技术中涉及的一些媒体，如音频和视频信息具有很强的时间特性，会随着时间的变化而变化。没有动态性，就没有多媒体繁荣的今天。

(4) 交互性。多媒体的交互性，为用户提供了有效控制和使用信息的手段，同时也为多媒体应用开辟了更广阔的领域。

2. 多媒体技术的定义及应用

所谓的多媒体技术，就是指制作多媒体内容的技术，即将文本、音频、图像、图形、动画以及视频等多种媒体信息，通过计算机进行数字化采集、编码、存储、传输、处理和再现等，使多种媒体信息建立起逻辑连接，并集成为一个具有交互性的系统的技术。

多媒体技术的应用主要包括以下内容。

(1) 音频/视频流点播。

(2) 医疗卫生。

(3) 电子出版物。

(4) 计算机视频会议。

(5) 多媒体展示和信息查询。

(6) 管理信息系统和办公自动化系统。

(7) 传媒和广告。

(8) 教学管理系统。

(9) 移动卫星。

(10) 游戏与娱乐。

随着计算机技术和网络通信技术的结合，多媒体技术的进一步应用和发展成为可能，并且已经逐步变成现实。未来，多媒体技术将沿着智能化和三维化的方向发展。

4.4.2 多媒体计算机系统的构成

多媒体计算机软件和多媒体计算机硬件构成了完整的多媒体计算机系统，多媒体计算机系统的层次结构如图4-64所示。

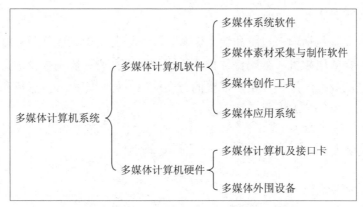

图4-64 多媒体计算机系统的层次结构示意图

1. 多媒体计算机软件

1) 多媒体系统软件

多媒体系统软件包括驱动程序和多媒体操作系统。多媒体操作系统的任务是实现对多媒体计算机软硬件的控制与管理、实时任务调度、多媒体数据转换以及图形用户界面管理等功能。目前，大多数计算机均采用多媒体操作系统，如Microsoft公司的Windows系列操作系统就属于多媒体操作系统。

2) 多媒体素材采集与制作软件

这类软件通常包括声音采集编辑系统、视频采集与编辑系统、图像设计与编辑系统、二维和三维动画制作系统以及多媒体公用程序与数字剪辑艺术系统等，适用于开发人员采集和加工多媒体数据。

3) 多媒体创作工具

多媒体创作工具主要用于编辑制作。除此之外，它还具有控制外设播放多媒体的功能。设计人员可以利用对应的开发工具和编辑系统来制作各种教育、娱乐及商业等方面的多媒体节目。

4) 多媒体应用系统

多媒体应用系统是面向大规模用户的系统产品，它是根据多媒体系统终端用户的要求定制的应用软件，或是面向某一领域用户的应用软件系统。例如，商场导购系统、多媒体广告系统、交互式多媒体计算机辅助教学系统等。

2. 多媒体计算机硬件

1) 多媒体计算机及接口卡

多媒体计算机及接口卡是建立多媒体工作环境必不可少的硬件设施，它们是多媒体计算机与各种外部设备的控制接口，用于完成数据转换。常用的接口卡有显示卡、视频卡和音频卡等。

2) 多媒体外围设备

多媒体外围设备包括输入设备和输出设备。输入设备用于完成外部数据的采集，并将其输入计算机，如数码相机、数码摄像机、扫描仪、麦克风、绘画板及数据手套等；输出设备用于将系统的处理结果按照用户需要的方式输出，如打印机、投影仪和音箱等。多媒体外围设备为用户提供了人机对话的手段。

4.4.3　多媒体技术的简单应用——输入/输出

1. 媒体播放器简介

随着计算机多媒体技术的发展，众多的媒体播放器应运而生，而这些播放工具都有自己擅长播放的文件格式。

常见的媒体播放器有Windows Media Player、Real Player、Flash Player8、QQ影音和暴风影院等。在此只简单介绍其中的两款媒体播放器——Windows Media Player和QQ影音。

1) Windows Media Player

Windows Media Player(WMP)是微软公司开发的一款免费的音视频播放器，随Windows操作系统自动安装。Windows Media Player软件的主界面如图4-65所示。

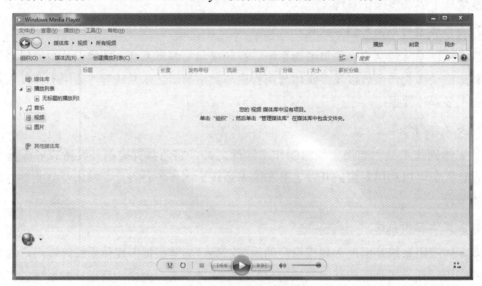

图4-65　WMP的主界面

(1) 多媒体文件的播放。

● 本机影音文件的播放。先选择"文件"→"打开"菜单命令，再选择要播放的对象即可。

● 互联网文件的播放。先选择"文件"→"打开URL"菜单命令，弹出的文本框如图4-66所示，在其中输入要播放的网络文件的URL，然后单击"确定"按钮即可。

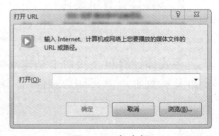

图4-66　文本框

(2) 媒体库。用户在此可以轻松地保存、组织和管理计算机系统中所有的媒体文件。打开"媒体库"选项卡，在选项卡界面有3个窗口，即"内容""详细信息"和"列表"窗口，如图4-67所示。

图4-67 "媒体库"选项卡

其中，"内容"窗口用于显示媒体库中的各个类别；"详细信息"窗口用于显示"内容"窗口中所选类别的具体项目；"列表"窗口用于显示当前的列表，用户可以从这里创建自己的列表。

(3) 刻录。WMP可将音频文件刻录成CD。

● 先将要刻录的音乐添加到媒体库中，单击"文件"→"添加到媒体库"，再单击"添加文件"或者"播放列表"，选择要刻录的音乐即可。

● 单击"刻录"选项卡，在下拉列表中选择"所有音乐"，这样添加到媒体库中的文件就会罗列出来，如图4-68所示。

图4-68 "刻录"选项卡

需要注意的是，通常用户没有必要调整刻录速度，除非出现刻录问题；如果出现刻录问题，降低刻录速度就可解决此问题。

- 单击"工具"菜单，选择"选项"，即可以调整刻录速度。
- 选中要刻录到CD的音乐，单击"开始刻录"按钮。此时，系统会提示放一张空白CD到光驱中。放入CD后，刻录开始。刻录分为两个过程，即转换和刻录。

(4) 同步。用户可将计算机中的音乐、视频和录制的电视节目同步到编写设备中。

- 单击"同步"标签，出现同步界面。
- 单击"设置同步"按钮，在同步列表中选择要同步的文件，并在右侧窗口选择要同步到的便携设备，如图4-69所示，然后单击"开始同步"按钮，即可完成同步操作。

图4-69　同步界面

2) QQ影音

QQ影音是由腾讯公司推出的一款支持任何格式影片和音乐文件的本地播放器，QQ影音主界面如图4-70所示。

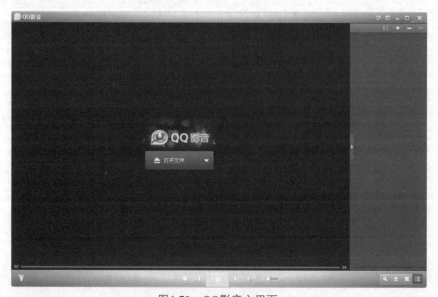

图4-70　QQ影音主界面

QQ影音首创轻量级多播放内核技术，能够深入挖掘和发挥新一代显卡的硬件加速能力，使软件变得更小，运行变得更快、更流畅。QQ影音支持播放3D视频格式；新增了毛玻璃效果皮肤"雾影流光"；支持鼠标悬停进度条上显示预览图动画。用户可到官方网站下载QQ影音，网址为"https://player.qq.com"；也可到官方授权下载网站进行下载，如天空软件、华军软件园等。

(1) 播放多媒体文件。

- 首先单击主菜单，弹出菜单页面，如图4-71所示，可执行"文件"→"打开文件"→"打开URL"→"打开文件夹"→"播放光盘"或"文件"→"播放记忆"菜单命令；其次在弹出的相应对话框中选中或输入要播放的文件(文件夹)名称或地址；最后单击"打开"或"确定"按钮，即可播放该多媒体文件。
- 用户还可以右键单击QQ影音主界面弹出菜单，如图4-72所示；单击"打开文件"按钮弹出菜单，如图4-73所示；单击工具栏中的"打开文件"按钮弹出菜单，如图4-74所示；单击"打开"或"确定"播放选中的多媒体文件。

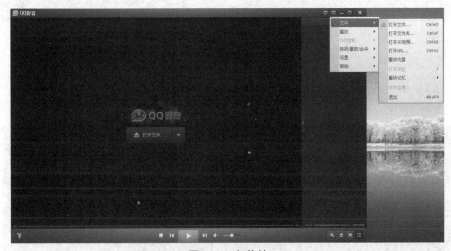

图4-71　主菜单

图4-72　右击主菜单弹出的菜单

图4-73　单击"打开文件"弹出菜单

图4-74 单击工具栏中的"打开文件"弹出菜单

(2) 播放列表。

● 单击工具栏中的"播放列表"按钮,在主界面出现列表窗口,如图4-75所示,双击某一文件名称即可开始播放。

图4-75 打开"播放列表"界面

● 在此窗口单击"列表/缩略图转换"按钮,即可将列表转换成缩略图形式,如图4-76所示。选中某一缩略图,并按住鼠标左键,向右拖拽出QQ影音主界面,即可删除此文件;选中某个文件,按住鼠标左键拖拽进QQ影音主界面列表窗口,即可播放此文件。

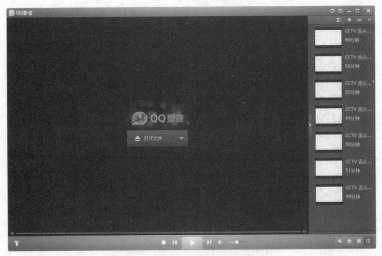

图4-76　"列表/缩略图转换"界面

- 在此窗口单击"添加文件"或"删除文件"，即可完成文件添加或文件删除操作，如图4-77所示。选中某一文件，并按住鼠标左键，向右拖拽出QQ影音主界面，即可删除此文件；选中某个文件，并按住鼠标左键拖拽进QQ影音主界面列表窗口，即可播放此文件。

图4-77　"添加文件"和
"删除文件"界面

- 单击此窗口的"更多"按钮，可以进行清空播放列表、文件排序和设置播放方式等操作，如图4-78所示。

图4-78　打开"更多"按钮界面

(3) 影音工具箱。

- 单击工具栏中的"影音工具箱"按钮，弹出对话框，如图4-79所示，可选择其中任意一个选项卡，对正在播放的文件进行处理。

(4) 改变外观。

- 单击工具栏中的"改变外观"按钮，弹出对话框，如图4-80所示，设置"调色""底纹""皮肤"，即可改变QQ影音外观。

图4-79　"影音工具箱"对话框

图4-80　"改变外观"对话框

(5) 影音播放区中的工具栏。影音播放区中的工具栏有播放模式选项、亮度选项、画面旋转90°选项等，如图4-81所示，用户可以根据需要进行选择。

图4-81　影音播放区工具栏界面

2. 数字图像和图形图像

1) 数字图像的类型

计算机是以数字的方式来记录、保存和处理图像的，因此本书所讨论的图像均指数字化图像，即数字图像。图像可以分为两种，即位图和矢量图。

位图图像是指在空间和亮度上已经离散化的图像。通常图像文件总是以压缩的方式存储，以节省磁盘和内存空间。矢量图又称为向量图，它是指用直线和曲线来描述的图形。编辑矢量图是修改描述图形形状的直线和曲线的属性，修改其属性并不会损伤矢量图的外观质量；编辑位图是修改其像素，而不是修改直线和曲线。位图与矢量图的比较如表4-3所示。

表4-3　位图与矢量图的比较

项目	位图	矢量图
数据来源	通过扫描仪和数码相机等数字化采集设备获得； 通过网上下载、光盘库和素材库等途径获得； 利用位图处理软件绘制	利用各种绘图软件绘制
质量	能够制作出色调和色彩变化丰富的图像，可以逼真地表现自然界的景象，其精细程度取决于图像的分辨率，图像像素越大，文件越大，处理速度就越慢；缩放、旋转等操作会引起图像失真	图像质量和分辨率无关，可以在不同分辨率的输出设备上显示，而不会损伤其质量； 可以任意缩放、旋转以及修改对象属性，不会引起图像失真
易用性	很容易在不同软件之间交换文件	不容易在不同软件之间交换文件

2) 数字图像的获取方法

(1) 从网上获取。具体操作步骤如下所述。

● 从图像资源站点获取所需素材。

● 单击所需图像，弹出快捷菜单，在其中选择"图片另存为"菜单命令，即可把图像保存在用户指定的位置。

● 使用搜索引擎，根据关键词搜索相关图像。

(2) 屏幕截取。在Windows操作系统中，用户按下Print Screen键，屏幕图像便被复制到剪贴板上；同时按下Alt键和Print Screen键即可复制当前的活动窗口。用户也可以使用专用的抓图软件，随时将当前屏幕上显示的内容以图像的形式截取下来，放在剪贴板中。用户可以将图像"粘贴"到任何图像处理软件中，进行编辑，如剪裁、压缩、调整颜色等，然后将其保存为需要的格式；也可以将截取的图像直接"粘贴"到Word、PowerPoint等文字处理软件中。

(3) 从视频文件中获取。大多数视频播放器都有抓图功能，用户在播放器播放视频文件的过程中选择"截图"命令(软件不同，按钮图标或命令名称可能不同)，即可将当时的图像抓取下来并保存。

在QQ影音中，用户可直接执行"文件"→"截图"命令，如图4-82所示；也可以通过右键播放画面，执行"截图"命令；或利用影音工具箱，执行"截图"命令。

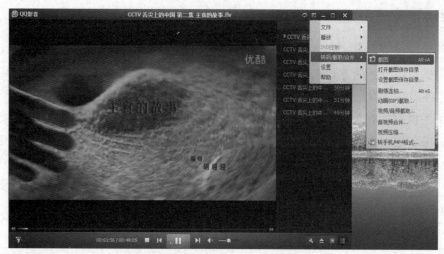

图4-82　使用QQ影音软件的截图功能

(4) 从数码相机中获取。数码相机拍摄的照片一般为JPG格式，用户可直接以稳健的形式将照片保存在相机的存储卡上。将照片传输到计算机中需要以下3个步骤。

- 将数码相机和计算机连接起来。可使用相机附带的USB接口电缆线，也可以使用专门的读卡器。
- 将驱动程序安装到计算机上。
- 复制照片。打开数码相机，将功能旋钮拨到"Display"(播放)位置，此时相机就相当于一个可移动磁盘，出现在计算机的文件管理器中。然后，用户可以将相机中的数码照片复制到计算机硬盘中。

(5) 其他方法获取。除了上述4种方法，用户还可以通过扫描仪扫描图像，使用图像处理软件绘制图像等方法获取所需的数字图像，在此不再赘述。

3) 图形图像的基本格式

不同软件保存的图形图像的格式各不相同，而不同的格式又有不同的优缺点和适用场合，在此主要介绍以下3种格式。

(1) JPEG(*.JPE；*.JPG；*.JPEG)。JPEG(joint photographic experts group)是使用最为广泛的图像格式。它的突出优点是文件比较小，是所有文件格式中压缩率最高的格式。JPEG使用一种有损压缩算法，以损失一部分图像数据来达到较高的压缩率，这是它与其他格式最大的不同，这种损失很小，小到难以察觉，但不适宜在印刷时使用。

(2) PDF(*. PDF)。PDF(portable document format)是Adobe公司专门为电子出版开发制定的格式。它以Post Script Level 2语言为基础，可以覆盖矢量式图像和点阵式图像，并且支持超链接。PDF格式文件可以保存多页信息，包括文本和图形。用户使用PDF不需要有图像软件和排版软件的配合，就可获得图文混排的版面。正是因为PDF格式支持超链接，在进行网络下载时，用户经常使用该格式。

PDF格式还支持JPEG和ZIP压缩格式，用户在保存图像时可以选择压缩的方式，若选择JPEG压缩，还可以选择不同的压缩比例来控制图像质量。

(3) TIFF(*.TIF)。TIFF(tagged image file format)格式是为了便于应用不同软件进行图像数据交换而创建的,它可以在许多图像软件之间转换,应用十分广泛。TIFF独立于所在系统的操作系统和文件,它可同时应用于PC机和苹果机。大多数扫描仪输出的图像文件都是TIFF格式。

3. 音频文件的格式和获取方法

1) 音频文件的格式

数字音频数据是以文件的形式保存在计算机中的,音频文件的格式主要有CD、WAVE、MP3、WMA和MIDI等。

(1) CD(*.CD),即CD音轨,采样频率为44.1Hz,速率为88kbps。CD音轨近似无损,声音基本上忠实于原声,因此是音响发烧友的首选。一张CD大约可播放74分钟时长的音频。CD光盘既可以在唱机中播放,也可以在计算机中用各种软件来重放。一个音频文件是一个.CDA文件,并不真正包含声音信息,因此用户在计算机中看到的*.CDA文件的直接长度都是44。这种文件不能直接复制到硬盘上播放,需要进行处理,即使用专门的抓音轨软件把CD格式的文件转换成WAV或其他格式的文件。

(2) WAVE(*.WAV)。WAVE格式文件是Microsoft公司开发的用于保存基于Windows平台的音频资源的一种声音文件格式,也是PC机上最为流行的声音文件格式。由于它的文件尺寸较大,不便于传播和交流,一般只在存储简短的声音片段时选用。

(3) MPEG(*.MP1、MP2、MP3)。MPEG音频文件的压缩属于有损压缩,根据压缩质量和编码复杂程度的不同可分为三层,分别对应三种声音文件,即MP1、MP2、MP3。标准的MP3的压缩,其压缩比例为10∶1,同时音质基本保持不失真。MP3文件格式是网络上使用较多的音频文件格式。

(4) WMA(*.WMA)。WMA音频格式的压缩比和音质都高于MP3,是继MP3之后最受欢迎的一种音乐格式。WMA另一个优点是内容提供商可以加入防复制保护,从而可以实现限制播放时间和播放次数的目的,甚至可以限制播放的计算机等。

(5) MIDI(*.MID)。MIDI是数字音乐/电子合成乐器的统一国际标准,可为不同乐器创建数字声音,可以模拟小提琴、大提琴和钢琴等常见乐器。MIDI文件的优点是数据量很小,缺点是缺乏重现真实的自然音或语音的能力。

2) 音频文件的获取方法

(1) 从素材库或网络中获取。音频素材库由一些专业公司出品,用户可以到网站下载这些共享的音频素材。许多门户网站也提供专门的音乐检索频道,以方便用户搜索音乐资源。

(2) 通过自行录制获取。用户利用Windows操作系统自带的"录音机"即可自行录制音频文件,录音机的位置如图4-83所示。它是一种简单实用的音频获取工具,而且利用它还可以完成对声音的简单编辑任务。"录音机"窗口如图4-84所示。

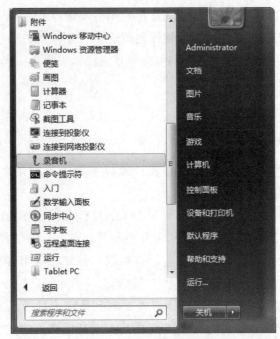

图4-83　"录音机"的位置

图4-84　"录音机"窗口

(3) 通过抓取CD音轨获取。常见的音乐和歌曲载体——CD唱盘上的文件格式与计算机中的文件格式不同，因此无法直接将CD唱盘上的音乐复制到计算机中。用户可使用音频处理软件抓取音频轨道，将CD唱盘上的音乐文件转存到计算机中。在Windows Media Player中，执行"翻录"→"翻录音乐"命令，即可将CD唱盘中的音乐转存到磁盘中。

4. 数字视频的基本概念和基本格式

1) 数字视频的基本概念

视频是一系列静态图像或图形在一定时间内连续变化的结果。传统的模拟视频信号的形成过程如图4-85所示。

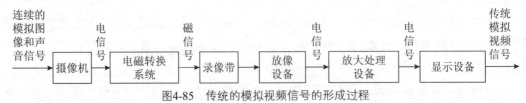

图4-85　传统的模拟视频信号的形成过程

模拟视频信号的致命缺点是即便被记录下来的图像信号非常好，经过长时间保存后，信号和画面质量将大大降低，且经过多次复制后，画面会有明显的失真。而数字视频信号就能很好地克服模拟视频信号的缺点。将传统的模拟视频信号通过计算机转变成数字信号，再对其进行编辑处理、制作即可获得数字视频信号。由于数字视频图像是用二进制进行编码和压缩的，其信号不易受到干扰，即便多次复制也不会失真，并且能为视频的编辑制作和后期加工提供更加方便的解决方案。

伴随着计算机技术的广泛应用和普及，数字视频相对于传统的模拟视频而言，更容易为普通人所学习和使用。

2) 数字视频的基本格式

数字视频格式可分为两大类，即本地视频，适合本地播放；网络流媒体视频，适合在网络中播放。如今，网络流媒体视频被广泛应用于视频点播、网络演示、远程教育以及网络视频广告等互联网信息服务领域。

(1) 本地视频格式。本地视频格式主要包括以下几种。

① MPEG格式。MPEG(moving picture expert group，运动图像专家组格式)是运动图像压缩算法的国际标准。MPEG格式有3个压缩标准，即MPEG-1、MPEG-2和MPEG-4。

MPEG-1制定于1992年。它使用MPEG-1的压缩算法，可以把一部时长为120分钟的电影压缩到1.2GB左右。此视频格式的文件扩展名有".MPG"".MLV"".MPE"".MPEG"及VCD光盘中的".DAV"等。

MPEG-2制定于1994年。它基于高级工业标准的图像质量以及更高传输率的设计目标，使用MPEG-2的压缩算法，可以把一部时长为120分钟的电影压缩到4~8GB。这种格式主要应用于DVD/SDVD的制作，同时在高清晰电视广播(HDTV)上也有相当多的应用。此视频格式的文件扩展名有".MPG"".MPE"".MPGG"".M2V"及DVD光盘上的".VOB"等。

MPEG-4制定于1998年。它是为了播放流式媒体的高质量视频而专门设计的。它最具吸引力的地方就是能够保存接近于DVD画质的小体积视频文件。此视频格式的文件扩展名有".ASF"".MOV"和"DivX AVI"等。

② DivX格式。DivX是由MPEG-4衍生而来的一种视频编码标准，它采用MPEG-4的压缩算法，又综合MPEG-4与MP3各方面的技术，画质直逼DVD，且体积只有DVD的几分之一。这种编码对计算机的要求不高，因此可以说它是一种新生的视频压缩格式，且对DVD造成最大的威胁，或许是DVD的终结者。

③ AVI格式。AVI(audio video interleaved，音频视频交错格式)是由Microsoft公司在1992年推出的。它可以将视频和音频结合在一起同步播放。它的优点是图像质量好，可以跨多个平台使用；缺点是文档体积过大。

④ DV-AVI格式。DV-AVI是一种家用数字视频格式，由松下、索尼和JVC等多家厂商联合推出。数码摄像机使用的就是这种格式。这种格式的文件扩展名一般是".AVI"，因此它也叫DV-AVI格式。

⑤ MOV格式。MOV是由美国Apple公司开发的一种视频格式，Quick Time Player是它的默认播放器。它的特点是压缩比率较高，视频清晰度较完美。MOV格式既能支持Mac OS操作系统，也能支持Windows系列。

(2) 网络流媒体视频格式。网络流媒体视频格式有以下几种。

① WMV格式。WMV(windows media video)是一种可以直接在网上实时观看视频节目的文件压缩格式，由微软公司推出。它采用独立编码方式，能进行本地或网络回放，既可以扩充、伸缩媒体类型，也可以进行部件下载，还可以支持多种语言，具有环境独立性、丰富的流间关系以及可扩展性等特点。

② RM格式。RM(real media)是由RealNetworks公司制定的音频视频压缩规范。对于符合这一技术规范的网络音频/视频资源，用户使用Real Player或Real One Player就可以进行实况转播，而且Real Media可以根据不同的网络传输速率制定不同的压缩比率，以便用户在低速率网络上实时传送和播放影像数据。

③ RMVB格式。RMVB(real media variable bitrate)是由RM格式升级而来的视频格式。RMVB格式先进于RM格式之处是它打破了平均压缩采样的方式，在保证静止画面质量的前提下，大幅提高了运动图像的画面质量。

④ ASF格式。ASF(advanced streaming format)是微软为了应对与Real Player的竞争而推出的一种视频格式。用户直接使用Windows操作系统自带的Windows Media Player就可以播放这种格式的视频资源。ASF使用了MPEG-4的压缩算法，因此其压缩率和图像质量都比较高。

◈ 单元小结与练习

◆ 单元小结

本章首先介绍了计算机网络与多媒体技术的基本知识，旨在为后面的学习打下良好的基础；其次介绍了网络的基本概念和实现原理、互联网的使用。本章应掌握的重点不在于理论而在于实际应用。

◆ 实训

实训4.1　　　　实训4.2

◆ 习题

1. 我国的互联网主干网(可以和互联网互联的全国范围的公用计算机网络)有哪些？请把它们一一列举出来。

2. 现代计算机网络有几种分类方法？按照网络的覆盖面，计算机网络可以分为哪几类？

3. 局域网的主要优点是什么？按照网络拓扑结构进行分类，局域网可分为哪几类？

4. IP地址是如何构成的？通常采用哪种格式来表示？其取值范围是多少？

5. 怎样利用子网掩码判断网络中任意两台计算机的IP地址是否属于同一子网？

6. 试说明一些国家或地区的顶级域。

7. 试具体说明配置TCP/IP协议的操作方法。

8. IE浏览器收藏夹的主要功能是什么？

9. 将自己常用的网站站点添加到收藏夹中，并通过整理收藏夹、创建分类文件夹，将收藏的网页分类放置。

10. 查看前一天的浏览网页历史记录。

11. 将自己浏览最频繁的网站设置为IE浏览器的首页。

12. 试利用IE浏览器从天空软件站上下载FlashGet软件。

13. 试使用FlashGet在Thunder官方网站上下载最新版本的Thunder软件。

14. 试使用Thunder在WinRAR官方网站上下载最新版本的WinRAR软件。

15. 什么是FTP协议？简述FTP服务的两种用户类型。

16. 使用WinRAR将自己的几张照片压缩成一个文件，并为下载的压缩文件解压。

17. 什么是媒体、多媒体和多媒体技术？列举多媒体技术在日常生活中的应用。

18. 多媒体有哪些主要特征？

19. 多媒体系统包括哪些层次？

20. 简述一种媒体播放器的使用方法。

21. 图像分为哪些种类？常见的图像格式有哪些？

22. 常见的音频格式有哪些？

23. 常见的视频格式有哪些？

第 5 章

旅游电子商务电子支付技术与网络安全

课前导读

如今，越来越多的旅游企业和旅游者通过互联网进行旅游电子商务活动，旅游电子商务的发展前景十分广阔，但随之而来的安全问题也越来越突出。如何创造一个安全、便捷的旅游电子商务应用环境，保证信息的安全性，使基于互联网的旅游电子交易方式与传统的交易方式一样安全可靠，已经成为在旅游电子商务应用中备受关注的重要技术问题。本章主要讲解旅游电子的技术内容。

学习目标

知识目标：理解电子支付的基本概念；了解电子支付常用工具的原理和操作方法及特点；掌握网络银行的业务办理流程及其常用认证介质；理解电子商务对网络信息安全的需求；了解网络系统的安全威胁；掌握电子商务网络交易双方的安全威胁；了解电子商务的基本安全技术。

能力目标：掌握加强账号安全的常用方法；掌握加强交易安全的常用方法。

素质目标：能分析旅游电子商务实施过程中的支付、安全等方面的问题，并能提出实际解决方案。

5.1 电子支付

5.1.1 电子支付概述

电子支付(electronic payment)是以计算机和通信技术为手段，通过计算机网络系统以电子信息传递的形式实现的货币支付与资金流通。与传统的支付方式相比较，电子支付具有以下几个特点。

(1) 电子支付是采用先进的信息技术来完成信息传输的，其各种支付方式都是采用数字化的方式进行款项支付的；而传统的支付方式是通过现金的流转、票据的转让及银行的汇兑等物理实体的流转来完成款项支付的。

(2) 电子支付的工作环境基于一个开放的系统平台(如互联网)；而传统支付是在较为封闭的系统中运作的。

(3) 电子支付使用的是最先进的通信手段，如互联网、外联网；而传统支付使用的是传统的通信媒介。电子支付对软、硬件设施的要求很高，如联网的计算机、相关的软件及其他一些配套设施；而传统支付没有这么高的要求。

(4) 电子支付具有方便、快捷、高效、经济的优势，用户只要拥有一台联网的计算机，足不出户便可在很短的时间内完成整个支付过程。

【课堂互动问题5-1】请举例说明你对电子支付的现实理解。

5.1.2 电子支付的发展阶段

电子支付方式的出现要早于互联网。银行采用信息技术进行电子支付的形式有5种，分别代表电子支付发展的不同阶段。

第一阶段是银行利用计算机处理银行之间的业务，办理结算。

第二阶段是银行计算机与其他机构计算机之间进行资金结算，如代发工资，代缴水费、电费、煤气费、电话费等业务。

第三阶段是银行利用网络终端向用户提供各项服务，如用户在自动柜员机(ATM)上进行存、取款操作等。

第四阶段是银行利用销售点终端(POS)向用户提供自动扣款服务，这是现阶段电子支付的主要方式。

第五阶段是最新发展阶段，用户可随时随地通过互联网络直接转账结算，形成电子商务环境。这是正在发展的形式，也是21世纪主要的电子支付方式。我们称这一阶段的电子支付为网上支付。网上支付工具主要有信用卡、电子现金、电子支票等。

【课堂互动问题5-2】你经历过电子支付的哪些发展阶段？

5.1.3 电子支付工具及其特点

随着计算机技术的发展，电子支付工具越来越多，大体可以分为3类：第一类是电子货币类，如电子现金、电子钱包等；第二类是电子信用卡类，包括智能卡、借记卡、电话卡等；第三类是电子支票类，如电子支票、电子汇款、电子划款等。这些方式各有自己的特点和运作模式，适用于不同的交易。本节主要介绍电子现金、电子钱包、银行卡和电子支票。此外，还将重点介绍近年来被广泛应用的移动支付。

1. 电子现金

电子现金(e-cash)又称为数字现金，是一种表示现金的加密序列数，它是以数字化形式存在的电子货币，可以用来表示现实中各种金额的币值。电子现金带来了纸币在安全和隐私性方面所不具备的计算机化的便利，电子现金的应用开辟了一个全新的市场。

电子现金既具有纸币所拥有的基本特点，又因与网络结合而具有互通性、多用途、使用快速简便等特点，已经在国内外网上支付中得到广泛使用。数字签名技术的推广和应用又使得电子现金的安全性大大提高。在网上交易中，电子现金主要用于小额零星的支付业务，使用起来比借记卡、信用卡更为方便和快捷。不同类型的电子现金有其自己的协议，每个协议由后端服务器软件(电子现金支付系统)的客户端软件(电子现金软件)执行。

电子现金拥有两种典型的实用系统，即DigiCash和NetCash。DigiCash是无条件的匿名电子现金支付系统，其主要特点是通过数字记录现金，集中控制和管理现金，它是一种足够安全的电子交易系统；NetCash是可记录的、匿名的电子现金支付系统，其主要特点是设置分级货币服务器来验证和管理电子现金，使电子交易的安全得到保证。

1) 电子现金的属性

电子现金是纸币现金的电子化，具有以下6个属性。

(1) 货币价值。电子现金必须有一定的现金、银行授权的信用或银行证明的现金支票作为支持。

(2) 可交换性。电子现金可以与纸币、商品或服务、网上银行卡、银行账户存储金额、支票或负债等进行互换。电子现金的使用者甚至不能使用同一个国家银行的电子现金，因而电子现金面临多银行使用的问题。

(3) 可存储性。电子现金的可存储性允许用户在家庭、办公室或途中对存储在一个计算机的外存、IC卡，或者其他更易于传输的具有标准或特殊用途的设备中的电子现金进行存储和检索。电子现金的存储是从银行账户中提取一定数量的电子现金，存入上述设备中，由于在计算机上可产生或存储现金，复制电子现金非常容易。这种设备应该有一个友好的用户界面，以便用户通过口令或其他方式进行身份验证，以及对卡内信息进行浏览。

(4) 不可重复性。电子现金应防止复制和重复使用，因为买方可能用同一种电子现金在不同国家、地区的网上商店同时购物，这就会造成电子现金的重复使用。一般的电子现金系统会建立事后检测和惩罚制度。

(5) 匿名性。电子现金用于匿名消费。买方用电子现金向卖方付款，除了卖方以外，没有人知道买方的身份或交易细节。如果买方使用了一个很复杂的匿名系统，甚至有可能连卖方也不知道买方的身份。

(6) 不可跟踪性。电子现金不能提供用于跟踪持有者的信息，这种不可跟踪性可以保证交易的保密性，从而维护交易双方的隐私权。除了双方的个人记录之外，没有其他正式的业务记录，连银行也无法分析和识别资金流向，如果电子现金丢失了，将无法追回。

2) 电子现金支付方式的特点

电子现金支付方式具有以下4个特点。

(1) 协议性。电子现金的应用要求银行和商家之间建立协议和授权关系，电子现金银行负责消费者和商家之间资金的转移。

(2) 对软件的依赖性。消费者、商家和电子现金银行都需使用电子现金软件。

(3) 支付的灵活方便性。电子现金具有现金的特点，可以存储、提取和转让。用户可以申请到非常小的面额，所以电子现金也适用于小额交易。另外，电子现金的使用范围比信用卡更广，银行卡支付仅限于被授权的商户，而电子现金支付却不受此限制。

(4) 可鉴别性。身份验证是由电子现金本身完成的，电子现金银行在发放电子现金时使用数字签名，卖方在每次交易中，将电子现金传送给电子现金银行，由银行验证买方支持的电子现金是否有效(避免伪造或重复使用等)。

3) 电子现金支付方式存在的问题

电子现金在使用中仍存在一些问题，主要体现在以下几个方面。

(1) 使用量小。只有少数商家接受电子现金，而且只有少数几家银行提供电子现金开户服务。

(2) 成本较高。电子现金对于硬件和软件的技术要求较高，需要一个大型的数据库存储用户完成的交易和电子现金序列号以防止重复消费，因此需要开发软硬件成本低廉的电子现金。

(3) 存在货币兑换问题。由于电子货币仍以传统的货币体系为基础，各国银行只能以各国本币的形式发行电子现金，从事跨国贸易就必须使用特殊的兑换软件。

(4) 风险较大。如果某个用户的硬盘出现故障并且没有备份，电子现金极易丢失且无法恢复，这个风险许多消费者都不愿承担。

(5) 不排除出现电子伪钞的可能性。一旦电子伪钞获得成功，那么发行人及其客户所要付出的代价有可能是毁灭性的。

4) 电子现金的应用过程

电子现金的应用过程分为5步。

第一步：购买电子现金。用户在电子现金发行银行开立账户，通过在线或前往银行柜台向账户存入现金，购买电子现金。电子现金软件将现金分成若干成包的"硬币"，产生随机号码。随机号码加上银行使用私钥作出的电子签名形成数字货币(电子现金)。

第二步：存储电子现金。用户使用计算机电子现金终端软件从电子现金银行取出一定数量的电子现金存在硬盘中，通常少于100美元。

第三步：用电子现金购买商品或服务。用户向同意接收电子现金的商家购买商品或服务，用卖方的公钥加密电子现金后，传送给卖方。

第四步：资金清算。接收电子现金的商家与电子现金发行银行之间进行清算，电子现金发行银行将买方购买商品的钱支付给卖方。

第五步：确认订单。卖方获得付款后，向买方发送订单确认信息。

2. 电子钱包

1) 电子钱包的起源

英国西敏寺(National-Westminster)银行开发的电子钱包Mondex是世界上最早的电子钱包系统，于1995年7月首先在英国的斯温顿试用，很快就在斯温顿打开了局面，被广泛应用于超级市场、酒吧、珠宝店、宠物商店、食品店、停车场、电话间和公共车辆之中。

电子钱包使用起来十分简单，用户只要把Mondex卡插入终端，几秒之后，读取器将从Mondex卡中将所要支付的钱款扣除，并且从终端送出收据，一笔交易即告结束。此外，Mondex卡具有现金货币所具有的诸多属性，如作为商品尺度的属性、储蓄的属性和支付交换的属性，用户通过专用终端还可将一张卡上的钱转移到另一张卡上，而且卡内存有的钱一旦用光或遗失，Mondex卡内的金钱价值不能重新发行，也就是说，持卡人必须负起管理责任。有的卡如被别人拾起，仍然可以被使用；有的卡上有持卡人的姓名和密码锁定功能，只有持卡人才能使用，比现金更为安全。Mondex卡损坏时，持卡人可向发卡机关申报卡内余额，由发卡机关确认后重新制作新卡发还。

Mondex卡终端支付只是电子钱包的早期应用，从形式上看，它与智能卡十分相似。而如今的电子钱包完全摆脱了实物形态，已成为真正的虚拟钱包。

当用户网上购物使用电子钱包时，需要应用电子钱包服务系统。在电子商务活动中，电子钱包软件通常都是免费提供的，用户可以直接使用与自己银行账号相连接的电子商务系统服务器上的电子钱包软件，也可以通过各种保密方式利用互联网上的电子钱包软件。常用的电子钱包服务系统有Visa Cash和Mondex，以及Master Card Cash、Eurl Pay的Clip和比利时的Proton等。

使用电子钱包的用户通常要在有关银行开立账户，将电子钱包通过应用软件安装到电子商务服务器上，利用电子钱包服务系统输入自己的电子货币或电子金融卡上的数据。在发生收付款时，当用户需要进行电子信用卡付款，如使用Visa卡或Mondex卡等时，只需单击相应项目(或相应图标)即可完成。这种电子支付方式称为单击式支付方式或点击式支付方式。

在电子钱包内只能装有电子货币，即电子现金、电子零钱、电子信用卡、数字货币等。这些电子支付工具均支持单击式支付方式。

在电子商务服务系统中设有电子货币和电子钱包的功能管理模块，即电子钱包管理器(wallet administration)，用户既可以用它来改变保密口令或保密方式，也可以用它来查看自己银行账号上收付往来的电子货币账目、清单和数据。电子商务服务系统中还有电子交易记录器，用户通过查询记录器，可以了解自己所购买物品的种类和数量，也可以把查询结果打印出来。

2) 电子钱包的功能

(1) 电子安全证书的管理。它包括电子安全证书的申请、存储、删除等。

(2) 安全电子交易。用户进行SET交易时可辨认身份并发送交易信息。

(3) 交易记录的保存。电子钱包可保存每一笔交易记录，以备日后查询。

比如，持卡人在使用中国银行长城卡进行网上购物时，卡户信息(如账号和到期日期)及支付指令可以通过电子钱包软件进行加密传送和有效性验证。电子钱包能够在Microsoft、Netscape等公司的浏览器软件上运行。持卡人要想在互联网上进行符合SET标准的安全电子交易，就必须安装符合SET标准的电子钱包。

3) 电子钱包的使用

当顾客利用电子钱包在网上购物时，通常包括以下几个步骤。

(1) 顾客使用浏览器在商家Web主页上查看在线商品目录并浏览商品，选择要购买的商品。

(2) 顾客填写订单，包括项目列表、单价、总价、运费、搬运费、税费等。

(3) 订单可通过电子化方式来传输，或由顾客的电子购物软件来建立。

(4) 顾客确认后，选定用电子钱包付钱。将电子钱包装入系统，单击电子钱包的相应项目或电子钱包图标，电子钱包立即被打开；然后输入自己的保密口令，在确认是自己的电子钱包后，从中取出一张电子信用卡来付款。

(5) 电子商务服务器对信用卡号码采用某种保密算法加密后，会发送到相应的银行，同时销售商店也会收到经过加密的购货账单，销售商店将顾客编码加入电子购货账单后，再转送给电子商务服务器。在这里，商店是看不见顾客电子信用卡号码的，且无权也无法处理信用卡中的钱款。因此，顾客只能把信用卡交给电子商务服务器处理。经过电子商务服务器确认这是一位合法顾客后，会将信息同时转送至信用卡公司和商业银行。信用卡公司和商业银行之间需要进行应收款项和账务往来的电子数据交换和结算处理。信用卡公司将处理请求转送至商业银行请求确认并授权，经商业银行确认并授权后转送回信用卡公司。

(6) 如果经商业银行确认后拒绝并且不予授权，就说明顾客的电子信用卡上的余额不足或者已经透支，或者卡已过期。此时，顾客可以再单击电子钱包，打开电子钱包，取出另一张电子信用卡，重复上述操作。

(7) 如果经商业银行证明这张信用卡有效并授权后，销售商店即可交货。与此同时，销售商店保留整个交易过程中发生的财务数据，并且出示一份电子数据发送给顾客。

(8) 上述交易完成后，销售商店就可以按照顾客提供的电子订货单将货物在发送地点交到顾客或其指定的人手中。

上述步骤就是利用电子钱包购物的全过程。在购物过程中，虽然顾客经过信用卡公司和商业银行等多次的身份确认、银行授权、各种财务数据交换和账务往来等多个环节，但这些都是在极短的时间内完成的。实际上，从顾客输入订货单开始到拿到销售商店出具的电子收据为止，整个过程将会持续5~20秒。这种电子购物方式十分省事、省力、省时。顾客在购物过程中，可以使用任何一种浏览器(如Microsoft、Netscape浏览器)进行浏览和查看。由于顾客的信用卡信息别人是看不见的，保密性很好，使用起来十分安全可靠。此外，电子商务服务器的安全保密措施可以保证顾客购物的商店是真实的，不是假冒的，从而保证顾客能够安全可靠地购买到货物。

我国深圳金融电子结算中心开发的"金融联"电子钱包是一种保存银行卡的电子钱包。消费者在注册使用"金融联"电子钱包的同时，必须要将至少一种"金融联"入网银行的银行卡存入电子钱包中。在网上消费时，消费者先输入密码登录电子钱包，然后从钱包中任意选择一张银行卡，向"金融联"支付网关发出付款指令即可完成整个操作。消费者在申请"金融联"电子钱包成功后，系统将在电子钱包服务器端为消费者开立一个属于个人的电子钱包档案。消费者可以在任何时候使用电子钱包进行支付，甚至在外出旅游或执行公务时，也不需要随身携带银行卡就可以进行网上支付。

3. 银行卡

信用卡和借记卡是由银行或金融公司发行的，既是授权持卡人在指定的商店或场所进行记账消费的凭证，也是一种特殊的金融商品和金融工具。银行卡分类汇总如表5-1所示。用户只需提供有效的银行卡号和有效期，商店就可以通过银行计算机网络与用户进行结算。

表5-1　银行卡分类汇总表

分类	类型	使用特点
结算方式	贷记卡	发卡行允许持卡人"先消费，后付款"，提供给持卡人短期消费信贷，到期时持卡人依据有关规定完成清偿
	借记卡	持卡人在开立账户时按规定向发卡行缴纳一定的备用金，持卡人完成消费后，银行会自动从其账户上扣除相应的消费款项，一般不可以透支，只能在卡内存有的金额内支付
使用权限	金卡	允许透支限额相对较大
	普通卡	透支限额低
持卡对象	个人卡	持卡人是有稳定收入来源的社会各界人士，其信用卡账户上的资金属持卡人个人存款
	公司卡	又称单位卡，是各企事业单位、部门中指定人员使用的卡，其信用卡账户资金属公款
使用范围	国际卡	可以在全球许多国家和地区通用，如著名的VISA卡和MASTER卡等
	地方卡	只局限在某地区内使用，如我国各大商业银行发行的人民币长城卡、牡丹卡、太平洋卡等
载体材料	磁卡	在信用卡背面贴有的磁条内存储有关信用卡业务所需的数据，使用时必须有专门的读卡设备读出其中所存储的数据信息
	IC卡	IC卡即集成电路卡(integrated circuits card)，由法国人Roland Moreno于1970年研制，并由法国BULL公司于1979年推出第一张可工作的IC卡。IC卡的卡片中嵌有芯片，信用卡业务中的有关数据存储在IC芯片中。它既可以脱机使用，也可以联机使用

【课堂互动问题5-3】你办理的银行卡属于哪种类型？

信用卡和借记卡都是比较成熟的支付工具，在世界范围内得到了广泛应用。银行卡的最大优点是持卡人可以不用现金，凭卡购买商品和享受服务，其支付款项由发卡银行支付。银行卡支付通常涉及三方，即持卡人、商家和银行。支付过程包括清算和结算，清算是指支付指令的传递，结算是指与支付相关的资金转移。

信用卡有4种支付方式，即无安全措施的信用卡支付、通过第三方代理的信用卡支付、简单加密信用卡支付、基于SET的信用卡支付。

4. 电子支票

1) 传统支票的支付

客户在银行开立一个账户，并通过这个账户进行结算。当客户手里有支票本，并使用支票进行购物或消费时，先在支票上填好有关信息，比如金额、用途等，并签字、盖章，然后把支票交给商家；商家拿到支票后，先背书，然后向银行提示付款。如果商家和客户都在国家银行开户，那么银行操作起来非常简单，直接把有关金额从客户账户上转移到商家账户上即可；如果商家和客户不在同需要银行开户，那么商家需要把支票交给自己的开户行，再由商家的开户行和客户的开户行之间通过票据清算系统进行清算。

2) 电子支票的支付

电子支票(electronic check)是一种借鉴传统支票转移支付的优点，利用数字传递将钱款从一个账户转移到另一个账户的电子付款形式。相较于前几种电子支付工具，电子支票的出现和开发是比较晚的。它几乎和纸质支票有着同样的功能，既适合个人付款，也适合企业之间的大额资金转账，因此它可能是最有效率的电子支付手段。

客户可以在网络上生成电子支票，然后通过互联网将电子支票发送到商家的电子信箱，同时把电子付款通知单发送到银行。和纸质支票一样，电子支票也需要经过数字签名。被支付人进行数字签名背书，使用数字凭证确认支付者或接收者的身份、支付银行以及账户之后，金融机构就可以根据签过名和认证过的电子支票把款项转入商家的银行账户。电子支票的使用过程如下所述。

第一步：申请电子支票。

客户在提供电子支票服务的银行注册，并申请电子支票。注册时可能需要输入信用卡和银行账户信息以支持开具支票。电子支票应具有银行的数字签名。客户可能需要下载一种被称为"电子支票簿"的软件用于生成电子支票。

第二步：电子支票付款。具体操作步骤如下所述。

(1) 客户和商家达成购销协议，选择用电子支票支付。

(2) 客户在计算机上填写电子支票，需填写的信息包含支付人姓名、支付人账户名、接收人姓名、支票金额等。客户用私钥在电子支票上进行数字签名，用商家的公钥加密电子支票，形成电子支票文档。

(3) 客户通过网络向商家发出电子支票，同时向银行发出付款通知单。

(4) 商家收到电子支票后进行解密，验证付款方的数字签名，背书电子支票，填写进账单，并对进账单进行数字签名。

(5) 商家将经过背书的电子支票及经过签名的进账单通过网络发给收款方开户银行。

(6) 收款方开户银行验证付款方和收款方的数字签名后，通过金融网络发给付款方开户银行。

(7) 付款方开户银行验证收款方开户银行和付款方的数字签名后，会从付款方账户划出款项，收款方开户银行将收到的款项存入收款方账户。

电子支票交易流程如图5-1所示。

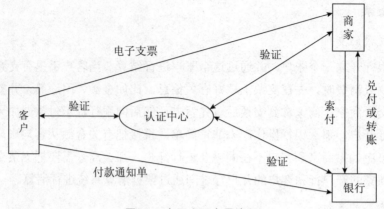

图5-1　电子支票交易流程

3) 电子支票支付方式的特点和优势

支票是一种应用广泛的金融工具。网上交易额的快速增长，给电子支票的应用带来了广阔的前景。早期开发的电子支票系统(如NetCheck、NetBill)主要适用于小额支付，近期开发的电子支票系统(如eCheck)主要向大额支付的方向发展，以满足B2B交易的支付需求。电子支票支付方式具有以下特点和优势。

(1) 电子支票支付方式的特点。

① 电子支票与传统支票的工作方式相同，易于用户理解和接受。

② 加密的电子支票比现金更易于流通，买卖双方的开户银行只需用公开密钥认证确认支票即可，数字签名也可以被自动验证。

③ 电子支票适用于各种市场，可以很容易地与EDI应用结合，并推动基于EDI的电子订货和支付的发展。

④ 电子支票技术将公共网络连入金融支付和银行清算网络。

(2) 电子支票支付方式的优势。

① 处理速度快。电子支票的支付是在互联网上高速传递的，它将处理支票的过程自动化了，在数秒内即可完成。它为客户提供了快捷的服务，减少了在途资金。在支票使用数量很大时，这一优势特别明显。

② 安全性能好。电子支票是以加密的方式传递的，它不仅使用了数字签名或个人身份证号码(PIN)代替手写签名，还运用了数字证书，这三者成为安全可靠的防欺诈手段。

③ 处理成本低。用电子支票进行支付，减轻了银行处理支票的工作压力，也节省了人力和事务处理费用。

④ 给金融机构带来收益。第三方金融服务者不仅可以从交易双方处收取固定的交易费用或按一定比例抽取费用，还可以以银行身份提供存款账目，且电子支票存款账户很可能是无利率的，因此能给第三方金融机构带来收益，银行也能为参与电子商务的商户提供标准化的资金信息。

5. 移动支付

移动支付是指移动客户端利用手机等电子产品来进行电子货币支付。移动支付将互联网、终端设备、金融机构有效地联合起来，形成了一个新型的支付体系。通过移动支付，用户不仅能够进行货币支付，还可以缴纳话费、燃气费、水电费等生活费用。移动支付开创了新的支付方式，使电子货币开始普及。我国移动支付业务主要包括以二维码为代表的"感应式"移动支付和以 NFC 为代表的"非接触式"移动支付两种类型。截至2023年12月，我国移动支付普及率达到86%。

【课堂互动问题5-4】你尝试过移动支付吗？请大致描述操作流程。

5.1.4 网上银行

1. 网上银行的含义

网上银行又称网络银行、在线银行或电子银行，它是各银行在互联网设立的虚拟柜台。银行利用网络技术，通过互联网向客户提供开户、销户、查询、对账、行内转账、跨行转账、信贷、网上证券、投资理财等传统服务项目。1995年10月18日，在美国诞生了第一家网络银行——美国第一安全网络银行。1997年，招商银行率先推出中国第一家网上银行。进入21世纪，网上银行的概念被"数字银行"所取代。根据埃森哲旗下埃克斯顿咨询的数据，2020年全球数字银行达到256家，市场规模为347.7亿美元。

网上银行的含义包含两个层次：一是机构层次，它是指通过信息网络开办业务的银行；二是业务层次，它是指银行通过信息网络提供的金融服务，包括传统银行业务和因信息技术应用带来的新兴业务。在日常生活和工作中，我们提及网上银行，更多是指第二层次的含义，即网上银行服务。网上银行业务不仅仅是传统银行产品简单的网上转移，其服务方式和内涵也发生了一定的变化，而且由于信息技术的应用，又产生了全新的业务品种。

通过网上银行客户足不出户就能够安全便捷地管理活期和定期存款、支票、信用卡及个人投资等。可以说，网上银行是基于互联网的虚拟银行柜台。

网上银行又被称为"3A银行"，因为它不受时间、空间限制，能够在任何时间(anytime)、任何地点(anywhere)以任何方式(anyhow)为客户提供金融服务。

【课堂互动问题5-5】你开通过网上银行吗？应用到了其中的哪些功能？

2. 网上银行与传统银行比较

与传统银行相比，网上银行具有以下几个特点。

1) 无纸化交易

网上银行被广泛使用后，传统银行使用的票据和各种单据大部分被电子支票、电子汇票和电子收据所代替；原有的纸币被电子货币(电子现金、电子钱包、电子信用卡)所代替；原有的纸质文件的传递变成了数据通过网络传递。

2) 服务方便、快捷、安全

网上银行的用户可以享受到方便、快捷、高效、安全的全方位服务。用户可以在家里开设账户，进行收付交易，省去了跑银行、排队等候的时间。网上银行实行24小时全天候、一年365天不间断营业，用户在任何地方、任何时间都可以使用网上银行的服务，不受时间、地域的限制。银行各项业务的电子化大大缩短了资金在途时间，提高了资金利用率和整个社会的资金利用效果，从而提高了整个社会的经济效益。

3) 经营成本降低

由于电子化技术和虚拟现实信息处理技术全面实现无纸化，网络银行通过减少营业点的数量和银行员工的数量显著降低了金融业务成本。根据统计资料，处理一宗交易，网络银行的经营成本仅为传统银行的1/53，网络银行的经营成本占经营收入的15%～20%，而传统银行经营成本约占经营收入的60%。经营成本的降低使得网络金融机构有能力通过让利于客户来争取更多的客户和市场，从而不断提高盈利能力。

4) 操作简单易学

用户使用网上银行服务不需要操作特别复杂的软件，甚至不需要任何专门培训。只要有一台多媒体计算机，有进入互联网的账号，入网后，用户即可根据网络银行网页的显示，按照提示操作自己所需要的业务项目。简明便捷的用户指南，让具有互联网基本知识的用户很快就能够掌握网上银行的操作方法。电子邮件的通信方式也非常灵活方便，便于用户与银行之间以及银行内部的沟通和数据交流。

3. 网上银行的分类

网上银行主要包括以下两种发展模式。

1) 虚拟银行

所谓的虚拟银行就是指没有实际的物理柜台作为支持的网上银行，这种网上银行一般只有一个办公地址，没有分支机构，也没有营业网点，它采用国际互联网等高科技服务手段与客户建立密切的联系，提供全方位的金融服务。例如，美国安全第一网上银行成立于1995年10月，它是在美国成立的第一家无营业网点的虚拟网上银行，它的营业厅就是网页画面。当时银行员工只有19人，主要工作就是对网络进行维护和管理。

2) 基于传统银行提供在线服务

这种模式是在现有传统银行的基础上，利用互联网开展传统的银行业务交易服务，即传统银行利用互联网作为新的服务手段为客户提供在线服务，这实际上是传统银行服务在互联网上的延伸，既是网上银行存在的主要形式，也是大多数商业银行采取的网上银行发展模式。因此，事实上，我国还没有出现真正意义上的网上银行，也就是"虚拟银行"，国内现有的网上银行基本都属于这种模式。

4. 网上银行的主要业务

网上银行的业务品种主要包括基本业务、网上投资、网上购物、个人理财、企业银行及其他金融服务。

1) 基本业务

商业银行提供的基本网上银行服务包括在线查询账户余额、交易记录、下载数据、转账和网上支付等。

2) 网上投资

由于金融服务市场发达，可以投资的金融产品种类众多，国外的网上银行一般提供股票、期权、共同基金投资和CDs买卖等多种金融产品服务。

3) 网上购物

商业银行的网上银行设立的网上购物协助服务，大大方便了客户网上购物，为客户提供了优质的金融服务或相关的信息服务，加强了商业银行在传统竞争领域的竞争优势。

4) 个人理财

个人理财助理是国外网上银行重点发展的一个服务品种。各大银行将传统银行业务中的理财助理转移到网上进行，通过网络为客户提供各种理财方案，提供咨询建议，或者提供金融服务技术援助，从而扩大了商业银行的服务范围，并降低了相关的服务成本。

5) 企业银行

企业银行服务是网上银行服务中最重要的部分之一，其服务品种比个人客户的服务品种更多、更复杂，对相关技术的要求也更高，所以能够为企业提供网上银行服务是商业银行实力的象征之一，一般中小网上银行或纯网上银行只能部分提供甚至完全不提供这方面的服务。

企业银行一般提供账户余额查询、交易记录查询、总账户与分账户管理、转账、在线支付各种费用、透支保护、储蓄账户与支票账户资金自动划拨、商业信用卡、投资服务等，部分企业银行还提供网上贷款业务。

6) 其他金融服务

除了银行服务外，大型商业银行的网上银行均通过独立操作或与其他金融服务网站联合的方式，为客户提供多种金融服务产品，如保险、抵押和按揭等，以扩大网上银行的服务范围。

5. 网上银行的常用介质

1) 密码

密码是网上银行必备的认证介质，但密码非常容易被木马病毒盗取或被他人偷窥。用户在设置密码时，应确保密码安全、便于记忆。

安全系数：30%。

便捷系数：100%。

2) 文件数字证书

文件数字证书是存放在计算机中的数字证书，每次交易时都需用到，如果用户的计算机没有安装文件数字证书是无法完成付款的，已安装文件数字证书的用户只需输密码即可完成付款。

未安装文件数字证书的用户在安装证书时需要验证大量的信息，相对比较安全。但是文件数字证书不可移动，对经常换计算机的用户来说并不方便，而且文件数字证书有可能被盗取，所以它不是绝对安全的。

安全系数：70%。

便捷系数：100%(家庭用户)；30%(网吧用户)。

提供商：招商银行、中国农业银行。

3) 动态口令卡

动态口令卡类似游戏密保卡(见图5-2)，卡面上有一个表格，表格内有几十个数字。当用户进行网上交易时，银行会随机询问用户某行某列的数字，如果用户能正确输入对应格内的数字便可以成功交易，反之则不能。

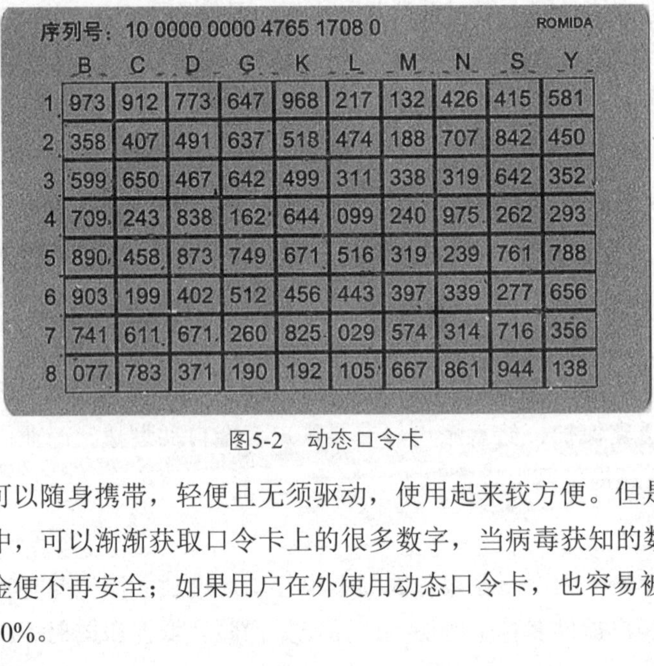

序列号: 10 0000 0000 4765 1708 0									ROMIDA
	B	C	D	G	K	L	M	N	S	Y
1	973	912	773	647	968	217	132	426	415	581
2	358	407	491	637	518	474	188	707	842	450
3	599	650	467	642	499	311	338	319	642	352
4	709	243	838	162	644	099	240	975	262	293
5	890	458	873	749	671	516	319	239	761	788
6	903	199	402	512	456	443	397	339	277	656
7	741	611	671	260	825	029	574	314	716	356
8	077	783	371	190	192	105	667	861	944	138

图5-2　动态口令卡

动态口令卡可以随身携带，轻便且无须驱动，使用起来较方便。但是如果木马病毒长期存在于计算机中，可以渐渐获取口令卡上的很多数字，当病毒获知的数字达到一定数量时，账户内的资金便不再安全；如果用户在外使用动态口令卡，也容易被他人偷窥。

安全系数：50%。

便捷系数：80%。

提供商：中国工商银行、中国农业银行。

4) 动态手机口令

当用户尝试进行网上交易时，银行会向用户的手机发送短信，如果用户能正确地输入收到的短信口令即可成功付款，反之则不能。用户使用动态手机口令时，无须安装驱动，只需随身带手机即可，不怕偷窥，不怕木马病毒，相对比较安全。但是用户必须随身带手机，并且确保手机不停机(手机停机，无法付款；无法付款，就会一直停机)、电量充足、不丢失。有时由于通信运营商的服务质量不佳，用户会遇到短信迟迟没有达到的情况，从而影响效率。

安全系数：80%～90%。

便捷系数：80%(手机随身，话费充足，信号良好)；30%～80%(手机不随身，经常停机，信号差，有时还会弄丢手机)。

提供商：招商银行、中国工商银行、光大银行。

5) 移动口令牌

移动口令牌(见图5-3)类似梦幻西游的将军令，会在一定时间换一次号码。用户付款时只需按移动口令牌上的按键，就会出现当前的代码，在一分钟内用户可以凭这个代码在网上付款。如果用户无法获得该代码，就无法成功付款。

移动口令牌无须驱动，无须安装，只要随身携带即可，不怕偷窥，也不怕木马病毒。口令牌的代码一旦使用过就会立即失效，用户也不用担心付款时输入的代码被其他人偷窥。

6) 移动数字证书

移动数字证书在不同银行有不同的称呼，在工商银行，这种证书被称为"U盾"，在建设银行被称为"网银盾"(见图5-4)，在光大银行被称为"阳光网盾"，在支付宝被称为"支付盾"。它存放着用户个人的数字证书，并不可读取。同样，银行也记录着用户的数字证书。

图5-3　移动口令牌

图5-4　建行网银盾

当用户尝试进行网上交易时，银行会向用户发送由时间字串、地址字串、交易信息字串、防重放攻击字串组合在一起并且经过加密得到的字串A，U盾将根据个人证书对字串A进行不可逆运算从而得到字串B，并将字串B发送给银行，银行端也同时进行该不可逆运算。如果银行的运算结果和用户的运算结果一致，便认为用户的行为是合法的，交易可以完成；如果两者不一致，便认为用户的行为是不合法的，交易会失败。从理论上来讲，不同的字串A不会得出相同的字串B，即一个字串A对应唯一的字串B；但是通过字串B和字串A无法得出用户的数字证书，而且U盾具有不可读取性，所以任何人都无法获得用户的数字证书。银行每次都会发出不同的防重放字串(随机字串)和时间字串，因此当一次交易完成后，刚发出的字串B便不再有效。综上所述，在U盾理论上是绝对安全的。

5.2　网络支付信息安全

随着信息技术日新月异的发展，人类正在进入以网络为核心的信息时代，基于互联网开展的电子商务已逐渐成为人们开展商务活动的新模式，越来越多的人通过互联网进行商务活动，电子商务的发展前景十分广阔，但随之而来的安全问题也变得越来越突出。如何创建一个安全、便捷的电子商务应用环境，保证商务活动过程中信息的安全性，使基于互联网的电子交易方式与传统交易方式一样安全可靠，已经成为电子商务应用所关注的重要技术问题。

5.2.1　电子商务对网络信息安全的需求

电子商务安全问题的核心和关键是电子交易的安全性。由于互联网本身的开放性以及网络技术发展的局限性，网上交易面临着种种安全性威胁，也由此提出了相应的安全控制要求。

1. 身份的可认证性

身份的可认证性是指交易双方在进行交易前应能鉴别和确认对方的身份。在传统的交易中，交易双方往往是面对面进行活动的，这样很容易确认对方的身份。即使开始不熟悉、不能确信对方，也可以通过对方的签名、印章、证书等一系列有形的身份凭证来鉴别对方的身份。另外，在传统的交易中，如果双方采用电话进行通信，也可以通过声音信号来识别对方的身份。然而，参与网上交易的双方往往素不相识甚至远隔万里，并且在整个交易过程中都可能无法见面。如果不采取任何保护措施，相较于传统的商务活动，电子商务活动更容易引发假冒、诈骗等违法活动。例如，在进行网上购物时，对于顾客来说，如何确信计算机屏幕上显示的商家就是大家所说的那家网店，而不是居心不良的黑客冒充的呢？同样，对于商家来说，怎样才能相信正在选购商品的顾客不是一个骗子，而是一个能够承担责任的顾客呢？

因此，电子交易的首要安全需求就是保证身份的可认证性。这就意味着在双方进行交易前，必须确认对方的身份，确保交易双方的身份不能被假冒或伪装。

2. 信息的保密性

信息的保密性是指对交换的信息进行加密保护，使其在传输或存储过程中不被他人识别。在传统的贸易中，信息交换一般都是面对面进行的，或者通过邮寄封装的信件，或者通过可靠的通信渠道发送商业报文来达到保守商业机密的目的。而电子商务建立在一个开放的网络环境下，当交易双方通过互联网交换信息时，如果不采取适当的保密措施，那么其他人就有可能知道他们的通信内容。另外，存储在网络中的文件信息如果不加密，也有可能被黑客窃取。上述种种情况都有可能造成敏感商业信息的泄露，导致商业上的巨大损失。例如，如果客户的信用卡账号和用户名被人知悉，就有可能被盗用；如果企业的订货和付款信息被竞争对手获悉，就有可能丧失商机。

因此，电子商务另一个重要的安全需求就是信息的保密性。这意味着一定要对敏感重要的商业信息进行加密，确保即使别人截获或窃取了数据，也无法识别信息的真实内容，这样就可以确保商业机密信息不被泄露。

3. 信息的完整性

信息的完整性是指确保信息在传输过程中的一致性，并且不被未经授权者所篡改，也称为不可修改性。上文所讨论的信息的保密性是针对网络面临的被动攻击这一类威胁而提出的安全需求，但它不能避免针对网络的主动攻击这一类威胁。所谓的被动攻击，就是不修改任何交易信息，通过截获、窃取、观察、监听、分析数据流和数据流式获得有价值的情报；而主动攻击就是篡改交易信息，破坏信息的完整性和有效性，以达到某些非法目的。例如，在电子贸易中，乙给甲发送了如下一份报文："请给丁汇100元钱。乙。"报文在发送过程中，经由了丙的参与，丙就把"丁"改为"丙"。这样甲收到的报文内容就变成"请给丙汇100元钱。乙"。结果是丙得到了100元钱，而非丁。当乙得知丁未收到钱款时就会去问甲，甲出示有乙签名的报文，乙才会发现报文被篡改了。

因此，保证信息的完整性也是电子商务活动的一个重要安全需求。这意味着交易各方能够验证收到的信息是否完整，即信息是否被他人篡改过，或者在数据传输过程中是否出现信息丢失、信息重复等差错。

4. 不可抵赖性

交易的不可抵赖性是指交易双方在网上交易过程中的每个环节都不可否认其所发送和收到的交易信息，又称为不可否认性。由于商情千变万化，交易合同一旦达成就不能抵赖。在传统的贸易中，贸易双方通过在交易合同、契约或贸易单据等书面文件上签名或加盖印章，确定合同、契约、单据的可靠性并预防抵赖行为的发生，这也就是人们常说的"白纸黑字"。但在无纸化的电子交易中，就不可能再通过传统的签名和印章来预防抵赖行为的发生。因此，贸易双方必须采用新技术，防止电子商务中的抵赖行为，否则就会引起商业纠纷，导致电子商务无法顺利进行。例如，采购商在电子商务活动中订购计算机，订货时计算机价格较低，但供应商收到订单后，计算机价格上涨了。如果供应商否认收到订单的事实，那么采购商就会蒙受损失；同样，供应商收到订单后，计算机价格下跌了，如果采购方否认先前发出订货单的事实，那么供应商就会蒙受损失。

因此，保证交易过程中的不可抵赖性也是电子商务安全需求的一个重要方面。这意味着在电子交易通信过程中的各个环节都必须是不可否认的，即交易一旦达成，发送方不能否认他所发送的信息，接收方也不能否认他所收到的信息。

5. 不可伪造性

在商务活动中，交易的文件是不可修改的。仍以前文所举的订购计算机为例，供应商在收到订单后，发现计算机价格大幅上涨，假如擅自改动文件内容，将订购数量100台改为10台，那么就会导致采购商蒙受巨大损失。在传统的贸易中，贸易双方可以通过合同字迹鉴定等措施来防止交易过程中出现的伪造行为，但在电子交易中，由于没有书面合同，无法采用字迹鉴定等传统手段来裁决是否发生了伪造行为。

因此，保证交易过程中的不可伪造性也是电子商务安全需求的一个方面。这意味着电子交易文件应能做到不可修改，以保障交易的严肃和公正。

5.2.2 影响计算机网络系统安全的问题

在互联网上进行电子商务活动时，除了会面临前文所述的特殊安全性问题外，还会涉及计算机网络系统普遍面临的一些安全问题。威胁计算机网络安全的因素有很多，有些可能是主观因素，有些可能是客观因素；有些因素可能是人为的，有些因素可能是非人为的。归结起来，影响计算机网络安全的问题有如下6类。

1. 物理实体的安全问题

物理实体的安全问题主要包括以下几种。

(1) 设备功能失常。任何一种设备都不是十全十美的，或多或少都存在着这样或那样的缺陷。有些是比较简单的故障，而有些是灾难性的故障。有些故障，特别是周期性故障，往往比那些大故障更难于查找与修复。有些故障往往在破坏了系统数据或其他设备时才会被发现，而这时为时已晚，后果也是非常严重的。

(2) 电源故障。由于各种意外的原因，网络设备的供电电源可能会突然中断或者产生较大的波动，这可能会突然中断计算机系统的工作。如果这时用户正在进行某些数据操作，这些数据很可能会出错或丢失。另外，突然断电对系统硬件设备也会产生不良影响。

(3) 由于电磁泄漏引起的信息失密。计算机和其他一些网络设备大多数都是电子设备，当它工作时会产生电磁泄漏。一台计算机就像一部电台，带有信息的电磁波会向外辐射，尤其视频显示装置辐射的信息量最强，可以利用先进的电子设备在一公里之外的地方就能接收信息。另外，电子通信线路同样也有辐射，这使得非法之徒可以利用先进的接收设备窃取网络机密信息。

(4) 搭线窃听。这是非法者常用的一种手段，将导线搭到无人值守的网络传输线路上进行监听，通过解调和协议分析可以掌握通信的全部内容。

2. 自然灾害的威胁

计算机网络设备大多是易碎品，不能受重压或强烈的振动，更不能受强力冲击。所以，各种自然灾害、建筑物破坏等都会对计算机网络系统造成严重的威胁。另外，计算机设备对环境的要求也很高，如温度、湿度、各种污染物的浓度等，因此要特别注意火灾、水灾、空气污染等对计算机网络系统所构成的威胁。

3. 黑客的恶意攻击

2003年初，全世界的传媒都在关注著名的美国网站被袭事件。在这次事件中，包括雅虎、亚马逊书店、eBay、ZDNet、CNN在内的美国主要网站接连遭到黑客攻击。这些网站被迫中断服务数小时，据估算，造成的损失超过12亿美元。这次黑客袭击事件不仅使著名商业网站蒙受羞辱，更使公众对网络安全的信心受到打击。

所谓黑客，一般泛指计算机信息系统的非法入侵者。黑客的出现是当今信息社会中不容忽视的一个独特现象。黑客在世界各地出击，寻找机会袭击网络，几乎到了无孔不入的地步。如今，无论是个人、企业，还是政府机构，只要进入计算机网络，都会感受到黑客带来的网络安全威胁。大至国家机密，小到个人隐私，还有商业秘密，都有可能随时被黑客发现并窃取。

黑客的攻击手段和方法多种多样，一般可以分为两种：一种是主动攻击，它以各种方式有选择地破坏信息的有效性和完整性；另一种是被动攻击，它在不影响网络正常工作的情况下，截获、窃取、破译重要的机密信息。这两种攻击均可对计算机网络造成极大的危害，并导致机密数据的泄露。

4. 软件的漏洞和"后门"

随着计算机系统越来越复杂，一个软件特别是大型系统或应用软件，要想进行全面彻底的测试已经变得越来越不可能了。虽然在设计与开发一个大型软件的过程中可以进行某些测试，但总是会留下一些缺陷和漏洞，这些缺陷和漏洞可能很难被发现，只有当其被利用或某种条件得到满足时，才会有所显现。另外，软件的"后门"都是软件公司的设计和编程人员为了自便而设置的，一般不为外人所知，但一旦"后门"洞开，造成的后果不堪设想。

5. 网络协议的安全漏洞

网络服务一般都是通过各种各样的协议完成的，因此网络协议的安全性是网络安全的一个重要方面。如果网络通信协议存在安全上的缺陷，那么敌手不必攻破密码体制也可能获得所需要的信息或服务。

值得注意的是，网络协议的安全性是很难得到绝对保证的，通常有两种保证方法：一种是用形式化的方法来证明一个协议是安全的；另一种是设计者用经验来分析协议的安全性。形式化证明的方法是人们所希望的，但一般的协议安全性也是不可判定的，所以对于复杂的通信协议的安全性，主要采用找漏洞分析的方法。这种方法有很大的局限性。实践证明，互联网提供的一些常用服务所使用的协议，例如Telnet、FTP和HTTP协议，在安全方面都存在一定的缺陷。许多黑客都是利用这些协议的安全漏洞才得逞的。网络协议的漏洞是当今互联网面临的一个严重的安全问题。

6. 计算机病毒的攻击

什么是病毒？计算机病毒(computer virus)在《中华人民共和国计算机信息系统安全保护条例》中被明确定义为："编制或者在计算机程序中插入的破坏计算机功能或者破坏数据，影响计算机使用并且能够自我复制的一组计算机指令或者程序代码。"

全球出现的数万种病毒按照基本类型划分，可归为6种，即引导型病毒、可执行文件病毒、宏病毒、混合病毒、特洛伊木马型病毒、互联网语言病毒。

计算机病毒作为一种具有破坏性的程序，往往用尽一切手段将自身隐藏起来，以保护自己。但病毒最根本的目的还是破坏程序，在某些特定条件被满足的前提下，病毒就会发作，显示其破坏性。病毒的破坏性也有强弱之分，有些只是显示一些图片、播放一段音乐，这类病毒属于良性病毒；而有些病毒具有明确的目的性，会破坏数据、删除文件、格式化磁盘等，这类病毒属于恶性病毒。计算机病毒的破坏行为体现了病毒的杀伤能力，病毒破坏行为的激烈程度取决于病毒制造者的主观愿望和他所具有的技术能量。

5.2.3　电子商务给交易双方带来的安全威胁

在传统的交易过程中，交易双方(销售者和购买者)是面对面的，因此很容易保证交易过程的安全性并建立信任关系。但在电子商务过程中，交易双方是通过网络来联系的，彼此可能远隔千山万水。由于互联网既不安全，也不可信，交易双方很难建立信任关系，而且都面临不同的安全威胁。

1. 销售者面临的威胁

销售者面临的威胁主要有如下几个方面。

(1) 中央系统安全性被破坏。例如，入侵者假冒合法用户来改变用户数据(如商品送达地址)、解除用户订单或生成虚假订单。

(2) 竞争者检索商品递送状况。例如，恶意竞争者以他人的名义来订购商品，从而了解有关商品的递送状况和货物的库存情况。

(3) 客户资料被竞争者获悉。

(4) 被他人假冒而损害公司的信誉。例如，不诚实的人建立与销售者服务器名字相同的另一个服务器来假冒销售者。

(5) 消费者提交订单后不付款。

(6) 虚假订单。

(7) 获取他人的机密数据。例如，某人想要了解另一个人在销售商处的信誉，就会以另一个人的名义向销售商订购昂贵的商品，然后观察销售商的行动。假如销售商认可该订单，就说明被观察者的信誉高，否则，就说明被观察者的信誉较低。

2. 购买者面临的威胁

购买者面临的威胁主要有如下几个方面。

(1) 虚假订单。例如，一个假冒者可能会以顾客的名义来订购商品，而且有可能收到商品，而此时客户却被要求付款或返还商品。

(2) 付款后不能收到商品。例如，销售商的内部人员要求顾客付款，但未将订单和钱款转交给执行部门，导致顾客未能收到商品。

(3) 机密性丧失。例如，顾客有可能将个人数据或自己的身份数据(如账号、口令等)发送给冒充销售商的机构，这些信息也可能会在传递过程中被窃取。

(4) 拒绝服务。例如，攻击者可能向销售商的服务器发送大量的虚假订单来穷竭它的资源，导致合法用户不能得到正常的服务。

5.2.4　电子商务基本安全技术

1. 防火墙技术

1) 防火墙的基本概念

防火墙(firewall)是网络安全的第一道屏障。保障网络安全的第一个措施通常是安装和应用防火墙，人们对防火墙的理解伴随着计算机技术的发展逐渐深入。防火墙最原始的含义是"设计一种建筑以防止发生火灾时，火势从一个房间蔓延到另外一个房间"。后来，这种称呼延伸到计算机安全领域之中，特别是近年来飞速发展的互联网之中，所以，防火墙有时也被称为互联网防火墙。

关于防火墙的定义有很多，其中最典型的是"防火墙是在两个网络之间强制实施访问控制策略的一个系统或一组系统"。

从狭义上来讲，防火墙是指安装了防火墙软件的主机或路由器系统。防火墙被放在两个网络之间，并具有以下特性。

(1) 所有的从内部到外部或从外部到内部的通信都必须经过它。

(2) 只有有内部访问策略授权的通信才被允许通过。

(3) 系统本身具有高可靠性。

简而言之，防火墙是保护可信网络、防止黑客通过非可信网络入侵的一种设备。

2) 防火墙的功能

(1) 过滤不安全的服务和非法用户。所有进出内部网络的信息都必须通过防火墙，防火墙成为一个检查点，禁止未授权的用户访问受保护的网络。

(2) 控制对特殊站点的访问。防火墙允许受保护网络中的一部分主机被外部网访问，而另一部分被保护起来。例如，受保护网络中的Mail、FTP、WWW服务器等可被外部网访问，而其他访问被禁止。

(3) 作为网络安全的集中监视点。防火墙可以记录所有通过它的访问，并提供统计数据、预警和审计等功能。

3) 防火墙的缺陷

防火墙并非十全十美，不能说有了防火墙就万事大吉了，因为防火墙也有其不足之处，主要表现在以下几个方面。

(1) 防火墙不能防范不经由防火墙的攻击。例如，如果允许用户从受保护网内部不受限制地向外拨号，可能会形成与互联网的SLIP或PPP连接，从而绕过防火墙，形成一个潜在的后门攻击渠道。

(2) 防火墙个能防止受到病毒感染的软件或文件的传输。由于现有的病毒、加密和压缩的二进制文件种类过多，防火墙无法扫描每个文件查找病毒。

(3) 防火墙不能防止数据驱动式攻击。当有些表面看起来无害的数据被邮寄或复制到互联网主机上并被执行发起攻击时，就会发生数据驱动攻击，目前，防火墙暂时无法防止这类攻击。

4) 防火墙的基本原理

自简单的包过滤路由器防火墙问世至今，已经发展出应用不同技术的不同类型的防火墙。这些技术之间的区分并不是非常明显，但依据其处理对象，可以将其分为包过滤型、应用网关型、代理服务型3种类型。包过滤型防火墙的处理对象是IP包，其功能是处理通过网络的IP包的信息，实现进出网络的安全控制；应用网关型防火墙的处理对象是各种不同的应用服务，其功能是通过对网络服务的代理，检查进出网络的各种服务；代理服务型防火墙将收到的IP包还原成高层协议的通信数据，比如http连接信息，因此能够对基于高层协议的攻击进行拦截。因为网络通信是基于网络通信的层次参考模型来进行的，所以不同类型的防火墙负责处理不同层次的通信数据。如过滤型防火墙负责处理网络层数据，而代理服务型防火墙负责处理应用层数据。

2. 认证技术

1) 数字签名

使用密码机制对文件进行加密只解决了信息的保密性问题，但是如果他人对加密的文件进行破坏，或者某人向一家公司下了订单但事后又加以否认，或者某人冒充他人从账户上支取钱款等，对于这些问题，仅靠密码技术是不能解决问题的。数字签名技术(digital signature)是一种很好的解决方法。签名是不能伪造的，接收者和第三方能够验证该文档确实来自签名者，并且在数字签名后文档未被修改过。一个安全的数字签名系统包括签名方法和验证方法，并且具备不可否认性。实现数字签名的算法有很多，而利用公开密钥加密技术的数字签名是其中应用最为广泛的一种。基于密钥加密和数字摘要技术，可以实现数字签名。

2) 数字证书

在电子商务中，买卖双方并非面对面交易，因此对方需要通过一种方式来表明自己的身份，以示自己是一个合法的用户或合法的商家。电子商务中的数字证书就是这样一种由权威机构发放的用来证明双方身份的事物。

在电子商务活动中，如何才能保证公开密钥的正确性，即如何确认交易对方的真伪呢？为了解决这个问题，认证机制被引出。认证机制包含两个部分，即数字证书(digital certificates，DC)和认证中心(certificate authorities，CA)。

数字证书是用电子手段来证实一个用户的身份和他对网络资源的访问权限的。证书就是一份文档，记录了用户的公开密钥和其他身份信息。数字证书是由CA认证中心颁发的，包含公开密钥持有者信息以及公开密钥的文件，证书上还有CA认证中心的数字签名。就像机动车驾驶证能将持证人的照片、姓名、出生日期进行有公证效果的关联一样，用户的数字证书就是一个有公证效果的将公开密钥与所有者的身份信息相联系的"数字身份证"。在网上电子交易中，如果交易双方出示了各自的数字证书并用它来进行交易操作，那么双方就不必再为对方的身份担心。数字证书在电子商务相关的各个领域中应用广泛，它主要分为以下3种类型。

(1) 个人数字证书。个人数字证书主要为某一个用户提供证书，当个人用户和其他用户交换信息或者使用在线服务时，个人数字证书可验证用户的身份，保证信息的安全，它主要是针对个人的电子邮件安全。个人数字证书通常安装在浏览器内，并通过安全的电子邮件来进行操作。常用的Netscape浏览器和IE浏览器均支持该功能。个人数字证书一般分为两个级别：第一级提供个人电子邮件认证，仅与电子邮件地址有关，并不对个人信息进行认证，这是最初级的认证；第二级提供个人姓名、个人身份等信息的认证。个人数字证书是通过浏览器来申请获得的，认证中心对申请者的电子邮件地址、个人身份及信用卡号等进行核实后，即可发放个人数字证书，并将数字证书安置在用户所用的浏览器中或电子邮件的应用系统中，同时通知申请者。个人数字证书的使用方法集成在用户浏览器的相关功能中，用户只需在浏览器中进行相应的选择就可以了。个人数字证书用于电子邮件时，可起到类似密封的信封和手写签名的作用。接收方可据此确定信件由用户发出，并为邮件的内容和附件加密，只有用户指定的接收方才能解密，从而可防止其他人截获阅读。

(2) 服务器证书。服务器证书主要为网上的某个Web服务器提供证书，拥有Web服务器的企业可以通过具有凭证的互联网站点进行安全的电子交易。拥有数字证书的服务器可以自动与客户进行加密通信，Web服务器会自动将其与客户端的Web浏览器的通信加密。

服务器证书的发放比较复杂。因为服务器证书代表了一家企业在网上的形象，也是企业在网络空间信任度的体现，所以一个权威的认证中心对每一个申请者都要进行信用调查，调查内容包括企业的基本情况、营业执照、纳税证明等。

此外，认证中心还要做好如下几项工作：第一，对企业服务器的管理情况进行考核，该工作一般是通过事先制定好的详细验证步骤来进行的，主要考察企业是否具备完善的管理规范。第二，对企业的技术条件进行考核，主要看企业是否具有完善的加密技术和保密措施。第三，对企业设备的安全性、可靠性进行调查，主要包括是否有多层逻辑访问控制、生物统计扫描仪、红外线监视器等。认证中心通过考察来决定是否发放或撤销服务器数字证书。一旦认证中心发放了数字证书，该服务器就可以安装认证中心提供的服务器证书，成功后即可投入服务。服务器得到数字证书后，就会有一对密钥(公开密钥和私有密钥)，它与服务器之间是密不可分的。数字证书与这对密钥一起代表该服务器的身份，同时也是整个认证的核心。

(3) 开发者证书。开发者证书又称为代码签名数字证书，通常为互联网中被下载的软件提供证书。借助开发者证书，软件开发者可以为软件做数字标识，使其安全地在互联网上进行传送。当用户从互联网上下载软件时，开发者证书与微软的authenticode(认证码)技术共同提供用户所需的软件信息。当用户从开发者网站上下载经过数字标识的ActiveX控制命令、Java程序、动态链接库、HTML内容时，就能够确信该代码的确来自开发者，而且没有被改变或破坏。开发者证书就好像软件的外包装，如果它被篡改了，就意味着代码已经不可信了。

在上述3类证书中，前两类是常用的证书，第三类则用于特殊场合。大部分认证中心都只提供前两类证书，能够提供全部三类证书的认证中心并不多。

3) CA认证中心

CA又称认证权威、认证中心、证书授予机构，它是承担网上认证服务，能签发数字证书并能确认用户身份的受用户信任的第三方机构。CA通常是企业性的服务机构，其主要任务是受理数字证书的申请、签发及对数字证书进行管理。

CA是保证电子商务安全的关键，是公正的第三方，它不仅为建立身份认证过程的权威性框架奠定了基础，也为交易的参与方提供了安全保障，还为网上交易构筑了一个双方相互信任的环境，解决了网上身份认证、公钥分发以及信息安全等一系列问题。CA对含有公开密钥的证书进行数字签名，使证书无法伪造。每个用户都可以获得CA的公开密钥，以此来验证任何一张数字证书的数字签名，从而确定该证书是否由某CA签发、该数字证书是否合法。数字证书与机动车驾驶证一样，用来表明个人的身份，且有一定的有效期，有效期结束后必须重新申请。CA作为证书的发行机构具有一定的权威性，因而数字证书被社会所承认和接受。

数字证书与CA相结合为电子商务带来了便利，如果两个用户都信任CA并从CA处得到一个证书，那么他们就可以通过互相交换证书来得到对方的公开密钥。由于证书上有CA的数字签名，用户只要得到正确的CA公开密钥，就可以通过鉴定CA数字签名来判断证书内容是否正确。也就是说，有了数字证书和CA，用户就不再需要验证每一个想要交换信息的用户的公开密钥，而只要验证和信任颁发证书的CA的公开密钥就可以了。

在电子商务的认证体系中，CA担当着权威的认证中心的职责。在电子交易中，无论是数字时间戳服务还是数字证书的发放，都不是靠交易双方自己就能完成的，而需要由一个具有权威性和公正性的第三方来完成。这个第三方可以是某个政府机构，也可以是某个独立的企业，关键是大家都要信任它。因此，电子商务需要建立一个全国性乃至全球性的认证中心。

目前，在全球处于领导地位的认证中心是美国的VeriSign公司。VeriSign公司提供的数字证书服务遍及世界各地，它能够提供前文中提到的三类数字证书，即个人数字证书、服务器证书和开发者证书。

3. 电子商务安全协议

1) 安全超文本传输协议(S-HTTP)

S-HTTP是致力于促进以互联网为基础的电子商务技术发展的国际财团CommerceNet协会提出的安全传输协议，主要利用对密钥加密的方法来保障Web站点上的信息安全。S-HTTP被作为请求或响应的传输协议——HTTP的一种安全扩展版本，而SSL是一种会话保护协议，正是这一特点使得S-HTTP与SSL有了本质上的区别。S-HTTP的主要功能是保护单一的处理请求或响应的消息，这在某种程度上与消息安全协议保护电子邮件消息的工作原理相似。

事实上，S-HTTP在很大程度上建立在消息安全协议的基础之上。S-HTTP所提供的安全服务称为实体验证、完整性(通过完整性检查值进行)和机密性(通过加密)检验。此外还附加了一项可选的数字签名功能，此项功能为附加的不可否认安全服务提供了基础。

S-HTTP在保护消息和管理密钥方面具有很大的灵活性，可以支持包括PEM(RFC 1421)和PKCS#7在内的特定消息保护格式，而密钥的管理也并不局限于严格的PEM架构或者其他任何严格的规则。加密密钥可以通过在PEM或PKCS#7数字信封中传输的RSA密钥来建立，也可以通过人工方法预置，甚至可以用Kerberos标签来建立。使用S-HTTP可以通过一个以"shttp://"开头的统一资源定位符来说明。需要注意的是，如果将其错误地混同为"https://"，就意味着指定了SSL的使用。在万维网应用的早期，S-HTTP曾经被一些网络安全通信服务提供商所采用，但如今它几乎被SSL所取代，相对而言，SSL普及速度更快，应用范围也更广。

2) 安全多用途网际邮件扩充协议(S/MIME)

如果用现实世界中的事物来比喻在互联网上传送的电子邮件，最合适的莫过于明信片了。就像写在明信片上面的信息一样，在机器之间传送的电子邮件都是公开的，每个人都可以查看上面的内容，至于看还是不看，只取决于人们的诚实度、对信息的了解程度或关注程度。而比明信片还要糟糕的是，电子邮件的发信人根本不知道一封邮件是经过哪些中转站才到达目的地的。对于传统的通过邮政系统传送的邮件，国家可以制定相关的法律来保护邮件传输的内容不被泄露。而对于电子邮件来说，事情就没这么简单了，邮件内容的安全取决于邮件服务器的安全、邮件传输网络的安全以及邮件接收系统的安全。

正是因为电子邮件的安全与上述方方面面密切相关，使得电子邮件的安全问题变得更加复杂。对于邮件服务器的安全，我们可以用加设防火墙软件、控制用户对服务器的访问等方法来保障，但这并不能从根本上解决电子邮件内容的安全问题。

涉及电子邮件内容的安全问题主要有如下几个。

(1) 发送者身份认证，即如何证明电子邮件内容的发送者就是电子邮件中声称的发送者。

(2) 不可否认，即发送者一旦发送了某封邮件，他就无法否认这封邮件是他发送的。

(3) 邮件的完整性，即能否保证电子邮件的内容不被破坏和篡改。

(4) 邮件的保密性，即如何防止电子邮件内容不被泄露。

为了解决电子邮件的安全问题，相关人员提出过许多解决方案，其中三个经常提到的安全协议是PEM、S/MIME和PGP。它们的共同特点是采用公钥和私钥密码算法对电子邮件内容进行加密或签名，并且按照自己规定的标准格式对加密或签名的结果进行编码和重排，使接收方能够对电子邮件内容做出正确的解释。

1995年，以RSA公司为首的几家大公司联合推出了S/MIME标准，希望用它来解决电子邮件的安全问题。1998年，S/MIME推出了第2版标准，并在工业界获得广泛支持。但由于S/MIME第2版采用了RSA密钥交换算法，而该算法的专利权为RSA公司所有，其他公司不能自由使用，且采用的密钥位数长度不够，因此，S/MIME第2版并没有被IETF(The Internet Engineering Task Force，国际互联网工程任务组)接受为标准。

S/MIME第2版由两个文档来描述，分别是RFC2311和RFC2312。随后，IETF负责S/

MIME第3版的修订工作。S/MIME是在IETF一致同意的情况下开发的，因而成为IETF标准。S/MIME的设计目标是使自己能够比较容易地加入已有的E-mail产品之中。

为此，S/MIME建立在两个已被广泛接受的标准之上：一是MIME(multipurpose internet mail extensions)；二是PKCS(public key cryptography standards)。MIME是目前几乎所有E-mail都采用的格式，而PKCS是正处于建设当中的PKI的基础标准之一。因此，S/MIME得到了各大软件厂商的大力支持。Microsoft公司的Outlook Express和Netscape公司的Netscape Messenger都提供用S/MIME发送和接收邮件的功能。目前，S/MIME发展势头强劲，它很可能成为用户最终接受的标准。

S/MIME所采用的安全标准包括：信息格式，继承了MIME规格；信息加密标准，包括DES、三重DES、RC4；数字签名标准，PKCS；数字证书格式，X.509。

3) 安全套接层协议(SSL)

安全套接层协议(secure socket layer，SSL)最初是由Netscape公司研究制定的安全通信协议，它是在互联网基础上提供的一种保证机密性的安全协议。随后Netscape公司将SSL协议交给IETF进行标准化，在经过少许改进后，形成了IETF TLS规范。

SSL能使客户机与服务器之间的通信不被攻击者窃听，并且始终保持对服务器进行认证，还可选择对客户进行认证。SSL建立在TCP协议之上，它的优势在于与应用层协议独立无关，应用层协议能透明地建立于SSL协议之上。SSL协议在应用层协议通信之前就已经完成加密算法、通信加密的协商以及服务器的认证工作。在此之后，应用层协议所传送的数据都会被加密，从而保证了在互联网上通信的机密性。

SSL是电子商务中应用最广泛的安全协议之一。SSL之所以能够被广泛应用，主要取决于两个方面的原因。

(1) SSL的应用范围很广，凡是构建在TCP/IP协议上的客户机/服务器模式需要进行安全通信时，都可以使用SSL协议。而其他一些安全协议，如S-HTTP仅适用于安全的超文本传输协议，SET协议仅适用于B2C电子商务模式下的银行卡交易。

(2) SSL被大部分Web浏览器和Web服务器所内置，比较容易应用。随着SSL的发展，其逐渐演变为TLS(tansport layer security)，TLS是SSL的继任者，用于更安全的加密通信。

4) 安全电子交易协议(SET)

1996年2月1日，Master Card与Visa两大国际信用卡组织会同一些计算机供应商，共同开发了安全电子交易(secure electronic transaction，SET)协议，简称SET协议，并于1997年5月31日正式推出1.0版。SET是一种应用于互联网环境下，以信用卡为基础的安全电子支付协议，它给出了一套电子交易的过程规范。通过SET这一套完备的安全电子交易协议可以实现电子商务交易中的加密、认证机制、密钥管理机制等，保证用户在开放网络中使用信用卡进行在线购物的安全。

SET协议文档主要包括三部分：商业描述，提供SET处理的总述；程序员指南，介绍SET数据区、消息及处理流程；正式的协议定义，提供SET消息和数据区的严格描述。

SET为商户和收单银行提供认证服务，确保了交易数据的安全、完整可靠和交易的不可抵赖性，特别是具有保护消费者信用卡号不暴露给商户等优点，因此它成为公认的信用卡网上交易的国际标准。

SET协议采用对称密钥和非对称密钥体制，把对称密钥的快速、低成本和非对称密钥的有效性结合在一起，以保护在开放网络中传输个人信息的安全，保证交易信息的隐蔽性。SET协议的重点是确保商户和消费者的身份及行为的认证和不可抵赖性，其理论基础是著名的不可否认机制(non-repudiation)，所采用的核心技术包括电子证书标准与数字签名、报文摘要、数字信封、双重签名等。

SET协议使用数字证书对交易各方的合法性进行验证，同时使用数字签名技术确保数据的完整性和不可否认。此外，SET协议还使用双重签名技术对SET交易过程中消费者的支付信息和订单信息分别进行签名，使得商户看不到支付信息，只能对用户的订单信息解密，而金融机构也看不到交易内容，只能对支付和账户信息解密，从而充分保证了消费者的账户和订购信息的安全性。SET协议通过制定标准和采用各种技术手段，解决了一直困扰电子商务发展的安全问题，包括购物与支付信息的保密性、交易支付完整性、身份认证和不可抵赖性等，在电子交易环节中提供了更大的信任度、更完整的交易信息、更高的安全性和更小的受欺诈的可能性。

但是，SET的推广应用比较缓慢，主要有4个方面原因：第一，使用SET协议比较昂贵，互操作性差，难以实施，因为SET协议提供多层次的安全保障，复杂程度显著增加。第二，SSL协议已被广泛应用。第三，银行的支付业务不仅仅是信用卡支付业务，而SET支付方式只适用于信用卡支付，对其他支付方式是有所限制的。第四，SET协议只支持B2C类型的电子商务模式，即消费者持卡在网上购物与交易的模式，而不能支持B2B模式。尽管SET协议有诸多缺陷，但是其复杂性的增加换来的是风险的降低，所以SET协议已获得了IETF的认可，成为电子商务中最重要的安全支付协议，并得到了IBM、HP、Microsoft、Netscape、VeriFone、GTE、VeriSign等许多大公司的支持。

在国外，已有不少网上支付系统采用了SET协议标准，国内也有多家单位正在建设遵循SET协议的网上安全交易系统，并且已经有不少系统正式开通。

◈ 单元小结与练习

◆ 单元小结

本单元从电子支付和网络安全的基本概念出发，在电子支付部分，介绍了电子支付的支付工具以及各自特点，并以此为主线重点阐述了网上银行的重要含义和特点，尤其是对网上银行的主要业务和常用认证介质等实用内容进行详细解释。在网络信息安全部分，重点介绍了电子商务对网络信息安全的需求，计算机网络系统的安全威胁以及电子商务网络交易给双方带来的安全威胁；然后在技术层面阐述了电子商务的基本安全手段，包括防火墙技术、认证技术和安全协议。

◆ 实训

实训5.1　　　　　实训5.2

◆ 习题

1. 电子商务主要面临哪些方面的安全问题？相应的技术对策是什么？

2. 简述防火墙的定义。

3. 为什么说使用非对称加密可以防止赖账行为？

4. 试述电子签名的过程。

5. 简述认证机构的定义及功能。

6. 什么是数字证书？为什么要使用数字证书？

7. 简述数字认证原理及数字证书的颁发过程。

8. 试比较SET协议和SSL协议并说明两者的区别。

旅游网站建设

课前导读

旅游网站建设是旅游信息管理课程的重要内容，作为知识铺垫，学生应对旅游网页制作软件和旅游网站的规划与建设有全面的了解，在此基础上，分析旅游网站的主要类型，熟悉常见的旅游网站并能分析旅游网站建设实例。

学习目标

知识目标：了解旅游网页制作软件；掌握旅游网站主要类型与建设步骤；熟悉我国典型的旅游网站及各类型中的代表。

能力目标：能够运用旅游网站建设相关基础理论分析当前旅游网站建设和发展中的问题。

素质目标：能够针对实践中旅游网站建设存在的问题提出解决方案和发展策略。

6.1 旅游网站规划与建设

6.1.1 旅游网站规划与建设概述

1. 电子商务网站的概念

网站是指在互联网上，根据一定的规则使用HTML等语言制作的用于展示特定内容的相关网页的集合。简单地说，网站是一种通信工具，就像布告栏一样，人们可以通过网站来发布自己想要公开的资讯，也可以通过网页浏览器来访问网站，获取自己需要的资讯或者享受网络服务。

狭义的电子商务网站实际上就是企业的Web服务器的代名词。早期的企业网站的核心就是一个Web服务器，企业通过该服务器可以进行形象宣传和产品介绍。

随着电子商务的迅速发展和企业信息化程度的不断提高，电子商务网站的概念已经超越了单纯的Web服务的范畴，不再单指某种网络服务。

广义的电子商务网站是在软、硬件基础设施的支持下，由一系列网页和具有商务功能的软件系统、后台数据库等构成的，它具有实现电子商务应用的各种功能，是企业电子商务系统的一部分。通过电子商务网站，企业的合作伙伴，如原材料提供商，可以获取企业当前的原材料库存情况和近期生产计划，从而优化自身的资源配置和生产调度；企业的客户可以通过电子商务网站了解企业各种产品的详细信息，与企业开展商务活动，获得企业提供的咨询服务等。

2. 旅游网站建设流程

建设旅游网站是旅游企业开展电子商务活动的基础。旅游企业创建旅游网站时要明确网站的建设目的、网站主题、服务对象、经营模式、盈利模式等，这些内容应体现在网站策划书中。旅游企业在策划书的指导下，对旅游网站的功能进行分析和建模，确定开发工具、服务器类型和管理方式，最后具体实现。在实现过程中，旅游企业可以自主开发，也可以利用现有的程序进行修改，或直接购买专业公司的整体解决方案。旅游企业建设旅游网站的具体流程如下所述。

1) 目标规划

目标规划是为了确定网站的服务对象和服务类型，一般应考虑下列问题。

(1) 服务对象，即描述旅游网站的服务对象，包括已知对象和潜在对象。

(2) 网站目的，即为服务对象提供的服务内容。

(3) 开发目标，包括网站的规模、功能和形式等。

(4) 应用领域，包括网站提供的信息所属的应用范围。

(5) 规格描述，包括网页的信息内容、链接设置和人机界面等。

(6) 实现要求，即建设网站所需的软、硬件环境等。

2) 系统分析

完成目标规划后，旅游企业应进行系统分析，听取用户的想法，吸取类似网站的经验，进行合理取舍和创新。系统分析包括：对网站主题意义的分析；对网页框架内容的分析；对制作者已有资源的分析；对网站软硬件环境的分析；对网站访问者的分析。

3) 旅游网站策划

旅游网站策划的目的是为网站建设规划提供一个整体框架，使网站建设有据可循。在具体实施过程中，应按部就班，避免日后返工和重复投入，以提高网站的运营效率和节约投资成本。

(1) 旅游网站策划书内容。旅游企业建设旅游网站的目的，不是标榜企业的实力，而是让网站真正发挥作用，使网站成为企业传递信息、开展营销活动的有效手段。所以，网站策划书的内容不仅包括建设网站的具体细节，还应包括网站的市场定位、盈利模式、运营模式等。一个完善的旅游网站应具备树立品牌形象、介绍产品或业务、信息发布、为顾客提供服务、维系顾客关系、网上调查、网上联盟、网上销售等功能。旅游网站策划应主要考虑以下5方面内容。

① 网上预订服务。旅游企业在策划旅游网站时，应针对使用需求和用户需求，开发具有特色的预订功能，建立酒店、票务、旅游线路等旅游产品和服务的预订系统。例如，携程旅行网为广大旅游者提供酒店预订、机票预订和度假预订服务。

② 个性化服务。网站策划书应策划旅游网站的个性化服务功能，即从旅游者的特点出发，针对他们的不同需求，量身定做旅游产品和服务，在吃、住、行、游、购、娱六大方面满足他们的个性化需求。

③ 旅游信息服务。旅游行业是信息密集型行业，对于旅游网站来说，能够提供丰富的旅游信息服务非常重要。旅游网站的主要价值在于灵活地向旅游者展示旅游产品和服务信息，使旅游者深入了解旅游产品和服务。旅游产品的信息量较大，好的旅游网站应尽量周全地展示旅游产品的所有信息，如旅游线路途经的地点信息以及多媒体信息等。

④ 在线交易服务。根据不同的网站定位和盈利模式，大中型旅游网站通常会设置旅游信息咨询交流版块、旅游B2C商务预订版块、旅游B2B电子商务交易版块，或者以其中某个版块为主。

⑤ 网站维护。在进行网站策划时，应考虑能够让旅游网站维护人员较为方便地维护、更新网站信息，如设计旅游网站新闻更新系统、旅游网站产品发布系统、旅游网站邮件宣传系统等。

(2) 旅游网站策划应注意的问题。在进行旅游网站策划时，需要注意以下几个问题。

① 根据客户需求进行栏目规划。在进行网站策划时，应尽可能挖掘客户的需求，汇集客户的现有需求和潜在需求，根据客户需求进行栏目规划。

② 明确建设网站的目的。在创建网站前，应明确客户通过互联网要达到什么目的。

③ 明确网站的定位。根据客户的需求和建设网站目的，分析网站的定位。定位分析要精确概括，不要过于复杂。

④ 了解目标客户群体。了解目标客户群体，是为了引导、规范企业的受众群体，了解客户群体的心理特征，以便于策划出客户需要的、喜欢的网站，从而实现个性化服务，为日后树立网站的品牌形象、提高界面的友好度、提升网站的知名度打下基础。

⑤ 了解客户的运作资源。在进行网站策划前，应尽量详细了解人力、财力等运作资源，根据资源情况形成网站运作模式，使产品适合企业的策划方案。

⑥ 明确网站面向的区域。通过搜索引擎了解国内外同类型网站的发展方向、商业模式、专业应用以及流量分析。明确网站面向的区域，可以规范网站的推广方式、网站的框架内容和表现形式，例如可以制定富有本地旅游特色的栏目来聚集人气。

4) 旅游网站建设规划

在建设旅游网站之前，需要对旅游网站进行一系列分析，根据分析结果提出合理的设计方案。

(1) 旅游网站设计方法。

网站设计一般应遵循以下3项原则：最大限度地满足用户需求；最有效地进行资源利用；使用方便，界面友好，运行高效。常规的设计方法有以下3种。

① 自顶向下的设计方法。所谓自顶向下，就是从整个网站的首页开始设计，向下一层一层地展开。采用这种方法时，要求建站者对整个网站的内容比较了解，对整个网站的大体轮廓比较清晰。这种设计方法的优点是能在总体上统一整个网站的风格，使网站的组织结构比较合理。建站者通常在一开始就制作出一个"模板"，作为以后深度开发时进行网页设计的基础，以保证整个系统用户界面的版面风格和功能设置的一致性。

② 自底向上的设计方法。自底向上的设计是指先设计树状信息结构的各个子节点，然后通过归纳，设计它们的树干节点，最后完成对根节点的设计。该方法适合于建站者在开发初期对整个网站的总体结构和布局尚未考虑成熟，而对具体的网站页面的信息和服务很有把握的情况。这种设计方法的优点是可以根据网站内容因地制宜地设计各个部分，而不必拘泥于条条框框，能够突出网站的风格。

③ 不断增补的设计方法。这是在网站投入运行后常用的方法，也是一种需求驱动的设计方法。当出现某种信息服务的需求时，就立即设计相应的信息服务页面。随着需求的增加，不断地增加网页，不断地调整和相互链接，在短时间内建立网站。这种设计方法的优点是可缩短规划分析期，效率较高。

在实际应用中，上述3种方法通常可穿插使用。例如，整个网站的设计可以采用自顶向下的设计方法，而网站某一部分的设计可以采用自底向上或不断增补的方法来实现，并无定法，应具体情况具体分析。

(2) 旅游网站建设准备工作。旅游网站建设准备工作包括如下几方面内容。

① 市场调研与竞争对手分析。在正式开发和建设一个旅游网站前，应先清楚网站服务的目标客户，了解不同客户群体的不同客户喜好，针对网站的目标客户选择要发布的内容、设置网站的功能等，进行网站定位。在确定了目标客户以后，网站设计者才能确定设计风格和思路。比如针对年轻群体，旅游网站版面的设计要生动活泼、时尚前卫。在对竞争对手进行分析时，主要研究其网站运营战略意图、网站收入模式、网站营销模式、网站推广模式等，从中找到竞争对手的优势和劣势，采取差异化竞争策略，取得网站经营的成功。

② 设计网站的功能。应明确网站所要达到的目的，以及网站需要配备的功能。比如，是否需要建立数据库，是否需要对客户资源进行管理，是否需要建立网上营销订购系统，是否需要建立物流管理配送系统，是否需要网上支付系统等。

③ 确定网站主题和实现技术。确定网站主题包括确定网站的结构和栏目，网站主题要和旅游企业形象相符合。应根据网站的主题设计网站的风格，确定是否需要安装程序，如论坛、社区、留言簿等。对于不同模式的网站，应确定不同的实现技术，有些网站只需要HTML和CSS编码即可实现，有的网站需要采用PHP或者JSP来实现，还有的网站需要使用ASP结合其他技术来实现。

④ 网站内容的准备。互联网上拥有海量信息，在网站设计前，应根据网站展示的内容搜集大量的相关资料，并进行分类整理，同时准备丰富的辅助素材，如清晰的图片、图

标、动画等。

⑤ 网站规模。旅游网站可大可小。大网站如Travelocity，有成千上万个页面，而且每天都有很多页面被更新；小网站可以小到只有一个介绍页面和一个电子邮件地址。重要的是，要根据企业的特点和投入的规模来确定网站的规模。对于旅游门户网站来说，规模的大小和内容的多寡对其发展至关重要。只有规模够大、内容够多，才能有足够的访问量，才能吸引广告商的投入和旅游企业的参与，这是因为旅游门户网站主要依赖广告收入和B2B交易佣金或出租频道盈利。对于一般的旅游企业如旅行社和饭店，因为投入的人力和物力有限，网站建设应追求有效性而不是规模。这里的有效性是指网站发布的时效性、网站内容和功能的完整性和在线运作的有效性。片面追求规模，不仅会延迟网站的发布时间，导致企业错过商机，还会破坏内容与功能的完整性，损坏企业形象。

⑥ 域名的选择与使用。域名应与注册商标相符合，选择一个容易记忆、令人印象深刻的域名对网站的品牌化和持续经营非常有利。从搜索引擎优化的角度来看，以com、net、gov、org结尾的域名要强于以biz、info等为后缀的域名。

⑦ 确定网站托管和网站建设方式。应确定网站托管方式是虚拟主机还是独立服务器；应确定网站建设方式是自建还是委托专业网站制作公司代理制作。

⑧ 编写正式网站规划书。在完成上述准备工作后，应编写正式的网站规划书，以保证网站建设的顺利进行。作为网站建设管理监督的参考，也可以将其提交给专业网站制作公司，以指导网站设计。

(3) 旅游网站建设规划要点。确定网站主题和名称后，需要进行网站形象定位。网站形象定位就是对网站形象进行战略设计，使其在浏览者心目中占有独特的、有价值的位置。只有网站形象定位明确、有创意，浏览者才会感到网站有特色，从而形成稳定的访问群体。随着网络的快速发展，旅游企业在互联网上拥有自己的站点和主页将是必然趋势，网上形象的树立将成为旅游企业宣传产品和服务的关键。企业可通过对形象识别(corporation identity，CI)的设计，从视觉上为浏览者展示统一的企业网站形象。通过网站主题、页面风格、层次关系等表现出网站的CI设计理念，非常有助于网站的宣传推广。例如，携程旅行网的统一标志、色彩和产品设计，能给浏览者留下非常深刻的印象。下面从标志、标准色彩、标准字体、宣传标语等方面对网站CI设计提出参考建议。

① 设计网站的标志。网站的标志能集中体现站点的特色和内涵，使浏览者看见logo就能联想到对应的网站。网站的标志可以是汉字、英文字母，也可以是符号、图案，它们的设计创意来自网站的名称和内容。例如，携程旅行网的网站标志是用英文字母"ctrip"组成的图案，体现了旅游品牌网站的创意。

② 设计网站的标准色彩。网站给人的第一印象来自视觉冲击，不同的色彩搭配会产生不同的效果，所以确定网站的标准色彩是相当重要的。网站的标准色彩应能体现网站的形象和主题，一般网站的标准色彩不应超过3种，主要用于网站的标志、标题、主菜单和主色块，给人以整体统一的感觉。例如，携程旅行网用蓝色作为标准色彩，给浏览者带来活泼、稳健、亲切、和谐的感觉。

③ 设计网站的标准字体。标准字体是用于设计标志、标题、主菜单的特有字体。一

般网页默认的字体是宋体。为了体现网站的与众不同和特有风格，可以根据需要选择一些特别的字体。例如，为了体现专业性可以使用粗仿宋体，为了体现设计精美可以使用广告体，为了体现亲切随意可以使用手写体等。一般非默认字体只能设计成图片，因为浏览者的电脑里可能没有安装这些特殊字体。

④ 设计网站的宣传标语。用高度概括的一句话或一个词来体现网站的精神。

5) 旅游网站实现

(1) 申请域名。网站创建完成后，应进行域名申请。域名类似于互联网上的门牌号码，可以说是企业的"网上商标"，它是互联网上企事业间相互联系的地址。好的域名有助于塑造旅游企业在网上的形象，同时也是企业在互联网上的无形资产。域名在全世界具有唯一性，所以域名资源比较有限，先抢注者就有权使用。在申请域名时，需要结合企业的性质以及信息内容的特征，注意域名的选择应与注册商标相符合，应简洁、易记、具有冲击力。值得注意的是，很多域名注册服务商在注册国际域名时，将域名的管理联系人等项目更改为他们自己公司的信息，而实际上这个域名并不为这家公司所有。

域名申请的一般程序如下所述。

① 选择域名注册服务商，可以是顶级域名注册商或者其代理服务商，尽量选择有实力的注册商或代理商，通过CNNIC授权的国内域名注册商进行国内域名的注册。

② 查询自己想要的域名是否已经被注册。

③ 注册用户信息。

④ 支付域名注册服务费。

⑤ 提交注册表单，完成域名注册。

域名分为国际域名(见表6-1)及在国家顶级域名之下的二级域名(国内域名)两类。在一个确定的域名之下可以有不同的主机(服务器)，如域名服务器、邮件服务器、www服务器等，每一个服务器都有一个特定的IP地址。例如，com表示域名性质(商业机构或公司)，cn表示国家名(中国)。

域名名称的选择十分重要，一个好的域名本身就是一个品牌。旅游网站的后缀多为".com"。

表6-1　国际顶级域名一览表

顶级域名	说明
arts	艺术类机构
com	商业机构
edu	教育及研究机构
firm	公司企业
gov	政府机构
info	信息服务
net	网络服务机构
nom	个人

（续表）

顶级域名	说明
org	专业团体
rec	娱乐类机构
store	销售类公司企业
web	从事www活动的机构

(2) 架设服务器。网站需要建立在一台互联网信息服务器(Web服务器)上，用户可以通过浏览器访问其信息和内容。企业建设自己的Web服务器时需要投入大量资金，包括架设网络、安装服务器，在运转时还需要投入很多资金租用通信网络。因此，一般企业建设Web服务器时，均采取服务器托管、虚拟主机、租用网页空间、委托网络服务公司代理等方式。

(3) 网站设计与制作。网站设计与制作主要包含以下4个方面内容。

① 网站的规划与分析。网站设计直接关系电子商务的交易过程及交易效果，盲目而不考虑结果就将一个网站搬到网上，不但会造成资金、人员和时间的大量浪费，而且会让客户产生不好的印象，从而影响其对产品或服务的选择。因此，应详细规划和分析相对关键的环节，主要内容涉及上网目的分析、在网上开展的业务分析、网站目标客户分析、竞争对手分析、网站市场定位分析、电子商务网站可行性分析等。

② 网站的内容和功能设计。要想提高电子商务网站的访问率，就必须在网站的信息内容上下功夫。先要确定与网站相关的关键信息，然后将这些信息组织起来，根据用户需要对信息内容进行处理，从而确定网站的主要功能。

③ 网站的信息结构设计。网站信息结构设计是指从方便用户的角度设计和组织网站的信息。有效的网站信息结构不仅能够帮助网站实现业务目标，还能够满足用户需求。网站的信息结构设计内容包括确定网站的目录结构、设计网站的链接结构、定义导航等。

④ 网页可视化设计。网页可视化设计的主要目的是向用户提供一个关于网站的展示方案，可视化设计的主要内容包括网站整体风格设计、网页版面布局设计、网页色彩设计、网页中的图片和文字设计。

6) 旅游网站运营及管理

(1) 网页的发布。

① 发布前的准备。首先，大部分的网站测试工作应在本机完成；其次，网页测试中最重要的是测试网页的超级链接，也就是网页路径，将网页的链接定位成相对路径；最后，在发布前与网络服务提供商联系，就发布手续、发布规定及权限等进行咨询。

② 网页发布方式。网页发布方式有以下两种。

方式一：使用E-mail方式。使用该方式发布页面时，应先把所有网页按照文件夹结构集中在一个总文件夹下并压缩打包，通过E-mail寄给远程主机的管理员，由他解包，然后在Web发布文件夹中创建一个子文件夹，将所有网页移到该文件夹下。

方式二：使用匿名FTP方式。一般在远程主机上设有专门文件夹接收用户上传的文档，上传后远程服务器管理员将文档放置到相应的位置。如果用户拥有该主机的账号，可以使用FTP登录该账号，将主页直接发布到服务器中相应的文件夹下。

发布到Web服务器上，具体有以下3种方式。

a. 通过Cute FTP软件上传。

b. 使用FrontPage Server Extensions发布。

c. 使用Web Publishing向导。

(2) 网页的测试。

① 网页测试技巧。网页测试分为两种情况，即本地测试和远程测试。其中本地测试是指利用本地创作在本地计算机上测试并进入发布过程，并将这些改动拷贝到网站中。远程测试就是在实际远程地址上测试Web网站的过程。通过远程测试，能够及时反映网站对保存的文件所做的更改。

在测试过程中，涉及对网页和网站服务器的总体测试，应注意以下几点。

a. 尽量多使用几种Web浏览器测试网页，较为典型的是互联网Explorer和Netscape，至少要保证网页能在这两种浏览器中正常运行。

b. 尽量不要使用最新版本的浏览器进行网页测试，最好使用大众化的、比较常用的浏览器版本。

c. 尽量在多种操作系统中测试网页。由于操作系统不同，网页在浏览器中的表现也不一样，这一点在Linux和Windows之间表现得尤其明显。

② 网页测试项目。网页测试项目主要有以下几种。

a. 链接测试。链接测试主要查看网页中是否有超级链接掉链的情况，包括页面、图像、CGI程序等。

b. 外观测试。外观测试主要查看网页在浏览器中是否按预想的排版布局在页面中显示。这是因为FrontPage制作的网页效果和浏览器中的效果有一定的出入，不同的浏览器对同一页面的显示效果有一定的差异，不同操作系统下的浏览器对同一页面的浏览效果也有一定的出入。

c. 速度测试。测试网页下载的速度，这关系页面内容以及服务器的设置。应尽量多次在局域网内不同的机器上访问测试网页，查看是否能在较短时间内完成页面的下载和显示，并且不影响网页的效果。

d. 脚本和程序测试。测试页面的Java Script以及CGI程序是否能正常工作。

e. 利用服务器相应的CGI脚本或程序测试。涉及服务器端的编程以及服务器的环境设置，如果通过访问测试无法获得直接的错误提示信息，可在以下两种情况下获得信息：如果CGI程序能正常工作，就向它提交信息，通过返回的结果以及服务器端的文件记录，判断CGI程序是否正常工作以及可能出现的错误；如果CGI不能正常工作，只能通过浏览器的错误响应结果来查找CGI程序的错误。

(3) 网站维护与推广。

① 网站维护。具体的操作步骤如下所述。

a. 查看Web服务器的日志文件。Web管理员通过查看日志文件获得服务器的访问量、各页面的请求数、服务器发生的错误等方面的信息，优化服务器的性能，向用户提供高质量的互联网信息服务。

b. 验证链接。Web管理员可以使用FrontPage检查链接情况。

c. 更新网站内容。网站经过一段时间的运行后，许多信息已过时，因此需要对某些信息进行修改和更新。Web管理员可以使用FrontPage 2000来更新网站内容，还可以采用全面搜索和替换的方法，以节省修改文本的时间。

② 网站升级。网站升级包括服务器软件的升级和操作系统的升级。随着服务器软件版本的升级，其性能和功能都有所提高，适时地升级服务器软件能提高网站的访问量；同时，一个稳定、强大的操作系统也是服务器性能优异的保证，应根据操作系统的稳定性能不断升级操作系统。

③ 网站推广。在推广网站时，应先确定服务对象，再规划推广活动。

(4) 网站运营评估——Alexa。在网站运营过程中，应关注网站的各种统计数据，如网站访问日志分析、用户注册统计分析、商品销售数据统计分析、用户购买行为统计分析等。根据这些数据可以对网站的运营情况、网站用户的消费行为等进行总结和评测，以便指导和调整网站的运营。下面介绍目前较为流行的网站运营评估工具——Alexa。

① Alexa简介。Alexa创建于1996年4月，是Amazon的一家下属公司。Alexa专注于网站访问流量排名服务，也是唯一一家提供全球网站排名服务的网站。Alexa的网站排名包括全球网站总排名、主题排名、按语言分类排名和按网站访问排名等统计信息。其中，主题包括艺术、商务、电脑、游戏等16类；网站语言包括英语、阿拉伯语、中文简体、中文繁体等21种。

② Alexa统计数据来源。Alexa是基于Alexa网站提供的IE浏览器插件(Alexa Toolbar)来统计数据的。

③ 网站运营评估内容。Alexa的全球访问排行系统不仅能够分析竞争对手网站的排名情况并和自己的网站进行比较，也能够分析网站各项服务(需要单独的二级域名)受欢迎的程度，还能够分析网站用户喜欢去的相关网站等。旅游企业将Alexa的排名数据在网站服务行业领域里进行横向比较，就会得到非常可信和有用的信息，从而为网站运营提供值得参考的数据。

a. 网站访问情况(traffic detail)分析。有些大型门户网站一般都具备日志分析软件，对访问量的分析统计可以不借助Alexa，但有些中小型网站没有自己的日志分析系统，就需要通过Alexa来统计分析网站内容的受欢迎程度、用户各频道的访问比例情况等。

b. 同行业竞争对手分析。用Alexa进行同行业竞争对手分析主要分为以下3种方式。

第一种方式是百万用户到达率(reach)比较。比较两个网站中哪个网站的访问用户更多，可在一定程度上推断出哪个网站更受用户喜欢。如果两条曲线有交叉，就可以通过双方是否有广告活动等来判断用户到达率更高的原因。

第二种方式是人均页读数(page views)比较。人均页读数能够体现一个网站对用户的黏着度，人均页读数越高，说明网站内容做得越好，用户更乐于参与网站的活动或者阅读网站的内容。

第三种方式是频道内容流量比较。在业务相同的前提下，比较哪个网站更受用户欢迎，竞争对手中的哪项业务更受欢迎，拓展的新业务是否真的受欢迎等。

c. 了解用户访问的其他网站。Alexa能够分析用户同时经常访问的其他网站是哪些，从而为网站开发商提供全面的用户群体特性信息。

6.1.2　旅游电子商务网站的主要类型

根据旅游电子商务网站的侧重点，可对其进行分类。下面主要从传统旅游企业类型、经营模式和经营项目三个方面介绍旅游电子商务网站的类型。

1. 按传统旅游企业类型分类

传统旅游企业的经济活动涉及食、住、行、游、购、娱等众多经济行业和社会管理部门，其经济活动过程是由社会各个相关行业和部门共同协作完成的。因此，按照传统旅游企业的类型，可将旅游电子商务网站分为以下3类。

1) 旅游企业的电子商务网站

这类旅游电子商务网站是由旅游企业直接开发、建设的，可以进一步细分为以下3类。

(1) 旅行社的电子商务网站。这类网站的主要业务包括出入境旅游行程和价格介绍、各种交通票务的查询和预订、各地饭店的预订、旅游产品的预订、目的地旅游资讯、旅游会务和展览及旅游相关知识介绍、网上支付等电子商务活动。例如，上海春秋国际旅行社(集团)有限公司网站(www.springtour.com)、中国国际旅行社总社有限公司网站(www.ourtour.com)、中青旅网站(www.cyts.com)。

(2) 酒店、宾馆、饭店的旅游电子商务网站。这类网站的主要业务是介绍酒店的服务、餐饮和设施，提供网上预订和在线支付等服务。例如，中国旅游饭店业协会网(www.ctha.com.cn)、上海嘉里大酒店(www.shangri-la.com)、北京昆仑饭店(www.kunlunhotelbeijing.com)。

(3) 旅游景区景点的电子商务网站。这类网站主要介绍景区景点的文化、历史、资源、地图等内容，提供景区景点票务预订、线路推荐、住宿预订等方面的服务。例如，黄山旅游网(www.huangshan.com.cn)、深圳欢乐谷主题乐园(www.sz.happyvalley.cn)。

2) 辅助旅游业的电子商务网站

辅助旅游业的电子商务网站包括交通部门、旅游商店、娱乐场所、服务公司、气象部门、旅游院校、旅游科研机构等部门以及食品、卫生等行业的电子商务网站。

3) 旅游行政管理部门的电子商务网站

旅游行政管理部门的电子商务网站包括文化和旅游部及各地旅游管理部门的网站，网站内容涉及机构介绍、政策法规、网上政务、行业动态、旅游资料等方面。例如，国家旅游局(现为文化和旅游部)创办的中国旅游网(www.ct.cn)、北京市文化和旅游局官网(whlyj.beijing.gov.cn)。

2. 按经营模式分类

按照经营模式分类，旅游电子商务网站可分为如下几类。

1) 旅游企业间(business to business，B2B)的电子商务网站

旅游企业间的电子商务网站是旅游企业与旅游企业之间通过电子化、网络化的手段实现一对一或一对多交易的网站，也是为旅游供应商和旅游采购商之间建立的信息通道和旅游电子商务平台。它主要提供旅游咨询、网上谈判、网络营销、旅游电子商务应用解决方案等方面的服务，极大地提高了旅游企业之间的信息共享和运作效率。

2) 旅游企业对企业类客户(business to enterprise，B2E)的电子商务网站

这里所说的"企业类客户"通常是指与旅游企业有频繁的业务联系，或为之提供商务旅行管理服务的非旅游类企业、机构、机关等方面的客户。这类网站的主要业务是为企业类客户提供旅行方案咨询、商务旅行预算、商务旅行全程代理等旅游商务服务。

3) 旅游企业对旅游者(个人客户)(business to customer，B2C)的电子商务网站

这类网站的旅游电子商务活动相当于电子旅游零售，其中还包括旅游企业向旅游者拍卖旅游产品，使旅游者足不出户就能获得网站为其提供的各种服务。旅游者通过旅游电子商务网站获取旅游信息、设计旅游行程、预订旅游产品等，旅游电子商务网站提供这些服务极大地方便了旅游者，从而可高效地完成旅游商务活动的网上交易。我国典型的B2C旅游网站有携程旅行网(www.ctrip.com)、春秋旅游网(www.springtour.com)等。

4) 旅游者对旅游企业(customer to business，C2B)的交易网站

这是旅游者与旅游企业(包括旅游服务提供商和旅游中间商)通过旅游电子商务的中间商(包括专业旅游网站、门户网站的旅游频道)进行交易的网站。它通过聚合众多的旅游者形成一个强大的旅游团体，以批发商的价格订购旅游产品。这是一种以旅游者为主体的电子商务经营网站模式，有助于旅游企业准确、及时地了解旅游者需求，进而推动旅游产品多元化和个性化的发展。

C2B网站的电子商务活动主要有以下两种形式。

(1) 反向拍卖。反向拍卖是竞价拍卖的逆过程。旅游者如果欲购买某一旅游产品，可先提出一个价格范围，由旅游企业出价，旅游者从中确定价廉物美的旅游产品并达成交易。

(2) 网上成团。网上成团即由旅游者设计个性化的旅游线路，并发布到网上，寻求志趣相投的旅游者一同前往。

3. 按主要经营项目分类

按照旅游企业的主要经营项目，可将旅游电子商务网站分为如下几类。

1) 综合性旅游网站

综合性旅游网站可提供旅游新闻、出行参考、友情链接、旅游票务、旅游饮食文化、境内外旅游线路、景区景点介绍、宾馆酒店预订、各种旅游产品预订、旅游会务和展览、旅游论坛、旅游院校、旅游常识、天气预报、网上支付等综合性的旅游信息。这类网站是

一个提供海量信息的网上旅游电子商务交易平台，集多种服务、预订、展览、贸易和交流于一体，可为旅游者提供包括食、住、行、游、购、娱等要素在内的全部旅游资源。国内著名的综合性旅游网站有携程旅行网(www.ctrip.com)、艺龙旅行网(www.elong.com)等。

2) 预订服务类网站

在这类网站上，旅游者可以通过网上订票系统、酒店查询预订系统定制需要的服务，具体可细分为以下两大类。

(1) 票务预订类网站。这类网站包括航空公司机票预订网站和其他票务预订网站，主要提供航空信息查询、在线机票预订服务，同时也提供其他票务信息的查询和预订服务及其他专业服务。这类网站有信天游(https://www.travelsky.com.cn/login)、东方航空公司(https://www.ceair.com/)、南方航空公司(https://www.csair.com/cn/index.shtml)等。

(2) 酒店预订类网站。酒店预订类网站提供酒店的服务、餐饮和设施信息，并开辟相应的预订业务。这类网站有锦江国际集团旗下的锦江WeHotel网(https://hotel.bestwehotel.com/)，主要提供酒店线上预订服务。

3) 在线旅游销售网站

在线旅游销售网站的主要业务包括旅游信息的发布和查询、各种旅游产品介绍、景区景点资源介绍、网上预订服务和网上银行支付等。旅游者可通过这类网站自行设计旅游线路，比传统意义上的旅行社更具个性化。在线旅游销售网站能够帮助旅游者直接进入中央定位系统，在第一时间获得所需信息。这类网站有广之旅(https://www.gzl.com.cn/index.html?position=1)、中青旅创建的遨游旅行(http://www.aoyou.com/)等。

4) 文化旅游网站

这类网站从不同角度、不同层面展示我国的灿烂文明、悠久历史和深厚的文化底蕴，主要提供旅游文化、旅游文学、旅游社区、主题旅游等方面的信息。这类网站有中国酒文化网(https://www.jiuwenhua.cn/)、中国传统茶文化网(http://www.cnttcn.cn/)等。

5) 地方性旅游网站

地方性旅游网站以宣传本地旅游资源、风景名胜、旅游商务为主要内容，它打破了地方旅游的时空限制，吸引了众多国内外旅游者前来观光，极大地推进了本地旅游电子化、网络化的发展。

6) 旅游信息网站

旅游信息网站为旅游者提供了大量丰富的专业性旅游信息资源，一般涉及旅游线路、旅游资讯、旅游法规、交通线路、景区景点、酒店、旅游天气、旅游常识、注意事项、货币兑换、人文信息以及旅游观感等方面信息，同时也是汇集、传播、检索和导航旅游信息的网站。

【课堂互动问题6-1】请列举几个你熟悉的旅游网站，并结合运用情况谈谈你的感受。

6.2 旅游网页制作概述

6.2.1 静态网页的制作技术

静态网页的制作技术包括网页设计语言、网页编辑工具和客户端脚本语言3个部分。

1. 网页设计语言

1) HTML语言

HTML(hyper text markup language，超文本标记语言)是制作网页最古老的编辑语言。设计HTML语言的目的是把存放在一台计算机中的文本或图形与另一台计算机中的文本或图形方便地联系在一起，形成有机的整体，使人们不用考虑具体信息是在当前的计算机上还是在网络中的其他计算机上。用户只需使用鼠标在某一文档中点击一个图标，互联网会立即跳转到与此图标相关的内容，而这些信息可能存放在网络中的另一台计算机中。HTML文本是由HTML命令组成的描述性文本，HTML命令可以说明文字、图形、动画、声音、表格、链接等。HTML的结构包括头部(head)、主体(body)两大部分，其中头部描述浏览器所需的信息，而主体包含所要说明的具体内容。

HTML是网络通用的全置标记语言。它允许网页制作人建立文本与图片相结合的复杂页面，这些页面可以被网上任何人浏览到，且对计算机或浏览器类型没有限制。

本质上，HTML语言是一种界面技术，它将数据和数据的表现形式混合在一起，导致难以将它们两者分开。例如，针对文字"欢迎来到我的网站"设计界面的标记<font>就与文字混在一起。另外，HTML的扩展性有限，使得设计人员不能方便地定义自己的标记来扩展其功能。

2) XML语言

XML(extensible markup language，可扩展标记语言)是一套定义语义标记的规则，这些标记将文档分成许多部件并对这些部件加以标识。它也是元标记语言，即定义了用于定义其他与特定领域有关的、语义的、结构化的标记语言的句法语言。

XML是对HTML的改进，主要表现在：XML语言允许设计人员定义自己的标记，可扩展性更好；XML技术文件结构嵌套，能表示面向对象的等级层次，而HTML语言不支持深层的结构描述；XML文件可以包括一个语法描述，设计人员可以对此文件进行结构确认，而HTML不提供相应的功能。

3) XHTML语言

XHTML是扩展HTML的简称，它最初用于除传统桌面浏览器以外的其他非桌面设备，如移动电话、电视等。早期的网页基本上都是使用HTML语言开发的，因为它的语法要求比较松散，对开发者来说比较方便，但是机器处理起来比较困难，所以在HTML的基础上增加了XML的要求，从而形成了XHTML语言。XHTML其实就是符合XML标准的HTML语言，它对开发人员的要求比较严格，当前的Macromedia Dreamweaver和Microsoft

Visual Studio 2005及以后的版本都支持XHTML开发。

4) VRML语言

VRML(virtual reality modeling language,虚拟现实建模语言)是在互联网上营造虚拟环境的技术。它能在Web网上创建可导航的、超链接的三维虚拟现实空间。

2. 网页编辑工具

1) Microsoft FrontPage

Microsoft FrontPage(FP)是微软公司推出的一款网页设计、制作、发布、管理软件。FrontPage具有良好的易用性,被认为是优秀的适用于网页初学者的工具,但其功能无法满足更高要求,所以高端用户大多使用Macromedia Dreamweaver作为代替品。它的主要竞争者也是Macromedia Dreamweaver。

该软件的优点是所见即所得,集编辑、代码、预览三种模式于一体,与Microsoft Office各软件无缝连接,拥有良好的表格控制能力,继承了Microsoft Office产品系列的易用性;其缺点是对于新技术缺乏支持,无法直接插入Flash文档和使用层技术,生成代码冗余,早期产品生成的代码甚至不符合规范,对数据库支持不足。

2) Macromedia Dreamweaver

Macromedia Dreamweaver是由Macromedia公司开发的著名的网站开发工具,它使用所见即所得的界面,亦有HTML编辑的功能,主要包括Mac和Windows系统两个版本。它是一种可视化的网页设计和网站管理工具,支持最新的Web技术,其功能包含可视化网页设计、图像编辑、全局查找替换、全FTP功能、处理Flash和Shockwave等媒体格式和动态HTML、基于团队的Web创作。在编辑上可以选择可视化方式或者源码编辑方式。Dreamweaver自MX版本开始,使用Opera的排版引擎"Presto"作为网页预览。

3) Microsoft Visual InterDev

微软公司的Microsoft Visual InterDev是可视工具家族中的最新成员,它使得开发人员能够快速地建立全交互、全动态的站点。由于Visual InterDev具有可视化的开发特色和强大的数据库工具,可以为开发人员提供全面的、技术先进的开发Intranet和互联网应用的系统。

该软件优点:第一,为开发人员提供可视、集成的建立应用站点的开发环境,从而提高开发人员的工作效率;第二,拥有强大的集成数据库工具,使得开发人员创建全动态的、数据库驱动的站点更加容易;第三,是一个完整而详尽的站点开发系统,包含所有创建Intranet和互联网应用站点所必需的开发工具。

3. 客户端脚本语言

1) JavaScript

JavaScript是一种基于对象和事件驱动并具有相对安全性的客户端脚本语言,同时也是一种广泛用于客户端Web开发的脚本语言,常用于给HTML网页添加动态功能,比如响应用户的各种操作。完整的JavaScript包含3个部分,即ECMAScript、文档对象模型和字节顺序记号。

2) Microsoft Visual Basic Scripting Edition

Microsoft Visual Basic Scripting Edition是程序开发语言Visual Basic家族的最新成员，它将灵活的Script应用于更广泛的领域，包括Microsoft互联网Explorer中的Web客户机Script和Microsoft互联网Information Server中的Web服务器Script。

6.2.2　动态网页的制作技术

1. CGI

CGI(common gateway interface)是HTTP服务器与用户机器或其他机器上的程序进行"交谈"的一种工具，其程序须运行在网络服务器上。大多数CGI程序被用来解释处理来自表单的输入信息，并在服务器产生相应的处理结果，或将相应的信息反馈给浏览器。CGI程序使网页具有交互功能。

2. ASP

ASP(active server page，动态服务器页面)是微软公司开发的代替CGI脚本程序的一种应用，它可以与数据库和其他程序进行交互，是一种简单、方便的编程工具。ASP的网页文件的格式是".asp"，常用于各种动态网站中。

3. PHP

PHP(hypertext preprocessor，超级文本预处理语言)是一种HTML内嵌式语言，也是一种在服务器端执行的嵌入HTML文档的脚本语言。它的语言风格类似C语言，应用较为广泛。

PHP混合了C、Java、Perl以及PHP自创的新语法，它可以比CGI或者Perl更快速地执行动态网页。相较于用其他编程语言制作的动态页面，PHP将程序嵌入HTML文档中去执行，执行效率远超完全生成HTML标记的CGI。PHP还可以执行编译后代码，加密和优化代码运行，使代码运行更快。PHP具有非常强大的功能，不仅能实现CGI的所有功能，而且几乎支持所有流行的数据库以及操作系统。

4. JSP

JSP(java server pages)是由Sun Microsystems公司倡导、多家公司参与建立的一种动态网页技术标准。JSP技术类似于ASP技术，它在传统的网页HTML文件(*.htm，*.html)中插入Java程序段(scriptlet)和JSP标记(tag)，从而形成JSP文件(*.jsp)。用JSP开发的Web应用是跨平台的，既能在Linux下运行，也能在其他操作系统上运行。

5. Perl

Perl被称为后现代语言，因其功能强大、语法简洁，受到很多设计人员的喜爱，它是一种非常流行的动态网页设计工具。

Perl是一种面向对象的编辑语言，几乎支持所有面向对象的编辑方法，如类、继承、多媒体、虚拟函数等。此外，Perl具有其他语言无法比拟的动态调用功能。

Perl程序在运行前有一个编译过程，该过程是不可见的。它使得Perl的运行速度超过一般的解释性语言，而且比Java的运行速度快一个数量级。

Perl具有极丰富的语言功能、极强的文本处理能力、极强的可移植性和丰富的函数库。这些都使得Perl成为一个易学且功能强大的网页设计工具。但是，由于Perl代码的开放性强，不利于公司保护其商业秘密，Perl较少用于商业开发领域。

6.2.3　网页图像与动画制作工具

1. Flash

Flash是Macromedia公司专门为网页制作设计的一个交互性矢量动画设计软件，其文件后缀名为".swf"。网页设计者可以利用Flash随心所欲地设计动态商标、图案、动画、导航条，还可以配有动感音乐及其他多媒体的各项功能。由于矢量图形不会因为缩放而导致影像失真，Flash在Web上应用非常广泛。

2. Fireworks

Fireworks是Macromedia公司专门设计的Web图形工具软件，其文件后缀名为".png"。它可以用最少的步骤生成最小但质量很高的JPEG和GIF图像，这些图像可以直接用于网页上。Fireworks是制作Web图形的首选软件。

3. Photoshop

Photoshop是由Adobe公司出品的图像处理软件，其文件后缀名为".psd"。它能够实现各种专业化的图像处理，同时也是制作专业图像的首选软件。

4. Auto CAD

Auto CAD是一个三维模型设计软件，其文件后缀名为".dxf"。该图像文件的特点是体积小，所绘制的图形尺寸、角度等数据都十分准确，它是建筑设计行业的首选。

5. Corel DRAW

Corel DRAW是一款著名的图形设计软件，其文件后缀名为".cdr"。它绘制的图形属于矢量图像，最大的优点是"体重"很轻，便于再处理。

6. Cool 3D

Cool 3D是一个优秀的三维立体文字特效工具，广泛应用于平面设计和网页制作领域，可制作文字的各种静态和动态特效，如立体、扭曲、变换、色彩、材质、光影、运动等。

7. Ulead GIF Animator

Ulead GIF Animator是Ulead公司发布的动画GIF制作工具。它可以将多幅外部图像文件组合成动画，具有过滤、制作条幅文字效果等功能。网页设计者可以利用它快速、轻松地创建和编辑网页动画文件。

【课堂互动问题6-2】请列举几种常见的网页设计语言。

6.3　旅游网站建设实例

本节结合几个旅游网站建设的典型案例进行评述。

6.3.1　综合性旅游网站——携程旅行网

课堂案例
携程旅行网

【课堂互动问题6-3】携程旅行网在发展中有哪些探索和经验值得借鉴？

【课堂互动问题6-4】携程旅行网为顺应旅游电子商务的发展制定了哪些举措？

6.3.2　旅行社的电子商务网站——南昌大通旅行社

课堂案例
南昌大通旅行社电子商务
网站的建设与设计

【课堂互动问题6-5】中小型旅行社在建立电子商务网站时应着重考虑哪些因素？

6.3.3　票务预订类网站——信天游

课堂案例
信天游旅游电子
商务网站建设

【课堂互动问题6-6】信天游网站的目标定位是什么？

【课堂互动问题6-7】信天游网站的销售模式比较齐全，具体如何体现？

【课堂互动问题6-8】为了促进信天游网站的进一步发展，你能提出哪些改进意见？

单元小结与练习

◆ 单元小结

电子商务网站的定义有狭义和广义之分。狭义的电子商务网站是指一个企业或机构在互联网上建立的站点，是企业或机构开展电子商务活动的基础设施和信息平台，同时，它不仅是实施电子商务的企业或机构与客户之间的交互界面，还是电子商务系统运行的承担者和表现者。广义的电子商务网站是在软硬件基础设施的支持下，由一系列网页和具有商务功能的软件系统、后台数据库等构成的，它具有实现电子商务应用的各种功能，是企业电子商务系统的一部分。

旅游电子商务网站建设涉及旅游网页制作软件、旅游网站规划与建设等方面。旅游电子商务网站可分为不同的类型。

携程旅行网是国内最大的旅游业电子商务网站、最大的商务及度假旅行服务公司，也是我国开展旅游电子商务较早、较成功的代表之一。通过对其进行案例分析与评述，有助于认识我国旅游电子商务网站的建设与发展之路。

旅游业涉及食、住、行、游、购、娱等环节及相关行业，因此，对旅游电子商务网站的了解和认识也不应该简单地停留在盈利门户类旅游电子商务网站，还应把触角深入到旅行社、旅游饭店、景区景点等众多旅游相关领域。为适应旅游业的蓬勃发展，旅游电子商务网站的建设也要与时俱进。

◆ 实训

实训6.1

实训6.2

◆ 习题

1. 访问国内著名的旅游网站，根据个人理解总结旅游网站策划的要素。
2. 如果要建立一个旅游网站，应对网站进行哪些方面的规划？
3. 举例说明旅游网站栏目规划步骤。
4. 简述旅游网站导航的导航栏设计流程。
5. 访问携程旅行网，简述网站运营及事务管理的要点。
6. 举例说明旅游电子商务网站的建设流程。
7. 旅游电子商务网站是如何分类的？各类网站代表有哪些？
8. 在各著名旅游网站上搜索当地五星级酒店的客房价格并进行对比。

第7章 旅游网络营销

课前导读

　　旅游网络营销主要是针对旅游企业而言的，网络为旅游企业树立市场形象、实现双向交流、开展在线交易提供了广阔的发展空间。旅游企业需要灵活运用目的地整合营销理念，改变营销重心，由产品、价格、促销、渠道转向旅游者，建立一种由外向内的营销策划模式。

学习目标

　　知识目标：了解旅游网络营销的技术手段；了解我国旅游网络营销的现状及其存在的问题；掌握网络营销在旅游中的应用。

　　能力目标：掌握旅游网络营销的各种手段；培养在旅游行业中应用网络营销的能力。

　　素质目标：理解旅游与旅游网络营销的关系，能运用一定的信息技术手段，检索、分析并总结各地旅游网络营销的成功经验。

7.1　旅游网络营销的技术

　　如今，网络营销技术繁多，适用于不同行业和不同的企业，旅游企业只有选择适合自己的网络营销技术，才能以最低的成本取得最好的效果。下面，本书介绍几种常见的网络营销技术。

7.1.1　网络广告

1. 网络广告的含义

　　网络广告是指通过网站、网页、互联网应用程序等互联网媒介，以文字、图片、音频、视频或者其他形式，直接或者间接地推销商品或者提供服务的商业广告。网络广告既具有平面媒体信息承载量大的特点，又具有电波媒体的视、听觉效果，可谓图文并茂、声像俱全，容易被消费者所接受。

2. 网络广告的形式

最初的网络广告就是网页本身。当越来越多的商业网站出现后,如何让消费者知道自己的网站就成为广告主需要解决的重要问题,广告主需要一种可以吸引浏览者访问自己网站的方法,而网络媒体也需要依靠浏览量来盈利。第一种网络广告形式就是网幅广告(banner),它和传统的印刷广告类似。但是有限的空间限制了网幅广告的表现,导致点击率不断下降。面对这种情况,网络广告界发展出多种更能吸引浏览者的网络广告形式,主要有以下几种。

1) 旗帜广告

旗帜广告,即通常所说的"banner advertising",有时也译为网幅广告、横幅广告,是网络广告的主要形式。

旗帜广告是以GIF、JPG等格式建立的图像文件,定位在网页中,大多用来表现广告内容,同时还可使用Java等语言使其产生交互性,用Shockwave等插件工具增强其表现力。

旗帜广告是最早的网络广告形式。IAB在1997年的大规模网络广告综合调查中向广告主、广告代理商和用户广泛征求了关于旗帜广告的尺寸意见,大多数站点应用的旗帜广告尺寸如表7-1所示,它们一般反映了客户和用户的需求和技术特征。

表7-1　站点应用的旗帜广告尺寸

尺寸(pixels)	类型
468×60	全尺寸banner
392×72	全尺寸带导航条banner
234×60	半尺寸banner
125×125	方形按钮
120×90	按钮#1
120×60	按钮#2
88×31	小按钮
120×240	垂直banner

2) 电子邮件(E-mail)形式

电子邮件是网民经常使用的互联网工具。电子邮件广告具有针对性强、费用低廉的特点,且广告内容不受限制。它可以针对具体某一个人发送特定的广告,这是其他网络广告所不具备的优点。

电子邮件广告一般采用文本格式或html格式。文本格式的电子邮件广告,即把一段广告性的文字放置在新闻邮件或经许可的E-mail中间,也可以设置一个URL,链接到广告主公司主页或提供产品或服务的特定页面。html格式的电子邮件广告可以插入图片,和网页上的网幅广告没有区别,但是许多电子邮件的系统是不兼容的,并不是每个人都能完整地看到html格式的电子邮件广告,因此把邮件广告做得越简单越好,文本格式的电子邮件广告的兼容性是最好的。

3) 电子公告板(BBS)/新闻组形式

电子公告板(bulletin board system，BBS)，即电子公告牌，它是互联网上的一种电子信息服务系统。它提供一块公共电子白板，每个用户都可以在上面发布信息或提出看法。传统的电子公告板是一种基于Telnet协议的互联网应用，与人们熟知的Web超媒体应用有较大差异，它提出了一种基于CGI(通用网关接口)技术的BBS系统实现方法，并通过了网站的运行。

电子公告板是一种可用来发布并交换信息的在线服务系统，可以使更多的用户通过电话线以简单的终端形式实现互联，从而得到廉价、丰富的信息，并为其会员提供网上交谈、发布消息、讨论问题、传送文件、学习交流和游戏等的机会和空间。

旅游目的地通过电子布告栏、新闻组等网络营销工具，对旅游者进行即时信息搜索，也有机会对旅游目的地的产品和服务设计、旅游交通和旅游线路安排等一系列问题发表意见和建议。这种双向互动的沟通方式提高了旅游者的参与性与积极性，更重要的是它能使旅游目的地获得大量有用的旅游者信息，以便有效地做出对客服务决策，从根本上提高旅游者的满意度。

4) 推拉技术

推式技术即自动把特定的信息从互联网服务器传输到用户的计算机硬盘上。

拉式技术即利用搜索引擎或单击链接进入其他网站寻找信息。

3. 网络广告的特点

网络广告是最直白的网络营销策略。随着网络营销手段的逐步升级，网络广告的发展呈现以下两大特点。

1) 广告投放手段和表现形式不断翻新

在互联网发展初期，限于网络带宽及技术等原因，多数广告投放商在广告的表现形式方面要求甚低，通常以文字、图片或者GIF动画来表现。如今，Flash、Avi、Flv等媒体流的表现形式不断出现，不断冲击浏览者的眼球并提升了广告效应。

随着网络的普及和众多网站上网络广告的频繁出现，人们对网络广告越来越感到厌倦甚至抵触，催化了网络广告投放技术手段的不断提升，从最初的直白式到诱导式，直至发展到如今的强迫式。

2) 投放方向细分，投放范围扩大，成本不断增加

为达到精准投放的目的，广告主投放的网站逐步细分，而越来越多优秀网站的出现迫使广告主的投放范围不断扩大，广告成本也随之上升。成本的上升，导致很多中小企业广告主对于执行网络广告投放营销策略慎之义慎，在这种情况下，他们可能会考虑采用其他网络营销策略。

4. 网络广告在旅游业的应用

旅游目的地可通过网络形象广告树立旅游目的地形象，以提升旅游目的地的知名度。以澳大利亚旅游网站提供的网络视频广告为例，广告的主要目的是宣传澳大利亚旅游形象及丰富的旅游资源，它充分利用了声音、动画、三维等多媒体技术，同时还提供英语、汉语、日语、韩语和德语5个版本的广告。用户在观看视频广告之余，可以通过发送电邮、明信片等形式把广告发给亲朋好友，同时网站还提供广告下载及屏幕保护程序，供用户下载使用。旅游目的地网站还刊登了各类旗帜广告，主要介绍目的地推出的各项优惠措施和促销活动，以吸引用户注意。

7.1.2　H5营销技术

随着移动互联网的快速发展，H5作为一种创新营销手段，也是移动营销的重要手段之一，逐渐受到企业的关注。

1. H5营销的含义

H5营销，即基于HTML5技术的营销方式。HTML5是一种用于构建和呈现Web内容的标准技术，它具有跨平台、跨设备的特点，可以在各种终端上进行流畅的展示。H5营销利用HTML5技术，通过制作精美的互动页面，吸引用户参与，达到品牌推广和产品销售的目的。

2. H5营销的特点

1) 互动性

与传统的广告宣传方式相比，H5营销更注重与用户的互动，通过设计各种有趣的互动元素，吸引用户的参与和分享。例如，一些品牌会制作一款有趣的小游戏，用户可以通过玩游戏来了解产品的特点和优势，从而增加用户对产品的兴趣和购买欲望。这种互动性不仅能够提升用户体验，还能够增加品牌的曝光度和口碑。

2) 多媒体展示

H5营销可以通过音频、视频、动画等多媒体元素，将产品的特点和优势生动地展现给用户。与传统的文字和图片宣传相比，多媒体展示更能够吸引用户的注意力，提升用户对产品的认知和记忆。例如，一些品牌会制作一段精美的宣传视频，通过生动的画面和动人的音乐，让用户对产品产生共鸣和好感，从而提高购买的可能性。

3) 社交化

在H5页面中，用户可以通过分享按钮将页面分享到社交媒体上，与微信、微博等社交平台进行互动。这种社交化的特点不仅能够扩大品牌的影响力，还能够增加用户的参与度和黏性。例如，一些品牌会设计一款有趣的H5页面，用户可以通过分享页面到社交媒体上，邀请朋友一起参与，从而增加品牌的曝光度和用户的参与感。

7.1.3 即时交流软件的使用

1. 微信的含义

微信(WeChat)是腾讯公司于2011年1月21日推出的一个为智能终端提供即时通讯服务的免费应用程序。微信提供公众平台、朋友圈、消息推送等功能，用户可以通过"摇一摇""搜索号码""附近的人"及扫二维码方式添加好友和关注公众平台，同时微信还可以将内容分享给好友以及将用户看到的精彩内容分享到微信朋友圈。

2. 微信营销的特点

1) 点对点精准营销

微信允许商家通过用户的地理位置、性别、年龄、兴趣等多种因素进行精准定位，以提高广告的转化率和影响力。

2) 形式灵活多样

微信提供了多种形式的内容推送，包括文字、图片、语音、视频等，满足了用户多元化的阅读需求。

3) 强关系的机遇

微信的社交属性使得商家有机会通过互动建立起与用户之间的强关系，从而提升品牌忠诚度和用户满意度。

4) 营销成本低廉

相较于传统的营销推广方式，微信的使用几乎免费，且通过微信进行的营销活动成本较低，有利于中小企业的市场营销。

5) 营销定位精准

微信公众账号允许用户根据不同的标签对粉丝进行分类，实现精准的消息推送，提高了营销的有效性和针对性。

6) 营销方式多元化

微信支持文字、语音、视频等多媒体格式的发送，并且提供了丰富的互动功能，如评论、点赞、转发等，增加了营销内容的吸引力。

3. 微信营销的方法

1) 朋友圈营销

微信朋友圈是一个半封闭的通讯软件，具有营销的功能。在微信朋友圈进行营销时，需要建立与微信好友之间的信任，精准定位产品针对人群，精挑细选广告文案内容，找准广告文案的发布时间，并充分利用老客户产生二次交易的机会。

2) 微信广告投放

通过微信广告投放，可以提高品牌知名度和曝光率。根据目标人群的特点，选择合适的广告形式和投放位置，制定合理的广告预算和投放策略，同时监控广告效果，并根据数据反馈及时调整广告策略。

3) 微信小程序开发

开发微信小程序，以提供更好的用户体验。根据自己的业务需求，开发相应的小程序，以提供便捷、高效的功能和服务，满足用户的需求，同时不断优化小程序的界面和交互设计，也可以提高用户体验。

7.1.4 微博营销

微博营销是一种常见的网络营销方式。用户注册微博后，可通过更新微博内容与网友交流，或者制造网友感兴趣的话题，从而达到营销的目的。

1. 微博的含义

微博(micro-blog)是指一种基于用户关系信息分享、传播以及获取的通过关注机制分享简短实时信息的广播式的社交媒体和网络平台。

微博是信息日益碎片化的必然结果。微博以手机用户为主，它以计算机为服务器、以手机为平台，把每个手机用户连在一起，让每个手机用户不使用计算机就可以发布自己的最新信息，并和好友分享自己的生活。

2. 微博营销的特点

1) 立体化

微博营销可以借助先进的多媒体技术手段，采用文字、图片、视频等展现形式对产品进行描述，从而使潜在消费者更形象、更直接地接受信息。

2) 高速度

微博最显著的特征之一就是传播迅速。一条关注度较高的微博在互联网及与之关联的手机WAP平台上发出后，通过互动性转发就可以在短时间内抵达微博世界的每一个角落。

3) 便捷性

微博营销优于传统的广告营销形式，发布信息的主体无须经过繁复的行政审批，从而节约了大量的时间和成本。

4) 广泛性

微博通过粉丝关注的形式进行"病毒式"传播，影响面非常广泛，同时，名人效应也能使事件的传播量呈几何级增长。

微博营销的优势就在于传播迅速，速度的快慢将决定一场营销战能否取得胜利。开展微博营销还有一个重要的条件，即要多与粉丝或被关注人进行互动，只有这样才能更好地运用微博营销。

3. 微博营销的模式

微博营销的模式包括活动营销、植入式广告、客户服务的新平台、品牌宣传。

微博营销很可能需要第三方介入，第三方就是微博运营商。第三方需要先提出一个策划方案，然后对企业微博、代言人微博、用户微博进行组合，用一种受众能够认同的，并且受欢迎的方式，对新产品、新品牌等进行主动网络营销。

微博作为营销平台的入口有待进一步开发。微博用户对微博上发布的信息的信任度较高，对微博上发布的商业信息、商业活动的信任度也较高，并且对关注的人或粉丝推荐的产品更是具有好感，因此微博具有较大的潜在营销价值。

随着移动互联网和5G技术的普及和应用，微博必然会成为旅游网络营销的有效技术手段之一。

7.1.5 SEM和SEO技术

智能搜索引擎后台数据库存储了大量的旅游目的地信息，旅游者输入关键字(词)后即可进行检索。智能搜索引擎能揣测旅游者的意图，并能处理复杂的、高难度的任务，分析旅游者的需求并接收或自动拒绝一些不合理或可能给旅游者带来危害的需求，为旅游者提供大量的可供选择的旅游信息。旅游目的地网站通过创建智能搜索引擎，可为旅游者提供各种与旅游有关的解决方案，并能最大限度地满足旅游者的需求和愿望。

搜索引擎营销(search engine marketing，SEM)在整个网络营销中占有绝对重要的地位。如何让旅游者通过百度、谷歌等搜索引擎服务检索到自己的营销信息已成为每个网络营销推广者的重要研究课题。

对于有实力的企业而言，通过付费购买竞价排名服务等，可让自己的网站及营销信息在搜索结果的前列出现，这是开展网络推广最快的途径，但巨额的推广费用对于一般企业来说往往难以承受。于是，搜索引擎优化(search engine optimization，SEO)技术应运而生。

1. 搜索引擎营销

1) 搜索引擎营销的含义

搜索引擎营销是基于搜索引擎平台的网络营销，利用人们对搜索引擎的依赖和使用习惯，在人们检索信息的时候将信息传递给目标用户。搜索引擎营销的基本思想是让用户发现信息，并通过点击进入网页，进一步了解所需要的信息。企业通过搜索引擎付费推广，让用户可以直接与公司客服进行交流、了解，从而实现交易。

企业可以通过搜索引擎进行品牌维护，使品牌的负面信息尽可能少地呈现在搜索用户面前，不仅可以预防竞争对手在网络上的恶意诬陷，还可以进行正面的商业信息推广，进而达到品牌推广的目标。

2) 搜索引擎营销的主要服务方式

(1) 竞价排名。顾名思义，就是网站付费后才能被搜索引擎收录并靠前排名，付费越高者排名越靠前。竞价排名服务是由用户为自己的网页购买关键字排名，按点击量计费的一种服务。用户可以通过调整每次点击付费价格，控制自己在特定关键字搜索结果中的排名，并可以通过设定不同的关键词，捕捉不同类型的目标访问者。

(2) 购买关键词广告。在搜索结果页面显示广告内容，实现高级定位投放，用户可以根据需要更换关键词，相当于在不同页面轮换投放广告。

(3) 搜索引擎优化。通过对网站结构、关键字、网站内容进行调整和优化，使网站在搜索结果中靠前。搜索引擎优化包括网站内容优化、关键词优化、外部链接优化、内部链接优化、代码优化、图片优化、搜索引擎登录等。

2. 搜索引擎优化

1) 搜索引擎优化的基本含义

搜索引擎优化的主要目的是增加特定关键字的曝光率，以提高网站的曝光度，进而增加销售机会。而网站的SEO是指针对搜索引擎使网站内容较容易地被搜索引擎取得并接受，使用者在搜索时会优先看到其位置，促使搜索者可以获得正确且有帮助的信息，从而增加销售的机会。

搜索引擎优化不仅能最大限度地缩减费用，还能提高搜索引擎利用率。

2) 搜索引擎优化主要涉及的技术

(1) 网站基础建设。网站的标准化建设成为网站实施SEO技术的基础。网站建设遵循国际通用的W3C(World Wide Web Consortium，万维网联盟)标准。但是由于中国互联网行业起步较晚，很多企业在建设自己的网站平台时没有很好的认知能力，网络建设公司的技术力量参差不齐的现状导致在网站建设过程中，这一标准并没有得到切实执行，从而导致在搜索引擎营销实施过程中基础不稳，网站及营销信息很难出现在搜索引擎前列，实施网站建设的标准化迫在眉睫。

(2) 网站内容建设。网站内容的质量、原创性、排版等对搜索引擎营销起到重要作用。如果网站内容没有原创性，或者质量不高，往往会被搜索引擎视为重复内容。网站的浏览者也会觉得索然无味，营销便无从谈起。

(3) 网站检索关键词的选取技巧。在搜索引擎注册中，最关键的问题是如何使用关键词。关键词是描述产品及服务的词语，选择适当的关键词是获得网站排名的第一步。设定关键词时，需要使用足够数量的关键词，这些关键词不仅能够描述企业网站的特征，还应充分考虑访问者使用"搜索词"的习惯。

(4) 正确使用搜索引擎命令。现阶段比较常用的搜索引擎命令主要有Google搜索命令、百度搜索命令等。下面我们以百度为例，介绍一下搜索引擎命令的使用方法。

Domain：用Domain命令可以查找与某一网站相关的信息。例如，提交"domain：www.ssoooo.com"就可以查询到在网站内容里面包含"www.ssoooo.com"信息的网站。

Filetype：限制查找文件的格式类型。目前可以查找的文件类型有".pdf/.doc/.xls/.ppt/.rtf"，输入"搜索关键字 + filetype:ppt"即可。

Inurl：限定查询匹配只搜索URL链接。输入"inurl:搜索关键字"即可。需要注意的是，在使用Inurl的时候，尽量使用英文，因为中文会被进行URL编码。

Link：搜索与被查询网站做了链接的网站。输入"link:www.ssoooo.com"，就可以看到相关网站跟"www.ssoooo.com"做了交换链接。

Site：限制查询在某一个特定站点内或网域内进行。输入"搜索关键字 + site：ssoooo.com"或是在网域内输入"搜索关键字 + site:edu.cn"即可。

Mp3：在百度网页搜索中直接搜索Mp3资源。输入"mp3:歌手名"(注：一定要加上冒号)即可。

(5) 网站外部链接的建设。互联网存在的基础就是超级链接，所以，让客户通过不同的超级链接进入营销网站才是实施网络营销的前提。

对于一个以网络行销为目的的网站来说，外部链接建立的情况，直接决定着网站的访问量乃至业务签单量。外部链接建设的主要途径有博客链接、友情链接交换、论坛发帖链接。

(6) 用户体验(user experience，UE)。用户体验是指用户在使用一个产品(服务)的过程中建立起来的心理感受。具体到网站SEO上，网站用户体验好即表示用户在网站上很容易找到需求的信息。计算机技术和互联网的发展，使技术创新形态正在发生转变，以用户为中心、以人为本越来越得到重视，用户体验也因此被称为创新2.0模式的精髓。

(7) 蜘蛛体验(SEO experience，SE)。每个搜索引擎都有自己的蜘蛛程序，蜘蛛程序对网络上的网站进行一系列的爬行活动，被命名为蜘蛛体验。蜘蛛体验是搜索引擎算法对网站的评价，评价好的网站自然排名也靠前。算法中涉及的关键因素有网站结构标准化、外部链接、用户体验、关键词热度等。

蜘蛛程序对某个网站进行分析，通过该网站是否有大量优质外链、原创性的文章、高频率的网站内容更新、布局合理的网站结构以及用户对网站整体的体验等来判断。如果该网站符合蜘蛛程序的算法，对网站的评价就会很高。网站快照更新时间、收录时间、关键词排名与蜘蛛体验的结果有着很大的联系。

7.1.6　网络营销技术实施效果测评

网络营销的主要检测技术指标包括流量统计和第三方排名机构检测数据。

1. 流量统计

现阶段，各网站基本都会配套开发网站流量统计系统，或者直接采用第三方流量统计系统，对网站实施网络营销推广的效果进行流量统计和分析测评。

通过流量统计系统，可以监测到以下几项数据。

(1) 网站的独立IP浏览量。

(2) 网站的PAGE VIEW(页面浏览量)。

(3) 浏览者的分布地区。

(4) 网站流量的高峰时段及低谷时段。

(5) 通过哪些搜索引擎、哪些关键词进入网站。

(6) 浏览者使用的计算机操作系统、显示器分辨率、浏览器版本等。

(7) 浏览者通过哪个网站的哪个外部链接进入网站。

流量统计可以为制定、实施更为准确的网络营销策略提供数据依据，同时也可以为网站SEO技术实施、网站改进等提供参考。

2. 第三方排名机构检测数据

国际公认的第三方排名机构检测数据为美国亚马逊旗下的ALEXA排名机构对网站的流量监测数据。该公司依靠强大的财力及技术实力，在全球分布54个检测点，用于收集网站流量数据，并依据一定的算法进行网站排名，其排名的权威性反映了一个网站的受欢迎程度及发展潜力，风险投资人也往往依靠这些数据决策其投资的方向及对象。

7.2 旅游网络营销的特点和误区

7.2.1 旅游网络营销的特点

现代市场营销的重点是供需双方的信息传播和交换。互联网以超越时空的神奇功能将旅游企业、组织和团体与旅游者联系在一起，使无限多的信息交换变得轻而易举，这都要归功于旅游网络营销本身具有的特点。

1. 交互性和跨时空性

旅游网络营销使得旅游企业可以全天候提供服务，在网络上适时发布产品或服务信息，旅游者可根据旅游产品目录及链接资料库等信息在任何地方进行咨询或购买旅游产品，从而完成交互式交易活动。另外，网络营销使供给双方的直接沟通得以实现，从而使营销活动更加有效。

2. 拟人性

互联网的多媒体功能使旅游网络营销可以集中图、文、声等各种媒体传播形式，创造虚拟环境，同时立体化地传播旅游信息。这就使旅游网络营销具有虚拟营销的突出特征。

3. 交互自由

无论是旅游企业、团体，还是旅游者，都可以自由地发布和寻找信息，也可以自由地采用互动的方式在网上沟通。由此可见旅游网络营销兼具直接营销、目标营销、双向互动营销、参与式营销的特点。

4. 高度整合性

旅游网络营销可以包揽旅游产品生产、销售、渠道开拓、促销、市场调研、咨询、交易、结算、投诉等所有旅游事务。旅游企业可借助网络对不同的营销活动进行统一规划和协调实施，并以统一的口径向旅游者传达信息，避免由于传达口径不一致所产生的消极影响。

5. 高效性

旅游网络营销具有无与伦比的高效率，其突出表现为信息量大、精确度高、更新速度快、传递迅捷。借助网络，旅游企业可储存、分析大量的市场信息，向旅游者传送信息的精确度也远超过其他媒体，并能迅速更新产品或调整价格，因而能及时有效地了解并满足旅游者的需求。此外，网络信息传输速度快，即便是跨国交易，在网络上只需几分钟即可完成。

6. 经济性

通过互联网进行信息交换，旅游企业可以降低印刷与邮递成本，节约办公用地租金、水电及各类人工成本，还可减少线下信息交换中由于多次迂回所带来的损耗。

7.2.2　旅游网络营销的误区

王者之道，权谋之术。"道"代表处世行事的思路和方向；"术"则偏指针对个别人和事的技巧或手段。两者应该是一个有机整体，应保持高度一致。然而在旅游网络营销中，"道""术"分离现象严重——中小旅游企业重"术"，大旅游企业则过于重"道"。

随着旅游网络营销的发展，国内很多旅游景区加大了在互联网方面的投入，如九寨沟、黄山、张家界等。尽管不是所有景区都能在互联网方面增加投入，但众所周知，旅游者通过网络了解景区将会成为一种习惯。面对这样的习惯形成，景区信息化必然是大势所趋。

在这一背景下，中小景区因为预算限制，只得奋力挖掘旅游网络的特有优势，去追求低成本甚至相对零成本的推广手段，这点无可厚非；而大景区由于对互联网营销存在不同程度的理解偏差，将互联网营销工作集中在广告投放决策方面，而对小景区追捧的那些旅游网络推广手段不屑一顾。

重"道"轻"术"，不仅会使旅游企业丢失新营销途径，还会导致其忽略整个互联网营销过程中的至关重要的环节，最终无法发挥旅游网络营销应有的价值。旅游企业对旅游网络营销的认识误区具体体现在以下5个方面(谭小芳)。

1. 旅游网络只是一种新兴媒体

旅游网络不仅是一种新兴媒体，更是一个全球性社区。在互联网世界中，不仅有各类品牌广告位，更有"闹市"和"沙龙"。旅游企业除了可以购买社区的广告位来宣传品牌，更应该了解这个社区的各类"闹市"和"沙龙"，还应在各个互联网社区中找到个别关键人物(内行、领队、俱乐部)。

同时，根据引爆流行的第二条附着力法则(《引爆点》一书讲述了引爆流行的三大法则，即个别人物法则、附着力法则、环境威力法则。附着力指流行物本身内容必须过硬，应该具备能让人过目不忘，或者至少给人留下深刻印象的能力)，旅游企业可通过各个旅游网络平台营造一些与主题营销相呼应的附加行为，这些细节将会影响整体的传播效果，使旅游企业受用无穷。

2. 旅游网络只是一个新战场

旅游企业不应该把互联网当成一个新战场，更应该将其当成旅游企业营销的一个新工具，了解它的功用，掌握它的使用方法，以便直接运用。

互联网是传播工具，也是旅游企业与旅游者沟通的工具，这个工具运用得熟练与否，决定了旅游企业能否在下一轮行业竞争洗牌中上一个层次。旅行企业最容易陷入的误区就是在网站上把成熟的线路产品堆砌出来，这会给访问者造成一种错觉——我又不会采用跟团旅游的方式，那么这个网站对我而言就没有什么参考意义了。

线路产品同质化严重，会将旅游者引入比价的思路。相关调查显示，80%以上使用互联网了解旅游信息的旅游者承认，他们会在两个以上网站之间进行对比；90%以上的旅游者表示，在内容基本相同的情况下，他们首先会选择价格最低的旅行社进行咨询。这并不是旅行社希望看到的效果，从侧面反映了网络应用的弊端，一旦比价成为旅游者的习惯，新一轮的价格竞争就会形成，更加不利于旅游市场的稳定与发展。

3. 旅游网络营销只具有互联网广告优势

与传统媒体广告相比，旅游网络广告具有以下6个优势：传播范围最广；交互性强；针对性强；受众数量可准确统计；实时、灵活、成本低；感官性强烈。

交广传媒旅游策划营销机构认为，对于营销的发起者旅游企业来说，除上述优势之外，旅游网络更是各个俱乐部、兴趣人群分类聚集的地方，因此突出体现了以下3个优势。

(1) 衡量控制。旅游网络广告不同于传统媒体广告，在图片展示部分，从创意到制作成品的过程无须花费较高的成本。所以，这些环节在前期是可以做小范围检测和效果衡量的，确认达到合理的数据反馈后再大规模投放，以便有效把握投放成本和效果的比例关系。在广告投放之后，旅游企业也可每日跟踪检测其效果，做出相应的调整。

(2) 精准营销。旅游企业可通过对不同门户、不同频道的分析，以及对各个行业站、不同专业站等的人群定位，找到需要影响的人群，然后确定要传达什么信息。

(3) 教育普及。旅游网络广告不同于传统媒体广告，不仅拥有广告展示入口，还拥有详细的信息阐述版面。既没有空间、时间的限制，在某种程度上也没有内容篇幅、内容形式和时间长短的局限。旅游企业可以根据营销目标，合理、全面地传达相关信息。对于感兴趣的旅游人群，旅游企业还可以提供其他相关内容的链接，以便深入地推荐相关信息。

总之，旅游网络广告最大的优势是可控、精细、全面、深入。

4. 互联网广告效果检测方法与传统广告效果检测方法相同

旅游企业在投放旅游网络广告之后，通常会直接使用与销售额相关联的指标去衡量广告的成败，这是欠妥当的。当然，旅游网络广告必须要对销售额负责，这点无可厚非。但是由于旅游网络媒体的特殊性，对于广告的效果检测，如单纯使用与销售额相关的指标去衡量，无论得出怎样的结论，都是没有意义的。

首先，在衡量了媒体所针对的人群结构后，旅游企业还要衡量广告入口处的展示度是否达到预期。如果展示度不够，需要调整广告位置。

其次，展示是主动推送，点击量才能体现人们的关注程度，所以旅游企业要衡量展示次数与点击次数的比例是否合理。展示次数对点击的转化如果过低，就应该考虑更新广告形式，其中涉及文字、图片组合等。

最后，旅游网络广告与传统广告的整体组成形式也是不一样的。传统广告只有一个传播信息载体；而旅游网络广告包括前方入口的广告创意，以及后方的详细信息载体。

5. 互联网只是品牌战的前线

互联网不仅是宣传旅游企业品牌的前线，更是构建强大而永恒的品牌的后方根据地，关注旅游网络的"后方"功能甚至比关注前方功能更重要。

客户忠诚度一直是品牌关注的重中之重，维持一个老客户的营销费用仅仅是吸引一个新客户的营销费用的五分之一。交广传媒旅游策划营销机构认为，客户忠诚度是景区利润的主要来源。在这一方面，互联网不仅提供了低廉、快捷、丰富且多样化的市场开拓平台，而且提供了一个形式丰富、成本更低、黏性更高的忠诚客户积累平台。

7.3　旅游网络营销的实践

旅游网络营销就是营销在旅游业中的创新应用，它使人们对旅游业的管理与经营的认识上升到一个新层次，可以称之为"旅游经济运行中的灵魂"。有这样一种说法："宣传是旅游业的第一生产力。"在知识经济时代，创新是市场永恒的主题。旅游营销也应在发展中创新，在创新中发展。

7.3.1　旅游网络营销的主要内容

旅游网络营销的主要内容包括：旅游目的地形象宣传，政府旅游部门官方网站建设；旅游酒店客房预订销售；航空机票网上预订销售；旅行社网上宣传促销及产品预订；旅游景区网上营销；旅游纪念品和工艺品网上销售。在我国，旅游目的地和旅游饭店的网络营销应用已经初具规模，下面我们重点介绍这两方面内容。

1. 旅游目的地形象宣传，政府旅游部门官方网站建设

旅游目的地网络营销是指旅游目的地旅游管理部门运用互联网技术了解旅游者的需求和愿望，为旅游者提供旅游目的地信息和个性化、定制化服务，传播旅游目的地形象，开

展旅游目的地宣传推广活动，引导和促成旅游企业产品交易的实现，吸引更多的旅游者来旅游目的地旅游的过程。旅游目的地网络营销以网络为基础，在保持旅游目的地传统营销基本特点的基础上，突出其自身优势，能有效提升旅游目的地的市场知名度和竞争力。旅游目的地网络营销是旅游目的地旅游管理部门进行宏观管理的重要工作，也是旅游目的地旅游管理部门开展旅游营销的重要内容，更是旅游目的地旅游管理部门提供公共产品和服务的重要体现。旅游目的地旅游管理部门可以借助网络媒体开展网络营销，以此推动旅游目的地旅游业的发展，增加旅游收入和旅游人数，提升旅游目的地旅游形象，增强旅游目的地竞争力，促进旅游目的地的社会、经济等各项事业的发展。

2. 旅游酒店客房预订销售

互联网技术的飞速发展使酒店网络预订成为一种不可忽视的新兴预订形式，不管是单体酒店还是知名品牌酒店，不管是大型连锁集团酒店还是酒店管理公司，在当前的经济发展环境中，要想在激烈的市场竞争中胜出，都需要采取有效的网络营销策略。如果运用得当，酒店采取的网络营销策略，特别是直接面向顾客的网络预订手段，将能有效抵御外部经济环境给酒店内部经营带来的不利影响，并成为酒店长期发展、克敌制胜的法宝。

由于网络的发展，客户可以在任何时间和地点查询任何目的地的酒店经营信息和客房价格，导致现代酒店企业面临全球性的经营竞争，因此，在信息时代，酒店必须面对客户开展诚信经营，并利用现代网络订房建立起忠诚客户群，这已成为酒店预订业务的发展趋势。酒店开展网络订房业务的必要性主要体现在以下几个方面。

1) 网络预订有利于酒店实现产品异地有形化，扩大市场份额

酒店产品具有异地性和不可移动性的特点，传统的销售模式不利于增强顾客体验，因为酒店产品是不能提前试用的、是无形的，但是网络空间的无限扩展性使酒店开展网络营销不会受到空间的限制，可以超越时空传达信息。酒店利用互联网可以24小时提供全球性营销服务，人们可以通过网络实实在在地看到酒店客房的设施、价格等，从而使酒店产品在异地有形化。除此之外，酒店还可以在网页上向顾客介绍酒店附近的情况，如商业区、中心区、餐馆以及其他能引起顾客兴趣的信息，以吸引顾客的注意力，有利于酒店扩大客源市场。

2) 网络预订有利于酒店实现个性化服务

客户资源管理是现代酒店经营管理的重要内容，特别是在新经济形势下，企业经营以客户为主，而不是以产品为主。通过互联网，酒店可以与每一位上网的顾客建立直接的关系。通过双方互动，顾客可以了解酒店，酒店也可以通过在线服务了解顾客的需求特点，及时捕捉顾客需求变化信息，形成酒店与顾客之间的"双向信息交流"，从而克服传统营销中酒店与顾客之间无法及时沟通的"单向信息交流"的弱点。另外，网络订房还有利于酒店对网络客户资源实现计算机管理，根据顾客以往的需求信息，提供精心挑选的个性化产品和服务信息，使酒店抓住更多的潜在客户资源，赢得发展先机。

3) 网络预订有利于酒店建立品牌意识

现代企业的竞争在一定的范围内是品牌的竞争，而树立一个家喻户晓的品牌需要花费大量的时间和金钱。旅游酒店一般规模较小，经济实力有限，很难在传统广告媒体上做宣传；而通过互联网，无论酒店规模大小，酒店都可以制作精美的网页，向顾客传递大量的相关信息，包括酒店产品的特点、服务特色以及相应的价格等，不仅成本较低，还能迅速提高知名度和美誉度。

4) 网络预订有利于酒店降低成本

酒店的客源主要来自两个方面：一是直接与酒店联系，并购买酒店产品或服务的顾客；二是通过旅行社、预订机构等中间商购买酒店产品或服务的顾客。传统的酒店推销客房必须依靠大量的销售人员和其他各地的中间商，在市场上投入大量的人力、广告以及其他费用，酒店争取顾客入住的成本非常高。而网络营销只需要一台连接在网上的服务器，酒店便可直接从网上获取顾客的建议和需求，并按照顾客的要求进行经营管理，这样不仅减少了营销费用，而且节约了大量的通信、交通、宣传品印刷及媒体广告成本等。

5) 网络预订有利于酒店增强竞争意识

对于现代酒店企业来说，信息是酒店经营的重要战略资源，甚至对经济增长起决定性作用。从某一方面来说，谁拥有信息，谁就拥有未来。酒店开展网络订房，可以说就是对未来客源市场的战略思考，因为谁在未来的经营竞争中拥有更多的客户信息，就意味着拥有更多的市场。

同时，我国航空机票网上预订销售、旅行社网上宣传促销及产品预订、旅游景区网上营销、旅游纪念品和工艺品的网上销售等也在不断发展。例如，携程旅行网在我国的成功就是最好的证明。

7.3.2 旅游景区网络营销的应用

1. 旅游景区网络营销的概念

旅游景区开展网络营销具有巨大的发展空间。如何利用网络开展营销，已成为许多旅游景区亟待解决的问题。

旅游景区网络营销是旅游景区借助互联网科技的发展，将计算机技术、电子通信技术与企业购销网络系统运用于旅游景区分销渠道而形成的一种新型商务活动。旅游景区网络营销主要内容包括：景区在网上传递与接收信息；订购、付款、客户服务；网上售前推介与售后服务；利用互联网开展景区品牌宣传、市场调查分析、财务核算及旅游产品开发设计等。旅游景区网络营销是信息网络技术与商务运作程序的结合。

2. 旅游景区网络营销策略

1) 网络社区平台营销策略

现阶段我国拥有大量用户的社区平台有贴吧、知乎、小红书、知道吧、豆瓣等。借助社区平台，旅游景区可以大大延伸旅游景区社区营销的触角，扩展营销范围。

互联网与生俱来就有跨越时空的特点，通过社区平台，旅游景区可将分布在不同地域的用户联结起来。这样一来，旅游企业就可以因地制宜，根据不同平台用户的特点，制定合适的线上及线下营销模式。

旅游景区也可以通过社区平台开展互动宣传和口碑营销，这是一条很有效的途径。

国际上90%的旅游市场是散客市场和自助游市场。在中国，旅游市场散客化和自助化趋势也越来越明显。互联网时代的旅游以交流与分享为显著特征。对旅游目的地的选择权，越来越集中在旅游者手中。社区平台目标用户集中，活跃度非常高，很多用户会自发推荐各处好玩的地方以及有趣的线路，并引发讨论和点评，这是现阶段很多人选择旅游目的地的途径。

2) 口碑营销策略

对于旅游景区而言，再多的推广也没有第三方口碑更具有可信度。网络口碑是网民交流和互动的产物，它是通过旅游者与旅游者、旅游者与旅游企业销售人员之间以文字、图片、视频等方式互动沟通来实现的。在旅游者讨论旅游产品、服务等相关信息的过程中，旅游景区可加深对潜在旅游者的影响，使其对景区产生良好的印象，最终达到网络营销的目的。

据市场调查，旅游口碑营销是大多数旅游者获得旅游信息并据此做出旅游决策的主要途径。

互联网发展至今，不再只是一个灌输平台，当更多的人拥有了发言权，对于旅游场所而言，最好的营销方式就是口碑传播，可达到四两拨千斤的效果。口碑营销着眼于"口碑的建立"，主体是旅游企业自身，咨询策划机构只能提炼和加工相关信息，而非创造甚至捏造口碑。营销在此指的是"口碑的传播"，在这个过程中可为旅游企业找到旅游者的"意见领袖"，并可通过这些"引爆点"促使旅游目的地的知名度迅速扩张，并且形成潮流。

3) 网络直播营销策略

网络直播是在不同平台进行的视频模式的社交方式。网络直播延续了互联网的优势，利用视讯方式进行网上现场直播，可以将产品展示、背景介绍、方案测评、网上调查、对话访谈、在线培训等内容现场发布到互联网上，利用互联网的直观、快速、表现形式好、内容丰富、交互性强、地域不受限制、受众可划分等特点，加强活动现场的推广效果。现场直播完成后，还可以随时为用户提供重播、点播服务，有效延长了直播时间，扩展了直播空间，能够发挥直播内容的最大价值。

网络直播营销策略主要包括挑选合适的主播、制定互动策略、提供优惠和礼品、利用社交媒体等。自媒体工作者需要根据自身定位和需求，选择适合自己的直播电商平台并制定相应的营销策略，以达到最好的销售效果。常用的网络直播平台有抖音直播、快手直播、淘宝直播、哔哩哔哩、虎牙直播、斗鱼、小红书等。

3. 旅游景区网络营销案例分析

在旅游行业竞争日趋激烈的今天，众多旅游景区和旅游企业大力开展旅游网络营销。下面我们以武陵源景区为例，对武陵源景区的网络营销进行分析。

拥有"世界自然遗产""世界地质公园""中国第一个国家森林公园"和"国家5A级旅游景区"4块金字招牌的张家界武陵源，近年来不断加大旅游网站建设和旅游网络营销工作的力度，有效促进了旅游经济的持续、健康发展。

1) 武陵源旅游网络营销的主要内容

(1) 软文营销。张家界能成为网红景点，软文营销发挥了很大的作用。通过各大媒体平台，可以看到很多关于张家界旅游攻略的软文。旅游博主分享自己的旅行见闻，同时配上当地的美食、风景等图片，将张家界的美间接植入到潜在旅游者的思维中，从而激发潜在旅游者的兴趣。

(2) 网络事件营销。张家界景区联合张家界市旅游管理部门和相关文旅企业，深入发掘当地旅游资源和文化内涵，打造夺人眼球的网络营销活动。例如，张家界策划并举行了"冰冻活人"大赛、"寻找湘西翠翠"和"海选狐仙"等，邀请全国各地知名媒体到场，通过各大媒体平台的传播，吸引公众广泛关注。

(3) 直播营销。4月13日，"东方甄选看世界"直播张家界活动圆满收官，第三方数据平台显示，为期3天的直播活动连续霸榜抖音全国团购带货榜第一名，累计成交25 000多单，总销售额超过3190万元，总观看人数超过728万人，在全国范围宣传了张家界美景和丰富的旅游资源。"东方甄选看世界"先后走进张家界武陵源、天门山、天子山、袁家界、十里画廊、百龙天梯、宝峰湖、大峡谷、七十二奇楼等景区景点，通过"直播+文旅"沉浸式云旅游方式向全国网友推介张家界文旅产品，包括张家界美景、高端酒店、民宿以及精品旅游线路等，助力张家界文旅行业全面复苏。

2) 武陵源旅游网络营销存在的主要问题

(1) 网站缺乏特色，营销功能不强。从政府到企业，大多旅游网站停留在门户网站阶段，主要起着发布旅游新闻、介绍旅游景区(点)和推介旅游线路的传统媒体作用。旅游网站的专业性不强，行业特点不突出，功能单一，特色缺乏。旅游线路以旅行社推介的线路信息为主，带有较强的诱导性和倾向性，自助游线路信息涉及很少。政府公众信息网的上网旅游企业数量较少，上网旅游产品、分布空间、可浏览内容相对有限，且网络利用率不高，导致旅游网络营销功能不明显。

(2) 域名比较混乱，信息大多雷同。通过运用中文搜索引擎，发现部分旅游网站的域名具有很强的迷惑性，某些旅游企业网站的域名故意做得很"门户化"，如张家界旅游资讯网、张家界旅游指南网等看起来像官方网站，实则是旅行社网站，而且还曾宣扬"武陵源门票全免"等误导性信息。另外，各类旅游网站中有关武陵源的食、住、行、游、娱、购等旅游信息大同小异，千篇一律。

(3) 更新不太及时，信息不够准确。在搜索到的网页中，能够获得部分张家界市区和武陵源酒店的当日价格，而不少网站发布的索道和电梯及其他景区(点)并未更新价格。部分酒店信息掺杂了虚假宣传，如武陵源国际度假酒店和凯天国际酒店对外分别宣称自己为五星级酒店和四星级酒店。

(4) 网页内容不全，界面表现力差。在浏览网页时，发现两个主要问题：一是网页内容不全，没有从旅游者需求的角度设计网页内容。如自驾车线路没有详细的交通导向信息，景区交通没有游道级别、游道概况、游道长度、游览时间等信息，对旅游者的参考指导作用不大。二是网页界面呆板，表现力差。不同网站的表现形式基本一样，没有运用动画、视频等表现力强的手法来展现旅游企业的卖点，给人以千篇一律的感觉。网页多为中文网页，很少有外文网页，不便于境外旅游者浏览。

(5) 宣传力度不大，建设相对滞后。纵览所有的著名综合门户网以及旅游门户网，很难见到有关张家界武陵源的广告。另外，大部分的旅游网站网络基础设施不完善，网络专业人才缺乏，网站安全性不高，运营开支较大，缺少安全、方便的网络支付系统。

3) 加强武陵源旅游网络营销的对策

(1) 加大对网站的指导监管力度。充分发挥政府公众信息网在旅游网络营销中的主导作用，发布权威、详细、准确的旅游信息，规范旅游网络信息。同时，建议在市、区旅游局设立旅游网络营销管理科室，负责牵头组织联合公安、工商等部门，对全市旅游网站进行有效监管，消除旅游网站上的误导性信息，督促各网站及时更新内容，为世界各地的旅游者提供周到的旅游服务。

(2) 增强网站营销功能，加大品牌塑造力度。充分运用旅游网络的多媒体功能，采用视频、动画等技术将旅游产品的虚拟形象立体化、仿真化地在旅游网站上展示出来，使旅游者能在网络空间中看到武陵源旅游产品的形象，认识武陵源旅游产品的价值，通过网络感受武陵源旅游产品的魅力。

(3) 完善网站旅游信息。进一步完善"吃、住、行、游、购、娱"6个方面的旅游信息。外部交通信息应具体到公路等级、里程、高速路出入口、主要交通节点、驾车时间、加油站、服务区、沿途酒店及餐饮设施等；景区信息应增添最佳游览时间、各类游道状况、滑竿价格、旅游者评价以及周边景区介绍等内容；美食方面应增添餐馆推荐、消费价格等内容；购物方面应增添购物场所、特产价格等信息；娱乐方面应增添节庆活动、特色主题活动、表演艺术、表演场所、休闲服务项目和价格等内容。

(4) 提供旅游咨询服务。在网站上设置旅游咨询服务窗口，能够及时与旅游者交流，回答旅游者的问题，满足旅游者的个性化要求，以达到争取客源的目的。

(5) 开展网络市场调查。经常在网站上发布调查问卷，或组织网上座谈会，或通过其他的方式进行调查。同时，还应利用旅游网络的即时互动功能，在旅游网站上设置旅游者专栏，开辟"旅游者意见区""网上旅游咨询区""旅游自我设计区"等，以便及时了解旅游者的需求，从而不断开发设计出符合旅游者需求的旅游产品。

(6) 实行旅游网络销售。在传统客源市场和机会客源市场范围内，按照市场开发战略计划，逐步建立旅游销售代理网点。让这些销售代理网点与所属旅游企业的专业网站建立起封闭式销售服务网络，并与银行建立起安全、高效的旅游卡票网上结算系统，为各地旅游者来张家界武陵源旅游休闲提供便利。

(7) 开展网络营销公关。开办网上旅游爱好者沙龙和旅游者俱乐部，广纳会员，不断推出丰富多彩的网上联谊活动，吸引旅游者参与，以此宣传旅游产品和旅游文化，培养旅游爱好，加深旅游者对张家界武陵源的印象，激发旅游者的消费欲望。

(8) 加强旅游网站宣传。在主要的搜索引擎上注册旅游网站，使用搜索引擎优化技术实现理想排名。同时，应尽量与一些著名的旅游门户网站、政府旅游网站、门户网站的旅游频道进行链接，以增加网站的点击率。

7.3.3 旅行社网络营销的应用

1. 旅行社网络营销存在的问题

对于旅行社来说，通过充分利用互联网平台展示丰富的、海量的旅游资源，能够吸引更多的旅游者前来。截至2023年6月，我国互联网网民数量高达10.79亿人，基本覆盖中国城市人群，而互联网具备丰富的表现形式，能够充分展现人们需求的旅游信息。如今，旅行社网络营销仍然停留在较为初级的阶段，主要存在以下三个方面问题。

1) 旅行社对网络营销不够重视

许多旅行社的经营者都是传统商人，没有认识到网络营销的意义。在激烈的市场竞争中，他们注重成本高昂的线下推广，为此不得不采用降价、减少开支等方式来增加客源或利润。这样做不仅影响服务质量与旅行社形象，而且难以取得好的营销业绩。

2) 旅行社对网络营销不够了解

虽然越来越多的旅行社认识到网络营销的重要性，但对于网络应用，有些旅行社仍然停留在初级阶段，基本上只能做一些简单的文字处理和普通的数据报表处理，远远没有发挥出网络营销应有的优势。有些旅行社即便通过网页发布和宣传线路，也不知道如何发布线路才能让更多的目标旅游者看到，如何展示线路才能吸引旅游者产生旅游需求。

旅行社在发布线路的时候，应重点把握以下3点：

(1) 让线路在搜索引擎里表现最好。

(2) 让旅游者能一目了然地看清楚整条线路的情况。

(3) 让旅游者能够直接快速地联系到旅行社并对旅行社产生信任。

3) 旅行社网络营销方式单一

许多旅行社网络营销方式单一、缺少新意，造成网站点击率不高、利用率低。一些旅行社在一些无良"网络服务商"的忽悠下，把付费营销作为推广的代名词。由于"网络服务商"的不负责任以及旅行社对付费推广的技巧缺乏认识，导致推广费用高昂，再加上站点建设不到位、转化率不高，严重挫伤了一部分旅行社对网络营销的信心。根据旅游网络营销的专家经验，适合开展网络营销的旅行社站点需要符合搜索引擎优化的需求，即在不投入任何推广费用的情况下至少每天能有近百次搜索量，在旺季，月收益能超过网站的投入。除了优化旅游网站搜索引擎之外，还有很多行之有效的旅行社网络营销方式，比如借助第三方平台等。

2. 旅行社网络营销策略

1) 利用搜索引擎

利用搜索引擎进行网站推广是非常必要的。旅游者可以通过搜索引擎搜索关键词找到网站，这样不仅可以增加被访问的机会，还可以扩大网站的影响力，让更多的旅游者了解网站，从而拓展旅行社的业务覆盖范围。旅行社也可以在一些知名搜索引擎上注册一些关键词，在注册的时候需要注意以下几点。

(1) 不要过早地进行站点关键词注册。

(2) 通过调整关键词使页面的级别最小化。

(3) 使用商业化网站注册服务在专业化搜索引擎站点进行注册。

(4) 将"冲浪者"的利益作为站点注册时考虑的首要因素。

2) 综合利用在线推广和线下传统推广手段

离线广告宣传、在线公关处理以及在线促销等，都是不错的营销策略。旅行社应整合营销传播的策略思想，利用多样化的传播方式，以发挥最好的传播效果。例如，促销活动一般以在线的方式进行，可有效发挥其信息沟通、刺激和诱导旅游者的作用。

3) 建立友情链接

建立相关网站与旅行社主页的链接是站点推广的重要内容，也是建立品牌合作关系的主要方式，如酒店方面的网站、交通服务方面的网站等。旅游者在访问链接网站的同时也可能访问旅行社的网站，从而增加网站被访问的机会以及网站的曝光率，这样不仅有助于塑造旅行社的品牌形象，扩大知名度，还能够获得更稳定、更长久的影响力。

4) 合理运用在线公关

公共关系具有高可信度，可以缓解对推广促销存有戒心者的抵触情绪，还可以提升信息沟通效率。旅行社可以采用召开网上新闻发布会、举办赞助和慈善捐赠活动以及开展网上活动测试等方式进行公关。这样既能打响旅行社的知名度，又能提升旅行社的形象。

5) 提高旅游者忠诚度，做好售后服务

完整的网站资产由知名度、形象、内容、品质、专业技术以及旅游者对网站的忠诚度组成，其中忠诚度是核心构成。旅行社应考虑如何留住旅游者，因此必须重视旅游者、提高旅游者忠诚度。为了吸引旅游者的注意力，吸引回头客，旅行社应在网站上发布足够吸引旅游者的内容，为旅游者提供尽可能方便的环境，充分利用互联网的互动性和即时性，向旅游者提供个性化服务，加强对旅游者的售后服务。旅行社要力图让旅游者在感受到优质的旅游服务后，向更多的旅游者传达信息。

7.3.4　旅游酒店网络营销的应用

旅游酒店网络营销是指酒店利用网络等一系列信息技术手段去创造、宣传及传递客户价值，进行客户关系管理，提升客户附加价值，提高酒店的相关收益。

1. 旅游酒店网络营销的背景

在这个信息时代，网络营销在市场经济的发展潮流中显山露水，发挥着无穷的威力。对于旅游酒店来说，网络营销覆盖面广、成本低、展示效果好，可以更好地激发旅游者的购买欲望，从而达到旅游酒店营销的目的；网络营销还具有方便、快捷、信息量大、操作简单等特点，可以让旅游酒店在短时间内最大限度地宣传自己的产品，提高知名度。所以，旅游酒店在开展网络营销时，应该多费心思，尽量把营销网络做大、做强、做精美。只有这样，才能使自己的产品备受青睐。

酒店开展网络营销已成为赢得市场、实现可持续发展和建立酒店品牌的需要。根据艾媒数据中心(data.iimedia.cn)的统计数据，2019年分别有60.4%和44%的受访网民通过综合酒店预订平台及酒店官方渠道预订酒店，线上成为网民旅游出行预订酒店的主要渠道。

2. 旅游酒店网络营销模式

依据是否需要对酒店现有管理软件进行更新或提供相应接口，可将旅游酒店网络营销模式分为以下几种。

1) 不需要对酒店现有管理软件进行更新或提供相应接口

(1) 网络虚拟连锁特许经营的模式。该模式的代表性企业是万万家酒店软件公司，该公司通过免费特许加盟的方式，使所有加盟万万家网络的酒店都能够使用其销售网络，向终端顾客提供酒店房间，而每一家酒店的客房资源和销售资源可以实现共享，也可以从任何一家酒店销售中获取相应收益。

(2) 客户端软件营销模式。该模式的代表性企业是上海德比公司，该公司的软件可以使酒店通过与客户端软件连接，实现对酒店营销的灵活控制与管理。

(3) 网络短信平台模式。该模式的代表性企业是中国订房联盟，运用该联盟平台的酒店可以通过网络短信与平台进行业务相关信息的传送与确认，并与顾客及时进行短信沟通。

(4) 电子商务交易平台模式。该模式的代表性企业是北京网连天下的Tinsia平台、华远国旅的旅游电子商务平台、中国旅游网络营销总平台，这些网络营销平台都力图为加盟平台的酒店提供自主营销的管理和各种技术支持。

2) 需要对酒店现有管理软件进行更新或提供相应接口

(1) IP Hotel模式。该模式的代表性企业是北京石基公司，该公司通过为酒店提供基于IP Hotel的全面解决方案，使酒店的信息管理系统与网络营销系统实现对接，从而提升酒店网络营销的效率和管理能力，进而有效降低酒店内部运营成本，缩短交易等候时间，帮助酒店达成收益管理的目标。

(2) HIMS全面解决方案模式。该模式的代表性企业是北京罗盘公司，该公司通过HIMS酒店网络营销全面解决方案，实现从内容、客户、销售、预订管理到俱乐部、常客积分、收益、集团连锁管理的全部功能。

3. 旅游酒店网络营销存在的问题及对策

1) 旅游酒店网络营销存在的问题

(1) 酒店网站建设不够专业，主页不吸引顾客。酒店网站营销目标不明确，缺乏清晰的分类，并试图面向所有人员开展营销，其结果只能是核心产品不突出、销售业绩提高不明显。

(2) 网上浏览，网下预订。很多旅游者在线上浏览酒店信息，但最终选择在线下预订，还有一部分旅游者在线上预订和线下预订之间游移不定，但更倾向于采用线上预订的方式。

(3) 酒店电子商务开发与应用程度较低。部分酒店自建的网站只能起到展示酒店形象的作用，由于缺乏技术维护人员，连定期更新也难以实现。由于电子商务开发和应用程度较低，多数酒店选择与旅行社签订代理合同，由旅行社代理营销，酒店网络营销没有发挥应有的作用。

2) 旅游酒店网络营销解决问题的对策

(1) 优化酒店网站。优化酒店网站的目的在于将更多的网络浏览者转变为预订者。网站优化应注意以下几点：酒店网站主页应能使顾客产生比较强烈和深刻的印象；网页结构设计合理，层次清楚；网页内容应全面，尽量涵盖顾客普遍需要了解的信息；网页内容应实时更新，并根据市场情况，在网页上实时调整房间价格，发布促销信息。

(2) 用价格吸引顾客。价格是酒店营销过程中最为敏感的问题，而互联网营销使酒店客房的价格展现在顾客面前的同时也暴露在竞争对手面前。因此，酒店应在网上建立客房价格自动调节系统，按照旅游淡旺季、市场供需、其他酒店的价格变动等情况，在计算最大盈利的基础上自动调整实际的价格，并且定期提供优惠、折扣等，以吸引顾客。酒店可以让顾客在预订时输入可以接受的价格范围，以及所需客房的楼层、朝向等要求，酒店根据这些资料为顾客提供令其满意的客房。

(3) 增加预订功能。酒店网站应能提供预订与支付服务，这样不仅能为酒店带来更多的直接客源，也能大大减少客房的分销成本，还可以通过更低的折扣来鼓励顾客预付部分甚至全额房费，从而降低酒店客房的空置风险。

4. 旅游酒店网络营销的发展趋势

对消费者而言，互联网不仅使迂回经济变成直接经济，更可以做到"货比三家"。因此，旅游酒店开展网络营销是旅游业和信息业发展的要求，加入综合旅游网站等由第三方代理网络营销，是旅游酒店开展网络营销的首选和必由之路。

通过互联网，旅游业界可以不断完善服务，旅游酒店的业务触角也将由区域扩展到全世界。我国酒店业网络营销要想在激烈竞争中赢得一席之地，还有很长的一段路要走，但我们坚信随着我国信息技术的发展，以及旅游业发展外部环境的日益完善，我国酒店业一定能够把握机遇，接受挑战，获得更好的发展。

课堂案例
马里奥特饭店的
网络营销战略

【课堂互动问题7-1】什么是网络营销？网络营销具有哪些特征？

【课堂互动问题7-2】马里奥特饭店的网络营销对其自身发展有何影响？

7.4 我国旅游网络营销分析

随着经济的发展、人们收入水平的提高以及闲暇时间的增加，人们对生活品质的要求也日益提高，旅游逐渐成为人们生活中不可或缺的一部分。互联网在信息传播方面所具有的实效性、即时互动性、便捷性、全面性、经济性等特性使其日益成为人们出游前收集信息必不可少的工具。旅游业是信息密集型和信息依托型产业，其对信息的高度依赖和互联网在信息传播方面的特性决定了旅游业以网络作为营销工具和手段是必然的。旅游网络营销是适应网络技术发展与信息网络时代社会变革的新生事物，已经成为新世纪旅游营销的重要手段和方式，我国旅游网络营销也面临着有利的发展机遇。

7.4.1 我国旅游网络发展现状

依据中国互联网信息中心(CNNIC)于2023年8月发布的第52次《中国互联网络发展状况统计报告》，截至2023年6月，我国网民规模达10.79亿人，互联网普及率达76.4%。

1. 国内旅游网站数量增长迅猛

自1997年华夏旅游网创办以来，中国的旅游网络获得飞速发展。文化部与国家旅游局合并后，地方旅游网站也进行了整合，出现了很多具有代表性的地方文化旅游官方网站和企业网站，如浙江文化旅游政府网站(https://ct.zj.gov.cn/)、西藏旅游网(https://lyw.xizang.gov.cn/)、九寨沟景区官方网站(https://www.jiuzhai.com/)等。我国专业旅游网站主要分为五大类：一是提供实用旅游信息查询和产品预订中介服务的综合性旅游电子商务网站；二是主营航空、酒店或其他某类旅游产品预订的网站；三是旅游企业用以开展网络宣传及网上旅游业务的网站；四是各类旅游目的地资讯网和地方性旅游网站；五是旅游管理部门、行业协会、研究机构等建设的以面向业内为主的网站。

2. 旅游网络市场规模平稳增长

截至2023年6月，我国在线旅行预订用户规模达4.54亿人，较2022年12月增长3091万人，占网民整体的42.1%。2023年上半年，我国旅行预订市场复苏势头强劲，旅游企业积极把握这一发展新机遇，通过进一步提升核心竞争力，助推行业高质量发展，相关企业业绩实现了显著的增长。2023年一季度，携程集团净营业收入同比增长124%，其中住宿预订、交通票务、旅游度假收入同比分别增长140%、150%和211%。此外，同程旅行、飞猪旅行、途牛旅游等的一季度业绩也都实现了较快增长。

此外，旅游企业丰富的产品和服务供给，持续增强了用户黏性。例如，同程旅行将酒店、机票、火车票、景点门票等业务接入微信搜一搜，打通公众号、小程序、搜一搜、视频号等多场景服务，带动用户规模持续增长。2023年一季度，同程旅行的平均月活跃用户(monthly active user，MAU)同比增长16.9%。

3. 逐步形成政府主导旅游电子商务发展的态势

从2002年起，我国国家旅游信息化工程——金旅工程，将建设旅游目的地营销系统作为其电子商务部分的发展重点，计划把旅游目的地营销系统建设成为信息时代中国旅游目的地进行国内外宣传、促销和服务的重要手段。中国旅游目的地营销系统按照"国家—省—市—旅游景区/企业"的多层结构，涉及各个层次的旅游目的地信息，有序组织并逐级向上汇总。在完善建设国家级主站(www.yahtour.com)的同时，以省、市层次为建设重点，主要建设内容包括目的地网络形象、目的地旅游网、目的地信息系统、旅游电子地图系统、旅游企业黄页系统、旅游行程规划系统、旅游营销系统、电子邮件营销系统、三维实景系统等，通过这些功能的有效组合形成了旅游目的地网上宣传平台。

此外，一个目的地营销系统还可以支持其他管理功能，如项目活动管理、调研、设计和分析、新闻发布和年度报告等。

4. 互联网日益成为中国网民了解旅游信息的主要渠道

据统计，中国网民通过互联网获取旅游信息的比例占总游客量的58%，越来越多的人倾向于通过网络获取旅游目的地信息，通过网络购买机票、门票、住宿等服务，并通过网络分享旅游体验。网络在自由行时代更加彰显了便捷、强大的传播功能。从1998年网络媒体意识开始形成至今，网络在信息传播中的作用越来越突出，直至发展成为现今的"第四媒体"。所谓的"第四媒体"，是指除报纸、广播和电视这三大主流媒体之外的互联网新媒体。

网络媒体充分发挥了互联网不受空间和时间限制的特点，同时其特点也决定了网络媒体在内容上不拘一格的发展方向。同传统媒体相比，网络媒体在快捷性、传播范围、受众数量、海量信息、表现形式、互动性等方面具有独特的优势。例如，"贾君鹏事件"就充分展现了网络的强大互动性与传播的时效性。

网络媒体聚集了我国63.5%受过高等教育的人士，而这些受过高等教育的人士又是出游的生力军。大多数景区主要通过电视广告、广播、户外广告等形式进行宣传推广。然而，如今多数旅游者通过网络媒体获得更深层次的旅游信息。最近一项调查显示，中国网民在网上停留的时间是一千分钟，这一指标大大高于电视收视的时间。而平面媒体的受众局限性、时效滞后性都使得更多的旅游者选择网络来获取信息。

信息渠道决定传播影响力，传播影响力决定品牌影响力，品牌影响力决定旅游者的选择。如今，网络媒体已日益成为重要乃至主流的信息渠道。随着互联网技术发展的成熟以及联网成本的日益低廉，互联网好比一种"万能胶"，将企业、团体、组织以及个人跨时空联结在一起。旅游作为传播知识、美感的行业，涉及对旅游信息、旅游地现况、旅游图片、视频、新闻等方面的传播，同样需要借助互联网工具来实现。在旅游营销传播的实战中，有13种武器成为互联网全矩阵营销推广的宠儿，即搜索、贴吧、百科、知道、IM、微博、博客、论坛、视频、SNS、美图、团购、资讯。

iiMedia Research数据显示，内容分享平台(小红书、微博、豆瓣、知乎等)、短视频平台(抖音、快手等)、线上旅游平台(去哪儿网、携程等)是网民了解旅游资讯的主要渠道，分别占比57.9%、50.9%和46.4%。亲朋好友介绍、视频类分享平台(哔哩哔哩、腾讯视频等)、有关吃喝玩乐的公众号也是网民了解旅游资讯的重要途径，分别占比43%、38.4%和25%。此外，还有7.8%网民表示会通过旅行社了解旅游资讯。由此可见，在未来，互联网将会成为旅游信息查询的主要渠道。

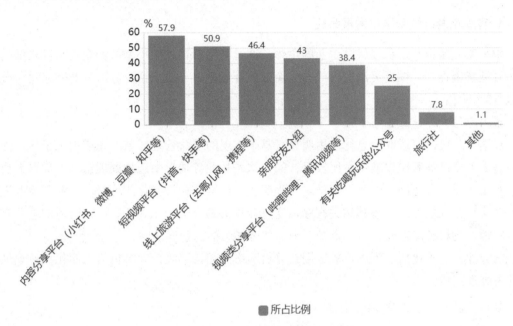

图7-1　2021年中国网民了解旅游资讯渠道

数据来源：iiMedia Research(艾媒咨询)

5. 我国旅游网络营销发展相对滞后，且呈现出区域发展不平衡态势

小资料
"贾君鹏事件"

我国旅游网络营销发展相对滞后，主要表现在以下几个方面。

(1) 网络竞争意识不强，对旅游网络营销认识不清，没有认识到网络电子商务正在彻底改变传统市场营销方式，没有按市场营销的原理来指导旅游网络营销体系的建设，多数旅游目的地和旅游企业仅把网站作为信息发布的渠道，没有很好地发挥网络作为重要营销工具的作用。

(2) 旅游网络利用率不高，多数旅游网站提供的旅游信息和服务较少，营销方式单一，不能最大限度地满足旅游者信息获取的需要，也不能为旅游者提供各种定制化和个性化的服务。

(3) 旅游网站的设计较为简单且雷同，专业性不强，行业特点不突出，缺乏特色，没有利用新技术、新手段和新方式开展网络营销。

(4) 旅游网络营销策略水平不高，对旅游网络营销这种特殊的营销方式的营销策略缺乏系统研究，没有形成一套适合我国国情的旅游网络营销策略

(5) 国家没有出台与旅游网络营销相关的政策和法规，没有制定具有指引和规范性质的旅游网络营销发展规划。

(6) 旅游网络营销的发展呈现出不均衡性，东部沿海较发达地区的旅游目的地和旅游企业在运用网络营销的广度、手段和方式、策略、技术和资金支持等方面都优于中西部欠发达地区。

7.4.2　我国旅游网络营销的发展

1. 我国旅游行业网络化发展阶段

中小型旅游企业是我国旅游企业的主体。通过网络营销，中小型旅游企业可以较低的成本开展营销推广，以更灵活的方式与大企业展开竞争。一般来说，旅游行业网络化可分为以下3个阶段。

第一阶段：部分业务电子化

在这一阶段，可选取信息化作用明显、易于实现的经营管理环节率先实现电子化，为企业建立电子商务系统作准备。比较可行的方法是从业务项目中选择处理量大、需要人员多、手工操作错误率高，以及有条件实行程序化、标准化和规格化的项目，对业务流程进行程序化、标准化工作，编制相关程序，通过计算机进行电子化处理。比较合适的项目有财务管理、物料进出管理、客户资源管理、住客基本信息管理等。

部分业务电子化后，可以形成运用计算机网络的初始环境，同时也可以简化大量烦琐的业务处理工作。

第二阶段：电子销售/预订阶段

这个阶段的目标是在部分业务电子化的基础上，建立电子销售/预订系统。处于这个阶段的企业，不再仅仅满足于将电子化作为提高业务效率的手段，而是要利用网络和电子信息技术辅助企业市场经营。企业应通过互联网介绍企业信息和接受预订，在网络上突出特色，利用全球分销系统、预订系统、旅游目的地电子商务系统和第三方网站等渠道实行电子销售，并实施客户关系管理和主动电子营销，提高销售自动化水平和效率。同时，通过数据积累，进行交易信息的全程管理和数据挖掘，为智能化决策分析提供条件。

第三阶段：全面信息化阶段

这个阶段的目标是对内实现比较全面的信息化业务流程再造和信息化管理，通过企业管理信息系统及其各专门系统的接口，实现大部分信息流、资金流的自动处理，以及对人员、物资、设备的信息化管理和控制；对外接受电子预订、支付，与各类旅游企业形成紧密联系，实现电子协作，按照标准的程序和格式交换产品和供需信息，并实施电子采购等。

同时，在这一阶段，我国的旅游网站增加迅猛。自1997年华夏旅游网创办以来，中国的旅游网络获得飞速发展。借助搜狐网的搜索功能，仅中文在线旅游网站(包括旅游频道和网页)就搜出951个。据不完全统计，这个数字还不到实际旅游网站数的四分之一。进入21世纪以来，中国经历了全球网络经济的剧烈震荡，旅游网站进行了大整合，出现了一大批有影响力的旅游网站，如中国旅游网、中华旅游网、华夏旅游网、中国旅游资讯网、英特中国旅游网、东方旅游网、绿色通道中国旅游服务网、携程旅游网、中华万游网、西部旅游网、八千里路旅游网、中国旅游规划设计网等。海内外风险投资资本十分看好中国旅游业的发展和中国旅游电子商务的巨大利益空间，纷纷投资中国各大旅游网，中国香港长江实业集团、美国IDG公司、港中旅游集团、中国香港南华集团等海外公司，相继投资华夏旅游网、携程旅游网等一些专业旅游网站，显示出旅游电子商务的巨大市场空间。同时，我国各省市旅游网络建设也有不同程度的发展。

2. 我国旅游网络营销存在的问题

尽管旅游网络营销特点突出、优势明显，但是，我国旅游网络营销的总体发展水平比较低，在网络硬件和软件方面仍存在一定的问题。

1) 硬件问题

(1) 网络基础设施不完善，安全性不高，网站运营开支较大。

(2) 缺少安全、方便的网络支付系统。

(3) 物流配送网络不配套，邮政速递业务成本太高。

2) 软件问题

我国旅游网络营销的软件问题主要是旅游专业营销水平太低，主要表现在以下几个方面。

(1) 网络竞争意识不强，企业对旅游网络营销的重要性认识不足。很多旅游企业不重视网络营销业务，仍守着传统的营销方式停滞不前。

(2) 网络营销旅游产品单一，存在网络资源浪费的情况。多数旅游网站把网络视为介绍企业和旅游路线的工具，只把传统的旅游产品挂到网上，并没有针对互联网营销的特点开发和设计新产品，不仅使得营销效果有限，也浪费了获取客户信息、获取竞争优势的途径。

(3) 旅游企业内外信息系统没有整合集成。互联网与企业内部的信息系统相结合，可使企业真正成为以顾客为中心、反应快速的营销机器。然而，由于旅游企业内部信息系统尚未完善，经常会产生信息孤岛的现象。

(4) 旅游企业缺乏或不重视人才。拥有既懂得旅游营销知识又懂得网络信息技术的复合型人才，是旅游企业做大做强的一个重要条件，而现实中符合这一要求的高素质人才非常缺乏。

(5) 旅游产品的全球化目标受到限制。由于互联网能够超越时间和空间的限制，旅游企业可随时随地提供全球营销服务，从而使诸多旅游产品能够突破传统营销时空界限，成为全国化、国际化产品。但在众多的旅游企业网站中，有中英文叙述的信息并不多见，配有日文、法文、德文等其他国家语言说明的更是寥寥无几，这样很难实现旅游产品的全球化目标。

(6) 网络和旅游者互动式沟通尚未发生作用。通过互联网，旅游企业可以和旅游者做互动双向沟通，了解其购买意向。当产品投入市场后，即可通过反馈意见及时对旅游产品进行更新、改造，技术人员也可通过网上交流与共同设计快速地完成旅游产品设计。但现实情况是，旅游产品更新换代缓慢，旅游企业还不能通过专有的信息处理系统进行大量信息的收集、归纳、分析与反馈，仍采取传统手段设计大众化的旅游产品。这是由于在网络经济发展大环境的条件制约下，部分旅游企业仍将注意力放在传统的营销模式上，没有充分利用互联网的信息采集功能。另外，旅游企业也缺乏既懂技术又懂旅游的管理人才。

（7）网络渠道并未取代中间渠道。网络销售渠道大大简化了传统营销中的多渠道构成，生产者和消费者可以通过网络直接进行交易。例如，旅游者可越过旅行社直接与航空公司进行面对面购票交易，分工精细的趋势将压缩旅行社代买机票的空间。但在现阶段，旅游者还是习惯于通过旅行社购票，这是因为旅行社数量多、分布广，方便购票而且服务周到，有时还能通过折扣给予旅游者一些优惠，所以旅游者还是愿意采用传统渠道。

（8）网络虚拟促销宣传并无特色。多数旅游企业并没有利用网络媒介特有的动画、电影、三维空间、虚拟视觉、声音等信息传播模式的功能，网上产品信息制作与传统的宣传单、宣传画报并无两样，有的甚至简单到只有联系方式。另外，大多数网页制作格式相仿，内容单调，不能突出旅游企业自身特点，因此对旅游者的吸引力较小。

（9）网络促销方式不受旅游企业青睐。网络营销是一种"软营销"，不会单向地强迫他人接受，而是提供相关信息，遵守网络礼仪。但现阶段多数旅游企业并不习惯旅游者主导型的网络促销方式，有的甚至完全放弃网络促销，仍然采用传统广告的模式，靠加深印象潜移默化地劝诱旅游者购买，甚至认为传统的促销方式更为主动、直接、快速，能取得较好的经济效益。

3. 我国发展旅游网络营销的对策

针对我国旅游网络营销所面临的众多问题，欲寻求旅游网络营销的深入发展，必须采取相应的发展对策。

1) 完善旅游网站建设

我国旅游电子商务网站多数是由网络经营者创办的，真正由旅游企业建立的极少，这就出现了旅游公司不了解网络、网络不熟悉旅游业务的现象，从而导致旅游网站的内容空洞、缺乏吸引力。因此，旅游业网络销售的关键之一是强化旅游信息的开发，提供全面、详细、准确、及时的旅游信息。旅游信息的及时性也就是信息的现时性。房价、票价、旅游节目等旅游信息具有很强的时效性，很容易成为过时的信息，必须及时更新，以确保其现时性。

2) 加快网络支付体制的安全性与便利性发展

旅游网络营销作为一种新生事物，需要给予政策法规方面的保护和扶持，在旅游信息网络建设、旅游信息开发、旅游信息网络电子商务等各个方面提供法律和政策的保障，特别是要确保商业事务的安全性、旅游网络营销记录和事务的长期完整性，防止欺诈行为，只有这样才能提供开展广泛的旅游网络营销所必需的可信度。

3) 完善网络营销网站操作模式

旅游网络营销提供的产品主要是服务产品，现代旅游企业要想获得长远发展，必须能提供优质服务。这里的优质服务是指旅游企业通过网络和电子方式了解旅游者在什么时候、什么地点需要什么样的服务。只有当预订网站能够实现实时商务信息的展示，并且旅游者在递交订单后能够得到实时、快速的处理时，旅游者和旅游企业才会使用这样的网络营销系统。

4) 建设企业内网，实行联销经营，积极开展旅游网络营销

专家预测，今后几年我国旅游网络营销理念将从"以交易为中心"向"以服务为中心"发展，旅游网络营销将在服务上更加完善、更人性化；旅游网络营销系统将增进旅游企业的互联与整合，旅游企业建网形成"信息孤岛"的不成熟模式将得到改观；旅游网络营销标准与规范亟待建立；移动电子商务等新技术的应用，将使行前、行中、行后的旅游者得到系列化的服务。因此，当前我国旅游网站的建设要突破商业网站圈钱、烧钱的怪圈，以服务为本，以旅游者的真正需求为导向来开展业务。

5) 细分市场，转变企业和顾客的传统观念

对于大多数中国人来说，传统的购物方式已在头脑中根深蒂固，成为一种习惯，因此，旅游企业应该通过不断创新和丰富网络营销内容等方式来转变消费者"一手交钱一手交货"的购物方式。旅游企业只有发展好现阶段的网络营销，才能不断地加速外部环境的改善，从而在良性循环中向更高层次发展。要做到这一点，关键在于旅游企业要做好市场细分工作，只有通过市场细分，才能进行明智、准确的市场定位，从而进行有的放矢的产品设计、形象塑造，减少其宣传的盲目性和不可预测性。

6) 提高信誉，实施旅游网站品牌策略

没有信誉就没有网络经营，信誉是维系旅游市场诸方关系的重要纽带，也是建立网络经营模式和开拓市场的必要条件。销售产品首先需要建立和维护"信誉"，只有树立良好的企业形象，旅游产品才会有销路。具体说来，就是旅游企业要强化网络经营法制观念，严格按照电子商务兑现承诺，全方位地提供优质服务，取信于市场，进而建立旅游企业的品牌形象，提升品牌信誉，使电子商务越做越大。

全国旅游网站多达上千家，要想突出经营特色就必须在服务内容、范围和品质上有所突破和发展。旅游企业是服务行业，旅游网站同样也是服务行业。因此，旅游网站的生存取决于它在服务内容、范围、品质上的含金量。许多旅游企业网站除了存在经营定位模糊的弱点之外，还存在"单兵作战"、内容范围过窄等问题，使得互联网优势无法体现，难以产生规模效应和边际效应。因此，旅游网站必须进行企业规模化运作和互联网跨地区经营，实现优势互补和互相促进。

7) 培养和吸纳专业人才

旅游企业应将计算机技术与本行业相融合，再进行开发。旅游行业中有知识或有经验的专业人才往往不具备网络技术，旅游企业必须依靠计算机网络公司进行网络设计，而这类公司在电子技术方面是行家里手，在旅游行业却缺乏专业知识和经验。旅游企业可采取培养内部员工或吸纳社会上的专业人才的模式，以加快企业信息化进程。

8) 完善法规，增强意识

一方面，政府应出台并完善有关网络基础设施建设、网络交易的税收、用户安全和权益等方面的政策、法规，引导旅游企业在统一规划的前提下加快网络发展，避免重复建设而造成资源浪费，并利用道德和法规的手段规范旅游企业交易活动，抵制少数消费者的恶

意行为和不法行为。另一方面，政府应当大力进行宣传教育，利用舆论工具和通过其他途径引导和培养人们的新观念，调动人们广泛参与的积极性，将上网视为时尚，使其意识到开展旅游电子商务活动不仅是地位和身份的象征，也是一种高层次的商务行为。此外，政府还应鼓励旅游企业迅速转变经营思想和方针，使旅游企业明确信息时代是世界潮流，旅游电子商务的前景尤为光明，如果旅游企业在21世纪忽视互联网，将很难生存，也很难在国内外市场竞争立足，因此，旅游企业必须将日常经营纳入互联网轨道，从而推动旅游电子商务的发展。

旅游网络营销的发展将给中国旅游企业带来新的机遇。旅游企业之间、旅游企业与旅游者之间的网络营销活动将改变旅游企业传统的运作方式。随着上述问题的解决和相应对策的实施，中国旅游网络营销的发展必将走向成熟。

◈ 单元小结与练习

◆ 单元小结

随着旅游网站的涌现，旅游网络营销给中国旅游市场带来了革命性的冲击。网络时代正在创造旅游营销的奇迹。

对于我国旅游企业而言，盲目开展网络营销或者漠视网络营销对旅游业的作用，都是不可取的。在未来，网络营销是大势所趋，有准备的旅游企业将在竞争中胜出，仓促应战、没有准备的旅游企业将在竞争中处于被动地位。细分市场，根据企业规模和目标市场定位，制定网络营销战略，开展多种模式的网络营销，是我国旅游企业在信息社会发展的必由之路。

◆ 实训

实训7.1

◆ 习题

1. 网络营销的基本含义是什么？主要特点有哪些？

2. 网络营销的主要技术手段有哪些？

3. 旅游网络营销的运用领域和范围有哪些？

4. 旅游网络营销的发展趋势是什么？

5. 旅游网络营销存在哪些问题？如何解决这些问题？

6. 结合实地调研，分析本地区旅游景区和酒店网络营销的现状，分析存在的主要问题，并提出相应的对策。

第8章 旅游企业电子商务

课前导读

近年来，传统旅游业越来越明显地感受到来自互联网这把"双刃剑"的考验。一方面，互联网为传统旅游业带来新的机遇，促进了旅游企业服务水平和运作水平的提高；另一方面，没有开展网上业务的旅游企业面临严峻的挑战。因此，各旅游企业纷纷推出自己的网站，以便开展旅游信息发布、票务预订、旅游产品销售等旅游电子商务活动。

学习目标

知识目标：了解旅行社、景区、饭店旅游电子商务的基本概念与作用；理解旅游企业电子商务的特点及发展趋势；掌握旅行社、景区、饭店旅游企业电子商务系统的构成。

能力目标：熟练操作旅游企业电子商务系统；具备应用现代信息技术开展旅游商务活动的能力。

素质目标：丰富学生的旅游相关知识；提高学生的网络信息编辑技术能力，以及在旅游企业电子商务系统运作中的组织和管理能力。

8.1 旅行社电子商务

旅游业是一个为旅游者提供吃、住、行、游、购、娱等多种服务的综合性经济产业，因其产品主要是信息流与资金流，基本上不涉及电子商务发展的瓶颈——物流，从而与电子商务实现了高效的结合。旅行社作为旅游产品的组合者和销售者，在旅游产品供应链中起着承上启下的中介作用，与旅游交通、旅游饭店并称为"旅游业三大支柱"。随着以酒店预订、机票预订、旅游线路预订、旅游目的地营销等为主营业务的旅游网站的建成与运营，旅游业的信息越来越透明化，旅游交易成本越来越低，传统旅行社面临严峻的挑战。

8.1.1 旅行社电子商务的概念

旅行社电子商务是指一整套的、基于互联网技术的、有着规范业务流程的在线旅游中介服务，也是指专业从事旅行中介服务的企业组织建立并实施一整套基于规范业务流程的、以先进的计算机技术、互联网技术及通信技术为基础的在线旅行服务模式体系。

这种服务模式的最大特点是可以在线、即时地为旅游者服务，在时间上体现出快捷和便利，因此被称为在线旅游服务模式(online travel service，OTS)。旅行社应用电子商务，可调整企业同消费者、企业同企业以及企业内部的关系，从而可扩大销售、拓展市场，并实现商业经营过程的内部电子化管理。

旅行社电子商务系统可将旅行社各方面的信息资源、服务资源、客户资源集中起来，同时将服务于旅行社的金融机构、旅游目的地营销机构集合进来，形成一个虚拟的、巨大的市场空间。旅行社采用互联网平台可在世界范围内处理市场信息、沟通生产与消费，任何旅行社都可以与旅游者通过网络直接进行物质上虚拟、信息上真实的接触，信息的传递能在瞬时完成，信息迟滞和通过中间环节的信息迂回大大减少，从而提高效率。

课堂案例
中青旅改革
旅游经营模式

【课堂互动问题8-1】请你描述传统的旅游经营模式。

【课堂互动问题8-2】中青旅改革传统旅游经营模式的根本原因是什么？

旅行社管理信息系统支持不同经营规模的各类旅游中介机构的业务运作，并将大量烦琐的市场跟踪、业务管理、信息收发、客户咨询和客户服务等一系列工作，交给计算机来处理，不仅可以大幅度提高效率，而且能有效提升服务质量，使其具备为客户提供更高品质服务的实力。

面对互联网的冲击，有的学者认为旅游电子商务是传统旅行社的"掘墓人"。但笔者认为，电子商务对旅行社无疑会产生一定的影响，但旅行社仍有其存在的价值，具体体现在以下3个方面。

首先，旅行社的存在是社会分工的结果。从经济学的交易费用角度分析，旅游产品供应商所提供的产品种类单一且数量较大，而旅游者所需产品的种类较多但数量较少，旅行社的存在弥合了供需双方之间的产品种类与数量的差距，减少了住宿、交通、景点等单项旅游产品供应商与消费者群体之间交易的次数，降低了旅游业的总体交易成本。旅行社中介的存在使规模购买(团购)成为可能，不但能大幅度减少交易次数、降低交易成本、提高交易效率，而且能降低旅游市场的风险程度。社会分工应基于效率的提高和成本的节约，因此旅行社是社会分工的产物，不会轻易消失。

其次，旅行社具有更高的专业优势。旅游者运用信息技术可以提高获取信息的能力，旅行社同样可以将信息技术应用到日常经营管理中。当旅行社与旅游者同时应用信息技术时，旅行社依据自己的专业优势及丰富经验，可以为旅游者提供高效率与低成本的服务，这是旅游者自助购买所望尘莫及的。因为旅游者要完成组合旅游产品的工作，特别是涉及跨国跨地区的旅游活动，必须具有较高的综合素质和能力，这是绝大多数旅游者所不具备的；在规划行程时，旅游者要花费大量时间在网上搜索旅游信息、选择旅游产品、编排旅游行程；抵达旅游目的地后，由于对当地比较陌生，旅游者在自助旅

课堂案例
新之旅为客户
提供配套服务

游过程中很可能麻烦不断。而如果通过旅行社来完成旅游活动的组织和实施，就可以解决旅游者的上述困扰，使其享受真正的快乐之旅。

【课堂互动问题8-3】旅行社在信息时代面临的挑战有哪些？机遇有哪些？

最后，旅行社的人性化服务填补了信息管理的空缺。旅行社从事的是一种人性化服务。随着社会经济的发展，人们对人性化的呼唤、对情感的渴望越来越强烈，而人的感情又是电子化、信息化所不能替代的，特别是导游服务不可缺少，国际旅游界认为"没有导游的服务是不完美的旅游，甚至是没有灵魂的旅游"。从长远来看，旅行社高质量、高品位的人性化服务是信息管理系统所不能替代的。

8.1.2　旅行社电子商务的作用

1. 促进旅行社内部改革，提高经营效率

互联网的应用有利于提高旅行社内部的业务运作和经营管理水平。为了适应个性化旅游的开展，旅行社的工作量和复杂程度都会空前增加。旅行社利用电子订单进行采购和预订，可以节省大量时间、人力和联络费用，由于网上联络频繁，易于修正，还能够减少因计划采购量和实际采购量之间的差异而引起的纠纷。另外，旅行社也可以利用互联网建立内部管理信息系统，建立统一的顾客档案库，以便所属各分社或营业点掌握即时的销售状况，实现信息资源共享；建立财务管理系统(如图8-1所示，为某旅行社财务管理系统中的毛利汇总)，更好地控制所属各营业点的营业收入；设置网上培训课程，供分散在各地工作的员工随时随地学习；建立导游员和各类人员的资料库，以便为内部员工提供定制化服务。内部网络既可以使旅行社内部管理信息畅通，又可以提升管理透明度，这必然会促进旅行社经营管理水平的提高。

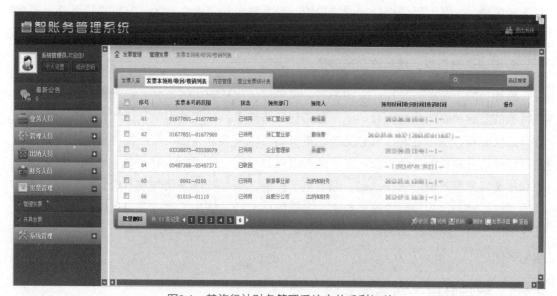

图8-1　某旅行社财务管理系统中的毛利汇总

2. 促进旅行社规模化发展

旅行社要想通过收购兼并，扩大网络化营销，实现经营规模的扩大和市场份额的增加，就必须选择信息化网络平台作为技术支撑；旅行社要想控制购并成本，实现管理经营模式一体化，就必须选择计算机技术规范业务流程；旅行社要想提高经营效率，降低经营成本，实现集中采购、统一支付、团队实时动态监控，就必须选择信息化的中央数据库和互联网技术，从而达到在线运行和信息资源共享的目的；旅行社企业要想克服兼并发展中的地域分散、传统行政管理手段落后、经济核算不一致等问题，实现财务统一、形象统一、产品统一、服务质量统一、人员业务素质统一，就必须选择信息化网络作为跨地区经营的统一平台。

3. 实现企业高管层对员工的管理和控制

推进信息化建设，利用旅行社内部管理软件将旅行社的财务账目、产品采购和产品销售等各项活动及时图形化、数据化、透明化，充分利用软件的制约特性，可大大减少员工在这些环节"暗箱操作"的行为。以团队操作为例，计调人员必须将每一个团队的旅游者名称、联系人、团款额、用车情况、导游情况等详细信息都输入计算机中，否则就领不到团旗、预付款等，无法成团。这样就实现了高管层对员工的制约和控制，避免陷入被计调和票务操纵的局面。

4. 实现旅行社业务及运营的科学高效

利用旅行社业务管理信息化优势，将各类市场销售数据实时汇总、分析，根据准确可靠的数据，旅行社决策层可以从容应对市场、科学预测市场、合理制定产品价格，从而规避市场风险。旅行社及其营销网络之间实现网络化信息交互，可减少电话、传真等信息交互方式的使用，从而降低旅行社通信费用，进而降低运营成本。此外，信息化管理还可实现内部各类文档电子化存储、浏览，从而全面实现无纸化办公。

5. 促进信息交流，增加产品透明度

旅行社的一般业务过程：采购酒店、景区等供应商的旅游产品，进行优化组合，形成有特色的旅游线路或旅游项目产品，再销售给旅游者。在此过程中，旅行社需要与众多旅游产品供应商、旅游者进行信息交换。电子商务由于其开放性、交互性等特性成为旅行社进行对外信息宣传的最佳平台。电子商务可以打破时空的限制，最大限度地将各种旅游资源和旅游信息有效地结合在一起。通过电子商务，旅行社可以及时发布最新旅游线路和产品的信息、动态，为旅游者提供全面、准确的旅游产品信息。旅游者也可以清楚了解旅行社提供的旅游线路和产品的价格、特点等，从而消除在旅游活动过程中由于信息不对称造成的影响。

8.1.3　旅行社电子商务的发展

在信息不发达的传统交易市场中，旅行社垄断了全部的旅游信息。在这种情况下，旅

行社只要把住宿、餐饮、交通、旅游目的地等产品组合起来，市场信息的高度不对称性就会给其带来巨大的利润空间。随着网络的出现，电子商务的非中介化迫使旅行社尽快完成转型和角色的重新定位，重新确定核心竞争力，创造新的利润增长点。

旅行社的利润一部分来自旅游产品销售，更多地来自企业供应链管理。供应链管理是指在达到一定的客户服务水平的条件下，为了使整个供应链系统成本达到最低而把供应商、制造商、仓库、配送中心和渠道商等有效地组织在一起进行产品制造、转运、分销及销售的管理方法。这就要求旅行社必须做到两点：快速反应和有效客户反应。快速反应是指旅行社在旅游资源采购业务中，面对众多旅游产品，必须做到在旅游者提出购买需求时，以最快的速度抽取酒店、旅游目的地等产品要素并加工组装。有效客户反应要求旅行社供应链上的每一个节点企业相互协调、合作，更快、更好以及以更低的成本来满足旅游者的要求。要想做到快速反应和有效客户反应，旅行社在实施供应链管理时需要建立广泛的采购供应网络，在与供应商，如交通企业、住宿企业、餐饮企业、旅游目的地、保险公司、地接社及其他相关供应商洽谈业务与合作方式时，要正确处理保证供应质量和降低成本、集中采购与分散采购、预订与退订的关系，并签订明确双方权利与义务的经济合同。

旅游网络营销可以满足旅游者对个性化、定制化产品的需要，加强专业特色服务，提升营销效果。互联网使旅行社可以直接与旅游者或潜在旅游者互动交流，旅行社可以准确掌握旅游者及潜在旅游者的喜好，量身定做旅游产品。Web技术和多媒体技术的发展，实现了网络虚拟实景旅游，降低了旅游者的购买风险。通过网络进行供应链管理，有利于旅行社根据经验，发挥中介批量采购的优势，从而降低旅游成本。

在旅行社中，信息技术不仅可用于辅助组团、接团和导游服务等的数据处理，还可用于各类旅游者信息的维护和管理、财务结算数据的记录和维护、企业信息的记录和维护。更重要的是，它为旅游电子商务的开展奠定了基础。

8.1.4　旅行社电子商务系统的构成

对于旅行社而言，信息技术飞速发展到今天，旅游市场竞争已经不是"大鱼"与"小鱼"之争，而是"快鱼"对"慢鱼"的蚕食。越来越多的传统旅行社逐渐意识到，ICT(information and communication technology，信息和通信技术)才是它们赖以生存和发展的根本。根据艾瑞咨询发布的报告显示，近年来，中国在线旅游交易额逐年递增，2018年(疫情前)中国在线旅游市场交易规模已达14 812.8亿元，同比增长26.3%，中国在线旅游市场已经进入万亿时代。

如今，国内大多数旅行社已经接纳了ICT产业(主要指软件应用系统)，甚至通过它研发出其他更复杂的独具特色的预订系统和管理系统。但一些小规模旅行社仍然在新技术门外徘徊，没有勇气掏出资金配备应对竞争所必需的"望远镜"。对于大型旅行社而言，信息化已经成为促进其生存与发展的最佳工具，以及快速发展的引擎。

1. 旅行社内部信息管理系统

旅行社内部信息管理系统包括旅行作业、管理、经营、决策等方面。国内信息化应用较成功的旅行社包括广东中旅、上海春秋、中青旅、上海国旅等，这些旅行社多数实施了旅行社BPR(business process reengineering，业务流量重组)、订房订票系统、客户关系管理系统等。信息技术在旅行社经营管理中的运用，使收集信息、组合路线、计算团费、财务核算、工资管理、收费管理、客户资料管理等事务的处理变得快速而准确。旅行社内部信息管理系统包括"车务管理子系统""散客管理子系统""资金日报子系统""收支曲线子系统""团队操作子系统"等专用功能模块，以及"新品发布""员工档案""客户信息""反馈意见"等普通功能模块。如图8-2所示为某旅行社内部管理软件。

图8-2　某旅行社内部管理软件

2. 旅行社营销系统

1) 自建网站

大型旅行社自建电子商务平台的发展模式适用于开展B2C业务。这种模式依托传统旅游业丰富的资源、庞大的客源、自身强大的实力，能够实现在线旅行社的高度信息化，并能随着旅行社后台系统的完善，整合旅游信息，为旅游者提供个性化的旅游服务。通过自建电子商务平台的带动，可以实现旅行社的信息化改造，打通旅行社内部与外部的信息壁垒，整合线上线下的业务，使传统旅行社与网站融为一体。但是，电子商务平台建设初期的投入成本和中后期的维护成本都比较高，需要大量的人力、财力和物力等资源的支撑。所以，采用这种发展模式的旅行社一般是实力雄厚的大型旅行社。典型的电子商务网站有携程旅行网、中青旅、芒果网、中旅旅行(见图8-3)等。

图8-3　中旅旅行

大型旅行社将网站视为旅行社的一个部门,运营目的有两个:一是在网上推广旅行社及其产品;二是实现盈利,从而实现"网社合一"。旅行社网站提供酒店预订、机票预订、"酒店+机票"商务套餐、自由行、签证、用车和量身定制旅游线路等服务。由于旅行社强大的资源支撑,旅行社的规模优势、品牌知名度等都转化成网站的品牌优势,线路预订是网站的主营业务。同时,旅游网站依托旅行社实体,其酒店预订、线路预订的价格会比一般旅游网站低。网站的业务收入主要包括旅游线路服务费、酒店和机票的预订代理费等,其目标市场主要针对拼团散客、自助游散客和商旅客人等。这种模式的实质是依托旅行社的产品开发和网络优势,提供质量有保证的服务及开发个性化散客旅游产品,满足旅游者的个性化需求。

2) 加盟第三方交易平台

旅行社还可加盟同程旅行(见图8-4)、出行旅游、趣途旅游网、乐途旅游网等第三方旅游交易平台,这些平台依托庞大的旅游资源库和旅行社、酒店、景区、交通票务等相关企业的旅游信息,为旅游者提供吃、住、行、游、购、娱等服务,并提供网上支付、在线地图、社区交流等综合功能,旨在建立旅行社之间特别是组团旅行社和地接旅行社之间的互动信息交流平台,使旅行社在业务活动中能够充分掌握各种信息,节省时间,降低成本,同时最大限度地增加旅行社的营销机会,为旅行社相互之间跨区域建立联系提供更多的商业机会。

在第三方旅游交易平台上,单体旅行社与任何一家加盟的旅游交易网站、旅游分销商、旅游供应商等都可以实现在线交易,无限扩大了分销渠道。加盟的单体旅行社拥有在线服务的网站,其网上分销自动与外部保持同步,无须专人维护,使得直销和分销功能同时发挥。另外,第三代旅游交易平台运用了先进的中央预订系统和全球分销系统等信息技术,能最大限度地简化旅行社与旅行社之间、旅行社与其他旅游企业之间、旅行社与旅游代理商之间的业务操作流程,节省了大量的人力和时间。加盟方式与前两代旅游交易平台的加盟方式类似,也是在遵守联盟协议的基础上,缴纳一定的加盟费用。

图8-4 同程旅行首页

旅行社采用加盟第三方旅游交易平台的合作模式，不仅可以降低广告宣传促销成本，而且可以充分整合旅游资源，加强与其他旅行社及旅游企业的业务联系。旅行社只需缴纳一定的加盟费用，无须投入大量的人力和财力，便可实现旅行社的电子商务建设。这对于实力有限的中小型旅行社来说，作用更为明显。但是，旅行社在实际操作中，特别是在在线支付和交易过程中，应尤其注意双方的诚信和安全问题。

课堂案例
同程网上旅行社

【课堂互动问题8-4】同程旅行这种旅游电子商务模式适合什么样的旅行社？

【课堂互动问题8-5】试比较中小型旅行社自建网站和加盟同程旅行这样的电子商务平台各有什么优缺点。

8.1.5 旅行社电子商务平台实例

1. 金棕榈旅行社电子商务平台

金棕榈旅行社电子商务平台是应旅行社业务流程和电子商务实践的需求而产生的。该软件基于Web平台，融合了国内最新的软件开发技术，包括三大子系统及一个综合平台，分别为旅行社业务流程系统、旅行社网点分销系统、旅行社电子商务网站、旅游业务流程重组与电子商务的信息技术平台，其具体内容如图8-5所示。

(1) 旅行社业务流程系统。该系统包括"前台销售""计划调度""财务""总经理"等功能模块，可承担资源采购(包括线路、酒店、车票、船票、门票等资源)、制订团计划、前台收客、收银开票、计划调度、团队报账、团队结算、各类报表打印输出等事务。

图8-5 金棕榈旅行社电子商务平台内容

(2) 旅行社网点分销系统。该系统具有团队管理、订单管理与收银管理功能。在团队管理模块，可以进行模糊查询、行程安排、团队报名等操作，还可以根据团队状态，通过字体、背景颜色区别各个团队。在订单管理模块，可根据登录用户的权限，显示相应的订单信息，根据唯一的订单流水号，可对订单进行模糊查询、修改删除、游客信息输入、应收款查看等操作。在收银管理模块，可针对已添加的应收款显示相关的信息，根据每笔应收款的流水号，可进行模糊查询，还可对单项或者多项应收款进行收银操作，并生成收款单据。

(3) 旅行社电子商务网站。该系统具有旅游信息查询、旅游产品订购、在线支付等功能，几乎涵盖旅行社日常业务流程的方方面面，具体包括：国内游后台线路管理、设计团计划、团计划安排、游客登记、计划落实、各类报表的生成打印；出境游后台系统维护、设计团计划、行程编制、游客资料登记、后台预留、预留旅游者登记、排团、各类报表统计、报表的生成和打印、结算；导游排陪、旅游资源管理、用户权限设置、前台网点收客、前台网点预留登记、前台开发票、打印发票、外宾散客登记、散客订房等。

(4) 旅游业务流程重组与电子商务的信息技术平台。该平台是一个以业务流程重组为核心，以先进的互联网(internet)、内部网(intranet)和外部网(extranet)及数据库等信息技术为根本，以面向各层次业务管理人员为对象，以友好、便捷、有效为特征的人机界面应用系统。该系统主要包括资源采购流程系统、合同管理流程系统、权限管理流程系统、线路设计流程系统、产品报价流程系统、同业批发和结算流程系统、网点零售和结算流程系统、网上预订流程系统、大客户管理流程系统、游客管理流程系统、团队计划流程系统、订房(订餐、订票)流程系统、旅游节目安排流程系统、导游领队管理流程系统、收银和电子发票流程系统、单团结算流程系统、总经理监控系统、签证和出境卡办理流程系统等。

2. 博纵旅行社管理平台

博纵旅行社管理平台是依据旅行社电子商务实践及旅行社企业的需求，为专线批发商、地接社旅行社以及有门市的组团社量身定制的收客对账软件。该软件包括系统设置、产品管理、订单管理、财务管理、行程下载、同行管理等功能模块，如图8-6所示。运用这套软件，旅行社的收客、计调操作、对账等工作将变得易如反掌，运营效率将实现质的飞跃。

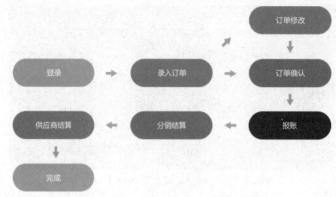

图8-6 博纵旅行社管理软件操作流程

博纵旅行社管理平台针对不同旅行社的需求设计了多款产品。下面本书以Max 8合1为例,简单介绍该软件的主要应用。作为一种B2B核心OA系统,Max把总部管理员、供应商管理、分销商(直营门店)、分销商(加盟挂靠)紧密联系在一起,如图8-7所示。

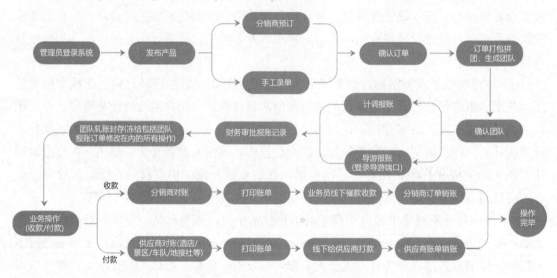

图8-7 博纵Max核心OA系统操作流程

博纵Max全面而又系统地提供组团社日常运营中的财务、门店、供应商、产品、订单、合同、保险等方面的管理功能。该系统为决策者提供广阔视野,呈现多维度数据,便于决策者全面深刻地分析企业运营情况,预估发展趋势,制定最佳决策。旅行社通过Max系统实施信息化变革,简化了组团社管理流程,精简了工作岗位,压缩了运营成本,拓展了利润空间。Max系统带来的科学高效的管理方式,让组团社不再受制于门店、供应商数量上限带来的管理瓶颈,Max系统可以使旅行社在同等人力投入下,拥有数倍规模的管理能力。

8.2 饭店电子商务

饭店业是现代旅游服务业的一个重要组成部分,也是旅游业的三大支柱产业之一,饭店业正面临资源饱和、转移市场方向和定位的行业拐点时期，并已进入"微利时代"。旅游业的高速成长给饭店业的经营发展提供了机遇，更带来了挑战。为争夺客源、提高入住率，饭店之间的竞争异常激烈。经过数年来的经营实践，饭店从业者已经意识到，竞争的目的是盈利，不应以牺牲利润来换取饭店入住率的提高，以价格竞争为主要手段来获取竞争优势显然已经不适合社会发展的现实，饭店从业者开始更多地关注如何寻找竞争新优势来提高或保持饭店的综合竞争力，以获得高于饭店业平均水平的利润率。饭店电子商务成为饭店业取得竞争优势的必要途径。饭店电子商务作为新兴的饭店经营销售手段，近十几年逐渐发展壮大，技术与理念日趋成熟。

8.2.1 饭店电子商务的概念

饭店电子商务属于电子商务领域新兴的一个分支学科，现阶段并没有很明确的概念，根据其实施的手段及业务特点，可以做如下定义：饭店电子商务是指饭店业利用先进的信息技术手段，以计算机网络为平台，最终实现饭店商务活动各环节的信息化、标准化、程序化，包括网上发布、交流饭店基本信息和饭店商务信息；以电子手段进行饭店宣传促销、开展饭店售前售后服务；通过网络查询预订饭店服务产品并进行支付；饭店内部经营管理信息系统的应用等。

饭店电子商务既是旅游行业中一个完整的宏观概念，又是电子商务领域一个细分的应用分支，它具有双重属性。从广义的角度来看，饭店电子商务是一种包含计算机信息技术、网络技术、电子商务、饭店营销等多种技术在内的综合应用；从狭义的角度来看，饭店电子商务是旅游活动的食、住、行、游、购、娱中的一个环节，也是电子商务在饭店经营销售中的一种狭义的应用。

8.2.2 饭店电子商务的应用

电子商务在饭店业中的应用主要包括以下几个方面。

1. 饭店产品网上销售

通过互联网，饭店客人可事先了解自己所订饭店的位置、价格与类型等，轻松完成网上预订业务，还可以通过虚拟客房，在入住前充分体验饭店的有关产品与服务。饭店可以从网上信息平台获取客人的信息，针对客人的个性需求和自身能力整合饭店产品，全面提升对客服务和饭店管理。

2. 饭店物资网上采购

在信息大量流入流出、交易额和交易频率越来越高的现代化商业社会，饭店业无法投入更多的空间和时间管理存放货物，而饭店经营需要采购大量物资且对采购速度要求很高，这往往成为饭店经营中的一大难题。作为现代化商流、物流管理的重要一环，电子订货系统(electronic ordering system，EOS)可以从根本上解决这一问题。电子订货系统将批发、零售所产生的订货数据输入计算机，通过网络将资料传送至总公司、批发商、商品供货商或制造商处。该系统能处理从新商品资料说明到会计结算等所有商品交易过程中的作业，涵盖整个商流。在网络技术迅速发展的今天，电子订货系统使得零库存得以实现。

3. 饭店网上结算

饭店借助电子商务平台进行交易结算，可以使资金周转更快捷、更经济。饭店和客户都可以利用网络从事金融和贸易方面的活动，电子化货币使精确支付成为可能。另外，支付宝、微信、网上银行等各种支付方式使饭店对于费用和资金流动的控制更精确，从而使账户流动更加顺畅和迅速。

4. 饭店网上营销

网上营销以其信息量大、覆盖面广的优势而最早被饭店应用于实际运营中。饭店网上营销可以全面引入RCI (resort condominiums international)模式，将饭店产品的使用权、选择权、收益权、交易权、赠让权和优惠权融为一体，加速饭店空房销售，全面提升饭店和客人的综合效益，真正实现了饭店的无区界销售。

8.2.3　饭店电子商务的发展阶段

1. 部分酒店业务信息化阶段

20世纪80年代，酒店经营日益规模化。为了提高工作效率、降低成本、提高服务质量和管理水平，一些酒店借助计算机来解决运营过程中的人流、物流、资金流和信息流的问题，掀起了第一次信息化的热潮。北京长城饭店第一个引入计算机管理，但应用效果并不理想。例如，服务员打扫完客房后，按系统中的打扫键就能知道这间房已经打扫完了，但是因为服务员不会应用导致系统被闲置。

早期的信息化应用正是为此设计的，以替代手工操作为主而引入计算机电算系统，员工可以利用系统来处理简单、琐碎、重复性强的工作，如基础的财务管理和客房管理。这些应用对酒店实现局部科学管理、提高工作效率、改善服务质量等起到了一定的作用。但是这一阶段的信息化应用并没有从深层次上改变传统酒店业的内部管理流程，还停留于表层，远未达到改变竞争方式和经营管理模式的要求。

尽管电算系统在提高饭店业的经营效率、改善服务质量方面做出了贡献，但并没有改变饭店业的经营模式。电算化阶段即指我国目前大多数饭店所处的数据处理阶段。

2. 电子销售/预订阶段

在金融危机的影响下，以最低的成本追求利益最大化的原则令商家再次拾起电子商务这张王牌，利用酒店网络销售系统进行酒店营销创新。在这一阶段，电子商务的作用体现在以下几个方面。

(1) 应用电子商务，可以有效展示酒店形象和服务，建立良好的客户互动关系，实现高效管理与销售，降低销售成本，提高经济效益和管理水平。

(2) 应用电子商务，买卖双方可采用简单、快捷、低成本的电子通信方式，无须见面即可进行各种商贸活动。

(3) 应用电子商务，可以将酒店产品信息集中在一个平台向客人展示，并提供B2C直接预订渠道，客人只需按其需求进行选择、确认即可。

(4) 应用电子商务，可以拓宽酒店的销售市场，扩大预订消费群体，将酒店业务延伸到新的领域，将酒店产品信息传递到世界各地，将对酒店产品有需求的客人与酒店相连接，为酒店业经营增加新的销售渠道。

(5) 应用电子商务，可以使酒店产品有形化，增强预订群体对酒店产品的信任度。酒店产品具有无形的特点，客人在预订、购买这一产品之前，无法亲自了解所需产品的信息，互联网可以提供虚拟酒店和大量的酒店产品信息，客人可以随心所欲地了解并体验酒店产品。这样不仅培养和扩大了消费群体，而且使无形的酒店产品"有形化"，从而能够提升预订群体对酒店产品的信任度。

3. 全面信息化阶段

针对酒店经营管理的各个环节，计算机管理系统能提供相应的功能模块，以确保系统快捷、规范地运转。当客人到达酒店后，系统自动提示预订项目，并在客人确认后执行。客人只要办理简单的手续就可以领取电子房卡(见图8-8)、入住客房和消费项目。在住店过程中，客人可以凭电子房卡在酒店其他部门签单消费，各种消费项目将通过系统迅速、精确地汇总到客人账户。楼层服务员通过运用自动化智能技术，不用频频敲门，便可根据客房内安装的红外线安全消防监控系统感应客人是否在房内。客房小酒吧的自动化管理可实现自动记账和监控，提示服务员及时补充。当客人结账离店后，酒店管理者可通过系统生成的报表汇总并了解客人的各种信息，包括客人来源、消费项目、消费次数、需求偏好和特殊要求等。这些数据经过集成化处理后将成为经营管理者制定决策的依据，使酒店管理方法逐渐由经验管理转向科学管理。良好的酒店集成化应用可以保证酒店管理的规范、精简，加速内部的业务流程，降低运营成本和提高效率，并能通过实时信息来支持精确管理运作和战略决策。

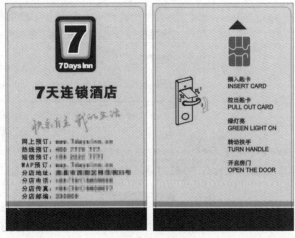

图8-8 电子房卡

8.2.4　饭店电子商务系统的构成

1. 职能业务管理系统

饭店职能业务管理系统就是饭店的后台管理系统，它以财务系统为主，负责完成饭店业务核算和管理工作，具体包括以下几个子系统。

(1) 饭店财务系统。财务总账系统是根据财会工作的特点设置的，它是整个后台财务系统的核心。它主要处理饭店的总账及总明细账，可以提高会计的工作效率和工作质量，还可以提高会计信息的准确性。为了保证系统安全，操作人员均还被财务部管理者授予各种不同的工作权限。

(2) 饭店仓库物品管理系统。饭店的存货大部分是烟、酒、食品等，领用比较频繁，同时还要保证食品的新鲜程度，因此必须准确地掌握物品的出入库和损耗情况。在材料入库时，使用该系统，能够快速统计入库成本；材料领用后，可明确到人和具体用途；同时，该系统还能提供计算成本所需的汇总数据。另外，仓库管理人员、会计人员、业务人员的需求都可在该系统中进行处理。

(3) 饭店采购管理系统(见图8-9)。饭店采购管理系统的功能主要是保证采购食品原料的规格符合饭店服务的标准，同时确保在入库时对货品的检验有章可循。利用该系统可以查询主要供应商的档案，一方面便于联系，另一方面能够跟踪产品的质量和合同的执行情况。该系统还负责收集使用部门的质量反馈信息，为下次采购提供参考。

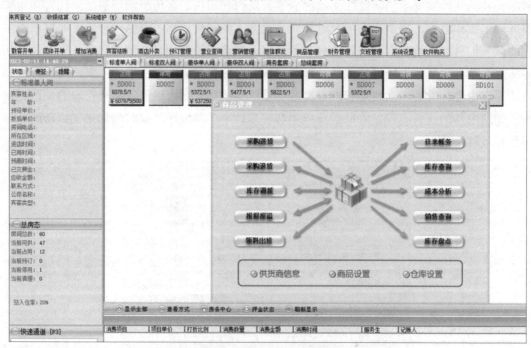

图8-9　饭店采购管理系统

(4) 饭店往来账管理系统。饭店往来账针对客户的不同分类进行管理，既能完成相应的核算，又具备管理分析功能。该系统不仅能对客户的欠款余额进行查询，也能对客户的欠款账目进行分析，还能对往来业务进行核销，保存实际的债权债务情况。

(5) 饭店设备管理系统。饭店设备管理系统主要用于登记设备增添、日常使用及检修维护信息，管理人员可以随时查询设备的使用情况、维护情况和报废情况，完成固定资产折旧计提。对饭店设备的维护、更新、增添要按一定计划进行，以便根据设备的采购及维护费用、使用迫切程度以及饭店的财力情况做出统一安排。

(6) 饭店人力资源管理系统。人力资源管理系统的功能是对饭店人力资源进行管理，该系统可存储、查询、修改员工档案，打印工资单，还能记录员工的工作时间和工作内容、宾客投诉意见等信息，饭店人力部门可以据此对员工进行量化的绩效评估。

(7) 饭店工资管理系统。该系统的主要功能是完成工资发放，同时计算出个人所得税，并对劳资信息进行查询统计。这一功能是从保护员工利益的角度出发的，同时也是确保员工发挥工作主动性的基本保障条件。该系统在月底计算全体员工的工资，由人力资源部根据标准工资文件、考勤记录文件和奖惩记录文件，计算应发给各员工的工资数额，计算结果一份存档保存，另一份交财务部，由财务部根据人力资源部提交的工资表向员工发放工资。

(8) 饭店财务报表系统。财务部是总经理开展经营管理工作的直接参谋和管家，负责公司经济效益总核算，管理资金、物资和账目，并指导业务部门增加营业收入、节约开支、降低消耗、提高经济效益的重要职能部门。财务部的工作对象是财务报表，工作职责是根据总账、明细账、其他报表以及其他数据、凭证等及时准确地编制报表，并做出财务分析。这就要求系统能够提供报表定义、报表维护、报表数据生成、报表查询和报表数据上报等功能。

(9) 总经理查询系统。饭店总经理室是整个饭店管理的行政指挥中心，控制饭店的日常经营状况，同时是饭店管理的核心部门。饭店的经营状况与决策者总经理的关系相当密切。饭店总经理通过总经理室可以了解饭店的基本经营情况。总经理查询系统就是根据这种需要设计出来的。

总经理通过总经理查询系统可以了解和掌握整个饭店的营业收入和费用开支，以便统筹安排各部门的工作。总经理查询系统主要帮助总经理了解客房情况、餐厅情况、财务状况、人事工资、仓库管理、成本控制情况等，以便其做出正确的经营决策，并及时下达各有关部门。

2. 客账收入管理系统

客账收入管理系统就是饭店的前台计算机管理系统，它是直接面向客人的服务系统，其功能的完善性、处理速度、可靠性等直接影响饭店的日常营业，因此它在饭店的计算机管理系统中占有十分重要的地位。

(1) 预订、接待系统。预订、接待系统既是饭店信息管理系统的重要组成部分，又是信息管理系统的主要模块，客房预订工作、客人登记工作、房间分配工作以及会议室管理工作都在该模块中完成。

(2) 收银系统。前台收银系统与前台接待系统一样，都是为处于饭店第一线的服务员提供服务的，它的主要功能是处理客人账务工作以及汇总分析饭店每天的经营情况，同时审核饭店每天的营业收入。

(3) 夜审系统。夜审系统的主要任务是对每日营业作稽核，具体工作包括房租预审、房租入账、房间处理、打印稽核报表(如每日的营业核算表、欠账明细表、餐饮财务表、娱乐财务报表等)。

(4) 客房管理系统。客房管理系统(见图8-10)的主要任务是记录客房的使用状况，提供房间是否空闲、出租、干净等信息，以便于预订接待员分配房间。饭店可以通过客房中心计算机修改房态。如果配备电话交换机系统，可直接由客房服务员通过房间电话修改房态。

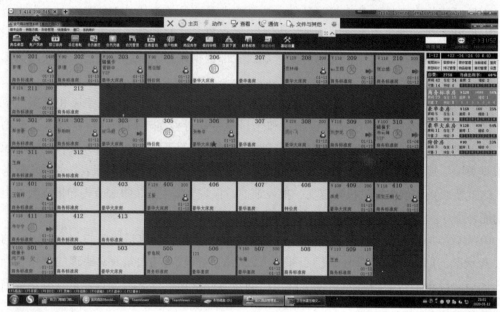

图8-10　客房管理系统

(5) 商务中心系统。商务中心系统的主要功能是为客人处理文字工作，另外还能处理其他费用的结算工作，以及为客人上网和进行电子商务活动提供方便。

(6) 电话计费系统。电话计费系统在饭店计算机管理系统中十分重要且十分常用。由于直拨电话具有即时性，如果账单不能及时送达总台收银处，就有可能"跑单"，给饭店带来经济损失。另外，通过控制饭店内部电话的费用，可杜绝管理人员打私人电话的情况，从而进一步降低饭店管理费用。程控电话联网可减轻话务员的劳动强度。除了实现电话计费和等级控制外，该系统还可提供客房状态修改、饮料房间记账、叫醒服务、留言服务、数字话机显示客人姓名等功能。

(7) 餐饮工作人员收银系统。餐饮收银系统(见图8-11)主要负责处理餐厅和健康中心日常的收银工作。它可以减少工作人员手工操作的差错，提高工作效率，还可以能详细记录营业资料，为饭店经营分析和成本控制积累原始数据，从而有助于饭店改进餐饮服务质量。

(8) 维护系统。在客账收入管理系统日常运行过程中，有时会出现突然停电、操作员不按规章制度关机、误操作、系统本身出错等意外情况，从而造成系统数据不一致。维护系统可消除这些错误，保证数据的高度一致性和完整性，同时提供修改系统代码、修改操作员信息、修改房间类型、维护计费参数等其他功能。

(9) 总经理室查询系统。总经理室查询系统主要提供查询功能，有助于饭店领导快速、全面、准确地了解饭店各部门的有关信息，以便做出正确的经营决策。

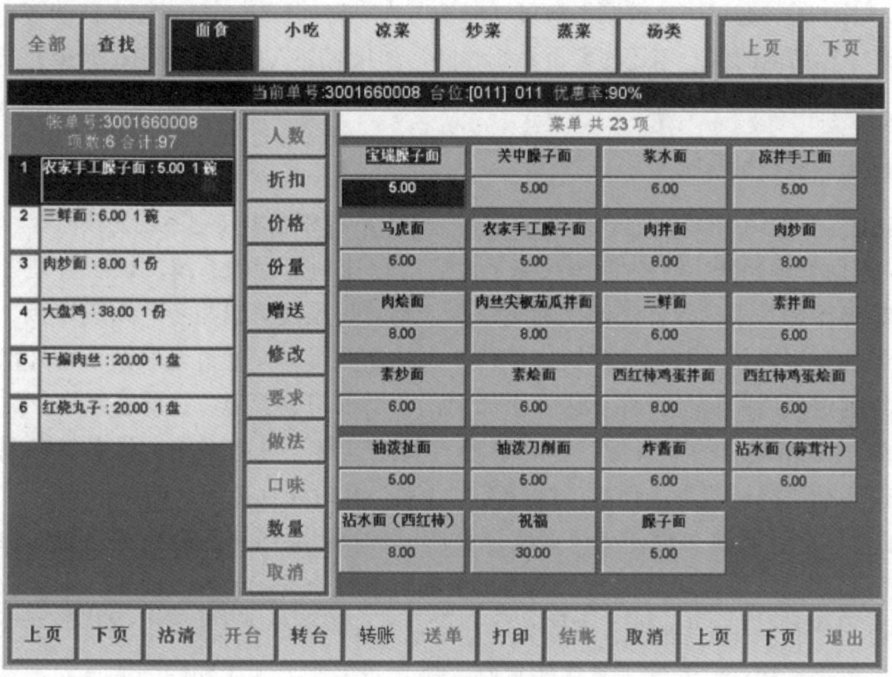

图8-11　餐饮收银系统

3. 客人服务管理系统

(1) 饭店保安监视系统。饭店保安监视系统是饭店保安部门将高科技应用到饭店的防范领域，以此组织安全工作所形成的系统化、集成化、自动化的饭店安全防范系统。这套系统可以文字和声音的方式及时发出警报，记录发出报警的时间、地点，对现场进行录像、录音，同时控制各种安全装置，从而减少意外事件所带来的经济损失，还能通过对讲系统指挥保安人员执行保卫任务。在正常和非正常的情况下，饭店管理者都可以直接干预监控系统工作，系统还可以自动记录操作人员进出系统的时间及操作内容，便于监督管理。

(2) 饭店收费点播电视系统。饭店收费点播电视系统将饭店内部提供的有线电视与互联网连接到一起，打破了时间和空间的限制，客人在任何时间都可以获得视频点播服务。通过该系统，客人可以点播电视节目，可以点播私人信息和账单，可以在客房内通知结账，可以通过电视在饭店订餐、购物，还可以通过互联网实现远程学习和会谈。

(3) 迷你吧计算机系统。迷你吧计算机系统利用饭店自身的计算机分配系统，可以将客房内的消费立即传送到住店客人的账户，可以控制迷你吧中的烈性饮料的定量分配，阻止客房中未成年人接近这些烈性酒，还可以印制各种报表。

(4) 智能门锁系统。智能门锁系统可以确保客房的安全。每一把智能锁只匹配一张特定的开启号码卡片,如客人失落钥匙,客房管理员可以为客人换发新的卡片,同时改变门锁号码。客人住店登记时,一般要求登记预订住店的时间,接待员在客房的门锁系统中设定住店的天数,超过天数卡片钥匙就不能开启门锁。如果客人要续住,就需要到总台再缴纳押金,重新设置门锁时间。

(5) 客房保险箱管理系统。应用保险箱管理系统时,由住店客人自行设定密码;客人离店后,工作人员通过中央控制系统可以取消客人设定的密码,下一位入住的客人再自行设定密码。客房内的保险箱还与警报系统联网,如果有外人擅动保险箱,警报系统会发出警报。

4. 内部经营控制系统

内部经营控制系统以计划管理系统、责任会计系统和成本控制系统为核心。

(1) 计划管理系统。计划管理系统是饭店实行计划管理的系统,饭店管理者通过组织、指导和控制等来确保计划的顺利完成。计划管理系统可以与各个系统连接。总经理通过总经理查询系统,获得反映饭店经营状况的相关资料,通过互联网了解外部环境信息,最终制定饭店的目标,并下达各个部门;各个部门的管理者按照总经理下达的总目标,制定与之相适应的分目标;所有管理人员通过财务总账系统、设备管理系统,对经营管理活动所需经费进行预算,最后落实计划,并对计划进行定期评估。

(2) 责任会计系统。责任会计系统是饭店前台收银系统和后台财务系统的接口和桥梁,它严格规范收银程序,提高了收银工作的可靠性、准确性和及时性。前台收款要及时、准确,对于客人发生的每一笔账务应准确录入计算机的客人账户,并通过每天的夜间审核对账务进行确认,在客人离店结算时,应打印出客人住店期间的账单和结算发票。财务总收款员是会计监督系统的执行者,营业日结束后,各营业点的收银员将收入的现金、收款凭据和营业日报提交财务总收款员,财务总收款员根据会计监督系统提供的查询功能监督收银员的收银过程、核算收款报表,验证其上交现金收入的准确性,经相关人员确认,再利用会计监督系统的另一个功能——汇总入账,把全部款项分别归入相关会计科目,形成反映营业情况的记账凭证。

(3) 成本控制系统。成本控制系统用于财务管理,起到控制预算、分析成本的作用。财务部门制订预算计划,根据客账收入管理系统、饭店仓储管理系统等系统发生的变化,对各项活动的开支进行管理。

5. 市场营销分析系统

市场营销分析系统的作用是收集与分析处理市场信息,它由管理信息收集系统和营销信息处理系统两个子系统组成。

(1) 管理信息收集系统。这个系统负责收集一切与饭店活动有关的信息,信息源于内部环境记录、外部环境监视和营销调研。内部环境信息是评估饭店营销管理工作效果的重要依据;外部环境监视通过对饭店外部环境要素的观察、跟踪以及信息收集,为饭店识别市场机会与环境威胁提供第一手材料;营销调研是有目的、有重点的常规信息管理活动,它是饭店营销人员主动收集关于某一特定问题的信息的重要途径。

(2) 营销信息处理系统。这个系统的任务是将营销收集系统收集到的多而杂的原始信息数据以及信息库中已有的信息数据进行汇总,分析各类信息的特性并试图找出它们之间的关系,总结出满足营销人员需要的结论,这些信息将成为可以被饭店营销人员直接、方便地使用的信息。

6. 饭店电子商务营销系统

电子商务营销是借助联机网络、计算机通信和数字交互技术来实现营销目标的一种方式,它能提供网上预订、信息发布、咨询服务、信息反馈等功能。与传统营销相比,电子商务营销既能为饭店带来全球和全天候的时空优势、多媒体的展示优势、一对一服务的个性优势、自动化预订的效率优势和增收开支的效益优势,同时也为适应散客化的市场趋势提供重要战略。

1) 依赖携程等旅游电子商务平台销售

随着旅游业的发展,旅游中间商的范围不断扩大,除了原有的旅行社、旅游企业外,还出现了像艺龙、携程等利用网络平台为客人提供中介服务的网络订房中心,这些订房中心深化了旅游业电子商务的进一步发展。除了这两家规模比较大的平台外,在全国范围内还有很多规模中等或小型的网络订房中心,其业务操作的共同特征都是将旅游业与电子商务相结合。网络订房中心的发展壮大为酒店发展自己的电子商务提供了广阔的平台。如图8-12所示为加入携程平台的中信宁波国际大酒店的页面。

图8-12 加入携程平台的中信宁波国际大酒店的页面

2) 自建网站独立实现网络营销

酒店自建网站时,既要强调页面的美观性,又要注重页面的功能性和实用性。酒店网站应设置以下几个模块。

(1) 客户管理模块。对客源信息进行分类归档管理,为开发客源市场提供可靠的信息。

(2) 预订管理模块。随着科学技术的迅速发展,预订系统逐渐成为重要的预订推销方式。客人可以利用互联网直接向饭店订房，速度更快、费用更低，已成为重要的订房方式。酒店应把握这些最新动态，充分利用新技术参与市场竞争。

(3) 信息管理模块。该模块包括信息展示模块和信息查询模块。信息展示模块内置大量的饭店产品信息，能最大限度地满足客人身临其境的浏览要求。信息查询模块的主要功能是及时反映客房信息，更快、更好地为客人提供服务，从而提高整个饭店的客房出租率。

(4) 客账管理模块。客账工作是一项基础性工作，充分利用客账管理模块能保证客人在住店期间的各种消费数据更准确、可靠，从而保证饭店的经济利益。

(5) 权限管理模块。对于不同的会员饭店，分配不同的权限。会员饭店只能在规定的权限范围内进行操作，实施不同的权限管理。

(6) 新闻发布模块。饭店管理人员定时向数据库中添加饭店新闻信息，并对已有的新闻信息进行管理。用户浏览时，可以查看最新的饭店新闻动态或查询以往的饭店信息。

(7) 在线论坛模块。该模块主要为饭店管理者、饭店管理专家和饭店客人提供交流信息、管理体会、研究成果和住店心得的空间，也可用于相关人员发表对饭店业发展的评估、展望和对策建议等饭店经营管理方面的信息。

【课堂互动问题8-6】酒店采用电子商务系统的成本优势有哪些？

课堂案例
7天连锁酒店采
用电子商务系统

8.3 景区电子商务——数字化景区

8.3.1 景区电子商务的概念

随着旅游业的发展，出行散客化、服务个性化的趋势越来越明显，旅游者追求便捷、舒适、个性的欲望越来越强烈，自驾游、休闲度假游所占比重越来越大。新的旅游方式必然带来新的问题，面对这些新的问题，仅依靠传统的管理服务手段是远远不够的。在科技飞速发展的今天，景区只有使用信息化、数字化的科技手段，才能让管理有序、让服务温馨、让旅游者满意。

景区电子商务是以景区资源为核心的综合电子商务平台。景区电子商务是旅游产业链不可或缺的一部分，它不仅包括景区门票网上销售，还包括多层次立体化的旅游服务，涉及食、住、行、游、娱、购等多个方面。旅游景区发展电子商务对促进景区旅游业的发展和提高景区竞争力具有重要的意义。景区电子商务不仅丰富了景区旅游产品结构，还吸引了更多的旅游者，从而扩大了景区市场规模。采用传统的景区运营模

课堂案例
北京景区
信息化水平

式，无论是散客还是旅行社组团，都必须到景区现场售票点付款购票，然后进入景区游览；而通过景区电子商务模式，散客和旅行社都可以通过网络查询景区信息，提前在网上订票，还可以选择在线支付票款或到售票点取票付款。景区电子商务不仅能为广大旅游者提供便利，还能提升景区的竞争力。

【课堂互动问题8-7】我国景区信息化存在哪些主要问题？

【课堂互动问题8-8】解决上述问题的关键是什么？

数字化景区是景区信息管理系统发展的最高阶段，即将数字、信息、网络技术应用到景区的保护、管理和旅游开发中。该系统主要包括办公自动化、门禁票务、多媒体展示、GPS车辆调度、智能化监控、环境监测、规划管理、LED信息发布和电子商务9个子系统，可以大大提升景区的管理水平和服务水平。

8.3.2 景区电子商务——数字化景区的发展阶段

根据中央信息化建设战略部署方向，我国数字化景区建设起步于2004年。建设部(现为住房和城乡建设部)推荐黄山和九寨沟风景名胜区纳入国家"十一五"科技攻关重点项目《城市规划、建设、管理与服务数字化工程》子课题——《数字景区示范工程》，两个示范景区分别于2005年4月和6月通过科技部一期工程验收，示范成效显著。自此，我国翻开了数字化景区建设的新篇章。

2005年10月14日，原建设部城建司在九寨沟召开了"国家级风景名胜区监管信息系统暨数字化景区建设工作会议"，实地考察了九寨沟数字化景区建设工作的先进做法和经验，并研究部署了今后监管信息系统建设任务和数字化建设试点工作。同年11月4日，城建司下发《关于搞好国家级风景名胜区数字化建设试点工作的通知》(建城景函〔2005〕143号)，要求各省级主管部门和风景名胜区管理机构高度重视数字化建设工作，并以省为单位开展数字化试点景区的遴选和推荐工作。

2006年1月10日，原建设部城建司下发《关于公布数字化景区建设试点名单的通知》(建城景函〔2006〕5号)，正式确定北京八达岭等18处国家级风景名胜区为数字化建设试点单位。2006年3月30日，原建设部城建司下发《关于增补五台山等四景区为数字化景区试点单位的复函》(建城景函〔2006〕44号)，至此，首批国家级风景名胜区数字化试点单位正式确定为24处(其中黄山、九寨沟为先期数字化示范景区)。2006年4月8日，原建设部城建司在云南省昆明市召开"国家级风景名胜区数字化建设工作交流座谈会"，研究讨论《国家级风景名胜区数字化景区建设指南(征求意见稿)》，并组织座谈交流了当前各景区数字化建设经验。会后，城建司下发《国家级风景名胜区数字化景区建设指南(试行)》，指导各风景名胜区开展数字化建设工作。

2007年7月12日，原建设部城建司在湖南省武陵源国家级风景名胜区召开"中国风景名胜区数字化建设论坛"，重点介绍了"国家级风景名胜区监管信息系统网络平台"建设内容，并结合当前数字化建设工作，各试点景区广泛交流了当前数字化建设的经验。论坛同时邀请了央视等重要媒体单位参加，人民网还对此进行了网络现场直播。

2008年3月18日，原建设部城建司在河南省云台山国家级风景名胜区召开"国家级风景名胜区监管信息系统网络平台培训会议"，重点介绍了网络平台的内容及应用情况，并邀请计算机网络、数字移动技术等相关领域的专家进行指导讲座，同时对各试点景区的数字化建设工作给予指导性建议。

自2005年开始，原建设部适时启动了国家级风景名胜区数字化建设工作，一方面调动先进国家级风景名胜区数字化建设的积极性，加以正确引导和积极推进；另一方面加强了政府与风景名胜区间的资源共享和信息互通互联，使我国风景名胜区开始逐步进入数字化建设时代。

2021年，文化和旅游部发布的《"十四五"文化和旅游发展规划》提出支持一批智慧旅游景区建设，推出一批具有代表性的智慧旅游景区。2023年，文化和旅游部公布了首批全国智慧旅游沉浸式体验新空间培育试点名单，全国共有24个项目入选，涵盖五大类场所，分布于16个省(区、市)。黄山、峨眉山等5A级景区初步建成了综合性的数字化指挥调度中心；4A级以上景区大部分已经开通了门票网络预售，安装使用了电子门禁系统(见图8-13)，建成LED大屏幕信息发布系统，通过卫星联播实现了景区资源相互推介宣传。

图8-13 黄山景区的电子门禁系统

大部分试点景区还相继建成用于森林防火或集游客安全、资源保护等多功能于一体的综合视频监控系统，实现了对主要景区、景点和旅游者集中地带的实时监控。峨眉山风景名胜区按照数字化建设总体方案，加紧实施"1153N系统"工程，构建生态保护、管理服务和市场营销三大体系，设立监控、门禁、旅游咨询等多个子系统，形成景区保护、管理、服务、营销等全方位的数字化管理体系。武陵源风景名胜区近几年来积极推进"数字武陵源"建设，完成了规划监测系统、森林防火系统、电子门禁系统、视频监控系统、GIS地理信息系统、GPS车辆调度系统、电子导游系统、网络售票系统等10个系统的建设，"数字武陵源"雏形初显。石林和河南云台山风景名胜区的数字化建设，都是在2006年4月(在昆明召开数字化景区试点座谈会议)之后启动的，虽然起步较晚，但是起点高、成效显著，石林等景区的数字化建设还获得了联合国教科文组织遗产保护专家的高度评价。

8.3.3 景区电子商务系统的构成

1. 后台服务系统

1) 规划监测系统

规划监测系统利用卫星遥感影像对景区内的土地利用、工程建设、生态环境(含地形地貌、地质构造、植被覆盖、水体变化)和景区总体规划执行情况，特别是核心景区的开发建设等情况进行动态监测，从而为景区的生态环境保护和科学管理提供辅助决策依据。

2) 森林防火系统

森林防火系统通过前端的森林防火智能一体化系统以及无线微波链路设备，将视频编码器输出的视频流媒体及火灾自动报警信息传输到分点监控中心及指挥中心，指挥中心发现警情后可指挥相关人员采取相应措施及时处理。

3) 环境监测系统

环境监测系统(见图8-14)主要收集并分析大气、水、森林、地质以及景点建筑物内的温度和湿度等实时信息，以掌握环境的动态变化。该系统主要应用传感技术、地理信息系统和卫星遥感技术，利用通信网络实现数据的传输和收集，建立并完善资源数据库，再通过后台系统对数据进行整理、分析、评价，为景区的保护、科研、开发提供决策依据。

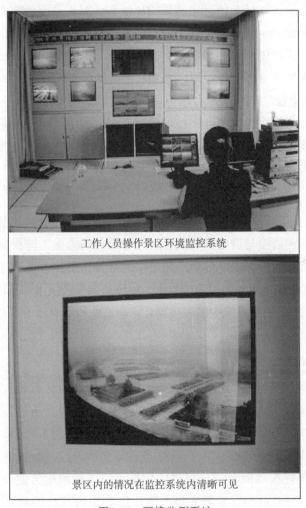

工作人员操作景区环境监控系统

景区内的情况在监控系统内清晰可见

图8-14　环境监测系统

4) 安防监控系统

安防监控系统包括视频监控系统和门禁监控系统。视频监控系统利用视频摄像技术和网络传输技术将前端的视频信号传输到指挥中心，供指挥中心实时监视各类现场，为指挥调度提供有力保障。系统在景区内主要景点、服务区、道路险要路段、停车场、售票中心和检票口等点位安装电子探头,将获得的图像通过网络(光纤/无线)传输到监控中心的电视屏幕墙上和有关部门负责人的办公电脑屏幕上,使管理人员对景区内每个景点的人流量、车流量以及售票中心和检票口的秩序情况一目了然。系统安装了智能视频监控软件后,还可以及时通过一些设定的条件事件触发提示和报警信息,从而确保景区的安全。

门禁监控系统的部署将提高特定管理区域的安全性,防止未经授权的人员随意出入。综合门禁系统应用了RFID、面相识别和指纹识别技术,还可以与可视对讲系统及智能视频监控系统集成,提升安全监控的品质。

5) 地理信息系统

随着信息技术的发展、社会信息化进程的加快和计算机软硬件水平的提高,地理信息系统(geographic information system,GIS)的应用范围逐步扩大到社会信息服务领域,被广泛应用于地质勘探、卫星遥感、军事地形、电力输油、旅游气象、GPS卫星定位、通信、旅游、房地产等行业,在自然资源管理、规划和信息服务方面发挥了重大的作用。

景区GIS由基础平台层和应用平台层组成,包括测绘地形图、正射影像图和数字高程模型等风景区全区域和周边地区的数字地理信息产品,构成了风景区基础地理信息空间框架,为景区数字化管理提供实时、动态、详细、可靠、精确的保障,确保景区与世界同类景区的先进管理模式相协调。

6) 车辆调度系统

针对旅游景区的旅游者难以选择旅游景点、食宿地点、行驶路线及交通工具等问题,系统提出通过景区车辆监控与调度来实现旅游导游服务的方案,即根据旅游者约车电话、景点旅游者统计量及其他信息调度车辆;通过车辆广播指引旅游者选择旅游路线。旅游服务系统中的车辆调度系统集全球定位系统技术、地理信息系统技术和集群移动通信技术于一体,它是一种融合了旅游服务系统中的客房预订管理系统和景点旅游者统计系统的综合车辆管理系统。

7) 电子门票管理系统

电子门票管理系统是将条码、磁卡、智能感应卡、智能计算机控制设备及三辊闸机等设备合理结合,实现进出人员的快速、有序管理,并能对票务实现全面、快速管理的一种智能化通道系统。管理人员通过对后台管理软件进行授权,可将不同级别的用户门票通过软件操作转换成磁卡、感应卡、纸票条码等介质,进而可以在后台对用户进行方便、有效的管理,并能实现后台统一管理,使景点门票管理更方便、更快速。通过使用电子门票管理系统(见图8-15),管理人员不仅可以利用现代化的自动识别手段和先进的计算机技术实现票务工作的自动化管理,快速、准确地进行查询汇总、报表统计等,还可以有效减少工作人员的工作量。

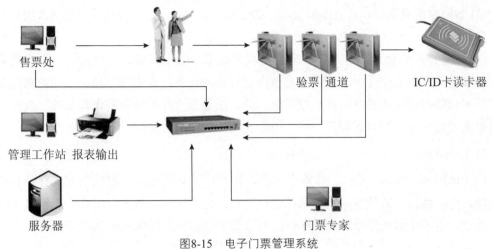

图8-15　电子门票管理系统

注：据80%的景区次年的数据统计结果，电子票务系统可以为景区增加10%的收益。

8) 办公管理系统

办公管理系统(见图8-16)是景区内全面综合的管理信息系统，涵盖景区协同办公、信息发布、客户管理、资产管理、采购管理、人事管理、财务管理、接待管理、景区资源保护管理、报表统计、预订管理、系统管理等景区日常管理工作的方方面面。

图8-16　办公管理系统

2. 对客服务管理系统

1) 虚拟旅游

虚拟旅游是指以全景虚拟现实为主要技术手段的虚拟现实技术，它能够全面展示旅游景点风貌，给旅游者带来身临其境的感受。常见的虚拟旅游景区有以下3种形式。

(1) 景区3D虚拟动画，即用3D动画的方式来展现景区的风貌，这是较为普遍的一种做法。

(2) 与网络游戏联合,打造虚拟景区,如丽水飞石岭景区与天畅科技网游《大唐风云》的合作。

(3) 数字伴游综合体。这是一种综合互联网技术、电子商务、移动通信、无线视频等的旅游移动信息服务平台。旅游者通过使用这种终端设备,在实现移动电子导游功能的同时,还可以随时随地获得吃、住、行、游、购、娱等全方位的旅游资讯和服务。旅游供应商可以通过数字伴游综合体进行产品、服务的宣传和实时交易。

2) 电子地图

电子地图(electronic map),即数字地图,是利用计算机技术,以数字方式存储和查阅的地图。电子地图一般使用向量式图像储存资讯,地图比例可放大、缩小或旋转且不影响显示效果。电子地图软件通常利用地理信息系统来储存和传送地图数据。

3) 电子导游

旅游者在景区游览时,可随身携带电子导游机(见图8-17),随着旅游者位置的转换,导游机会通过各个景点的感应装置,同步播放针对该景点(展品)的语音解说,以及高亮度、高清晰度的动态视频导览图像。该系统将语音解说、动态视频播放和先进的无源RFID精确定位技术相结合,开创了多媒体电子导游应用的新局面。该系统能为旅游者提供更加人性化的音频、视频解说导览功能,景区内无须考虑布线、施工等问题,可以很好地适应公园和博物馆展品多、安全性要求高的特殊环境要求,在节省大量人力、物力的同时,还能保证安装、后期维护的便利、灵活和安全。

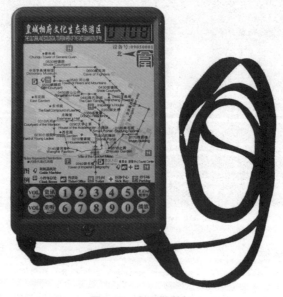

图8-17　电子导游机

4) 多媒体触摸屏导览系统

在多数旅游景区,旅游者往往需要参考景区旅游图进行游览,旅游景区并无额外的旅游导览服务。利用计算机多媒体和计算机软件的强大功能,开发研制多媒体触摸屏导览系统，为进入景区的旅游者提供服务是有一定的现实意义的。多媒体触摸屏导览系统充分利用多媒体技术，提供丰富的声像信息，兼备实用性和可视性。它可提供景区的整体介绍、重要景点的声像资料、旅游线路的选择、往返景区的交通、景区内服务设施说明等信息。

5) 实时定位系统

实时定位系统可以使旅游者立即确定团队其他成员及景点的位置，选择适合的线路，还能接收信息和通知，如气候信息和特别通知等。

6) LED信息发布系统

LED信息发布系统是集旅游者提示、天气预报、景区动态发布、法规宣传、旅游者公告、旅游知识讲解于一体的信息发布平台。该系统采用先进的数据传输技术，使用千兆网高速数据通信芯片，防静电、防雷击，支持无中断的远距离传输，支持自行编制显示程序，用户还可使用图形、图像、动画、视频、直播及幻灯片制作软件来编排、制作、播出节目。

3. 网络营销系统

随着互联网电子商务的迅速发展，景区借助网络开展多方位综合营销迫在眉睫。网上促销具有宣传面广泛、网页设计图文并茂、表现手法灵活、内容易于更新、成本低廉的优势，而且可与上网者进行双向信息交流，引人入胜，说服力强，因而促销效果较好。

(1) 自建网站。景区自建网站是旅游者获得第一手旅游资讯和出行提示的重要窗口，也是旅游者与景区实现零距离互动、沟通的绝佳平台。网站将为广大旅游者提供最新鲜、最及时、最权威的旅游资讯，包括最新的风光图片、最新的景区气象信息、最新的旅游线路推荐、最新的旅游日志分享等资讯，可为广大旅游者出行提供最及时的旅游参考。如图8-18所示为九寨沟自建网站——九网旅游。

课堂案例
九网旅游电子
商务网开创了
中国景区电子
商务的先河

图8-18 九网旅游

【课堂互动问题8-9】九网旅游的运营模式适合哪种类型的景区？

【课堂互动问题8-10】九网旅游吸引旅行社加入订票系统的原因是什么？

课堂案例
驴妈妈运营模式

(2) 通过大型第三方旅游电子商务营销平台实施电子商务，如驴妈妈、天下门票等。这类网站信息量大、更新及时，有较高的访问量，能够产生大量的交易额。它们既能为景区提供销售渠道和交易平台，又能以良好的个性服务、多样化的旅游产品充分满足旅游者的多样化需求，加之具有强大的交互功能，是景区理想的电子商务平台。

【课堂互动问题8-11】驴妈妈网取得成功的主要原因是什么？

【课堂互动问题8-12】还有哪些网站采用与驴妈妈网相同的运营模式？

8.3.4　景区电子商务案例——数字九寨沟

"数字九寨沟"一期工程始于2001年，投建于2002年初，2005年6月正式完工。2005年6月19日，《"数字九寨沟"示范工程》通过国家建设部(现为住房和城乡建设部)验收。

"数字九寨沟"在应用上具备运营管理精细化、资源科研及时化、环境保护智能化、产业开发网络化等特点。

1. 运营管理精细化

"数字九寨沟"的最终目标是"运营管理精细化"，实现管理水平的提升、管理效率的提高、管理成本的控制。"数字九寨沟"工程包括九寨沟电子商务系统、门禁票务系统、办公自动化系统、GPS车辆调度系统、智能监控系统、景区规划管理系统、多媒体展示系统、LED信息发布系统、网上游系统、景区CRM(客户关系管理)、景区ERP(资源规划)。

"数字九寨沟"以旅游电子商务平台为代表，通过网上预售门票，把过去粗放静态的人工票务管理变成了精细动态的数字管理。景区管理部门每天都能准确地把握次日旅游者总量，提前做好景区餐饮、观光车等相关服务资源的配置，不仅大大方便了旅游者，还降低了管理的盲目性，降低了管理成本，使管理更精细化、决策更科学化。

此外，景区内主要景点、服务区、道路险要路段、停车场、售票中心和检票口等110个点位安装了电子探头，智能监控系统可将图像通过光纤传输到智能监控中心，并显示在智能监控中心的电视屏幕墙上和有关部门负责人的办公电脑屏幕上，使管理人员对景区内每一个核心景点的人流量、车流量以及售票中心和检票口的秩序情况一目了然。如果某个景点旅游者过多，就加快车辆调动和旅游者疏导的速度，以平衡各景点的旅游者分布，从而使整个景区的秩序始终处于合理、有序状态。这样不仅能有效保护景区生态环境，而且能使旅游者玩得更为舒适、更为轻松。景区以局域网建设为基础，以OA办公自动化系统为部门应用平台，消除了信息的滞后性，增强了管理局、旅游企业和旅游者之间的动态信息交互，使旅游企业和旅游者能够及时得到相关部门的信息反馈，使景区的政策、法规、处理结果能及时传递给旅游企业和旅游者，同时也为管理局领导及时做出决策提供了依据。

2. 资源科研及时化

资源科研及时化有利于九寨沟管理局更有效地研究生态环境，实现大气、水、森林、地质等实时信息的收集、分析、传播，掌握自然资源的动态变化。在这一方面，主要涉及环境监测系统、地理信息系统和卫星遥感系统。以卫星遥感系统为例，通过卫星遥感影像结合地理信息系统的分析，管理部门能准确地掌握水循环体系、动植物分布及土地资源利用等各种自然资源信息。此外，通过针对大气、水质、地质、森林等方面的其他在线监测手段，可收集相关数据，建立并完善资源数据库，并对数据进行评价分析，为景区的保护、科研、开发提供决策依据。

3. 环境保护智能化

九寨沟管理局始终坚持"保护第一"的指导方针，每年投入大量资金用于景区的保护和环境的改善。为了提高整个景区的保护质量，景区确立了以人工保护为主、以信息技术为辅的保护方针，建立了灾害监测系统，能够及时提供森林火灾、地震、泥石流、病虫害等综合监测信息，同时结合智能监控系统，为景区的保护、科研、开发提供科学决策依据。

4. 产业开发网络化

以九寨沟旅游电子商务系统和九寨沟网络国际旅行社为基础，实现对景区、酒店、购物、娱乐、餐饮等旅游资源和各旅行社的网络化整合。由于九寨沟实施网络平台与网络国旅一体化管理，形成了对整个产业链的整合。对景区、酒店等大多数旅游资源实行量大从优的销售策略，能够促进各旅行社通过网络国旅实行联合采购，从而降低采购成本，扩大销售规模，形成批发代理体系。

通过网络整合营销，能够降低景区、酒店等旅游资源的销售成本，提高管理效率，实现规模化、全球化的宣传和销售。更为重要的是，通过线路组合，形成产品联合，可捆绑各方利益，将分散的资源进行整合，促进共同发展。资源整合的网络平台，能够充分满足旅游者对相关旅游信息查询、旅游线路选择以及购买需求，为旅游者提供一站式服务。网络整合营销不仅能扩大景区的销售规模，还能为景区筹集更多的资金用于资源保护和管理，提升景区的品牌形象，从而吸引更多的旅游者，推动产业的进一步发展。这样，景区保护与产业发展之间便形成了相互造血、相互输血的良性互动机制。

课堂案例
支付宝在线预订，电子商务为旅游景区评级加分

【课堂互动问题8-13】自建网站与加入第三方旅游平台各自有哪些优缺点？

【课堂互动问题8-14】重点风景区和小型旅行社分别适合采用哪种营销模式？

【课堂互动问题8-15】乌镇等景区接入支付宝实行网络预订的动因是什么？

8.4　旅游中间商电子商务

8.4.1　旅游中间商电子商务的概念

在阐述旅游中间商电子商务的概念之前，有必要先介绍旅游中间商。旅游中间商按照时间序列可划分为传统旅游中间商和旅游产品网上中间商。

1. 传统旅游中间商

传统旅游中间商是相对于旅游产品网上中间商而言的，即在旅游电子商务出现之前的旅游中间商。从垂直分工体系的角度划分，旅游市场由旅游者、旅游中间商和旅游供应商组成。旅游者是构成旅游的主体，也是旅游三大要素的基本要素，没有旅游者，旅游就无法实现。旅游供应商指的是各种旅游服务和产品的提供商，包括旅游交通部门、旅游饭店、旅游餐饮部门、旅游景区景点，旅游购物商店、娱乐场所等。旅游中间商在旅游供应商和旅游者之间起中介作用，又分为旅游经营商(旅游批发商)和旅游代理商(旅游零售商)。

关于旅游中间商的定义有很多种。有学者认为，旅游中间商是指协助旅游企业推广、销售旅游产品给最终消费者的集体和个人。它主要包括旅游批发商、旅游经销商、旅游零售商、旅游代理商以及随着互联网的产生与发展而出现的在线网络服务商。也有学者认为，旅游中间商是指介于旅游企业和消费者之间，专门从事转售旅游产品且具有法人资格的经济组织或个人。还有学者认为，旅游中间商是指介于旅游生产者与旅游消费者之间，从事转售目的地旅游企业的产品、具有法人资格的经济组织或个人。

综上所述，本书对于旅游中间商的定义是介于旅游供应商与旅游者之间，专门从事推广、销售旅游产品的具有法人资格的经济组织或个人。

2. 旅游产品网上中间商

电子商务的发展使传统的旅游中间商面临巨大的挑战，但同时也促进了旅游中间商的信息化改造，提高了效率，还使市场上出现了旅游产品网上中间商这种新型中间商。旅游业是以关联协作为特征的产业，涉及食、住、行、游、购、娱六大方面，这就需要有一个信息平台将各种旅游服务集成在一起，使各行业间的信息流通更顺畅，使旅游产品购买者拥有更多的自主权以满足其个性化需求。在这一背景下，产生了旅游产品网上中间商。

旅游产品网上中间商包括旅游批发商、旅游代理商，是旅游供应商与旅游者之间电子商务活动的中间媒介，它能提供虚拟的旅游交易场所和交易服务，从而使旅游者省去大量查询时间，同时还能引导旅游者进行消费。

结合上述内容，本书认为旅游中间商电子商务是指旅游中间商以先进的电子商务手段作为技术支撑，以传统的销售网络作为后台支持，把网络化"虚拟经营"与现实经营网络化结合起来，通过电子商务的模式销售旅游产品与服务的一种商务模式。

8.4.2 旅游中间商电子商务网站

旅游中间商电子商务网站可以分为两类，即旅游中介服务提供商网站和垂直搜索网站。

1. 旅游中介服务提供商网站

这类网站为旅游企业提供中介服务，它通过向客户提供服务而不是提供产品来盈利。例如，为企业提供电子商务代理，出租空间并帮助企业建立附加于电子商务平台的企业网页等，从而使旅游企业的电子商务成本大大降低。这种类型的网站主要有同程旅行网、携程旅行网、艺龙网、驴妈妈旅游网、信天游、欣欣旅游等，下面重点介绍同程旅行网。

同程旅行网预订平台提供旅游一站式预订服务。在住宿领域，截至2023年三季度末，同程旅行网旗下旅智科技的"旅智云""住哲""金天鹅""云掌柜"等品牌，已覆盖中高端及连锁酒店、中小型单体酒店、民宿及集群产业全住宿业数智化应用场景。其中，"旅智云"服务连锁酒店服务门店数超5000家。同程旅行网快速把握需求变化背后的新机会，其产品体系从刚需出行领域延伸至度假玩乐领域。通过同程旅行平台，用户不仅可以享受机票、酒店、景区门票、休闲度假，以及汽车、地铁、公交等预订服务，还可以满足诸如商务旅行、务工通勤、本地玩乐、微度假、跟团游、观赛演出、电子竞技等多样化需求。

驴妈妈旅游网创立于2008年，总部位于上海，是中国景区门票在线预订模式的开创者。网站业务包括提供景区门票、度假酒店、周边游、定制游、国内游、出境游等预订服务。在景区门票方面，驴妈妈早在2008年就以景区门票作为切入点，让"一个人一张票，也能享受优惠"成为现实，并且率先在全国将二维码技术应用于景区门票业务，实现电子门票预订、数字化通关。在度假酒店与周边游方面，驴妈妈创立了"酒店+门票+X"的自助游产品服务体系，以酒店度假套餐预订为突破口，挖掘酒店自身特色项目及与周边关联目的地的度假元素整合，从酒店单元素预订系统地衍生到以度假酒店为核心的目的地一站式产品服务。在国内游方面，驴妈妈"开心驴行"产品首先在国内跟团游中推出，有五大承诺保障，即"若不满意就重玩""1人报名就成行""突发情况随时退""航班延误可理赔""管家服务全程伴"。自2016年以来，"开心驴行"从国内游线路延展到门票、周边游领域，"品质一日游"也已纳入了"开心驴行"。在出境游方面，自2016年以来，驴妈妈"全球直采战略"发展顺利，为邮轮旅游者提供免费选择舱房、赠送邮轮保险、9元岸上Wi-Fi、49元换购邮轮礼包、24小时微管家等附加服务。在定制游方面，与一般传统自由行、跟团游等标准化产品有所不同，驴妈妈定制游依据旅游者的旅游意向，依托自身丰厚的旅游资源，给有个人定制、公司出游、考察参展等旅游需求的旅游者提供一系列高品质、高性价比的旅游线路产品。

2. 垂直搜索网站

垂直搜索引擎是针对某一个行业的专业搜索引擎，既是搜索引擎的细分和延伸，又是对某类专门信息的一次整合。它先定向分字段抽取需要的数据进行处理，然后再以某种形式返回给用户。垂直搜索是针对通用搜索引擎信息量大、查询不准确、深度不够等问题提出来的新搜索引擎服务模式，同时也是针对某一特定领域、某一特定人群或某一特定需求提供有一定价值的信息和相关服务。它的特点是"专、精、深",且具有行业色彩,相比于通用搜索引擎的海量信息无序化,垂直搜索引擎更加专注、具体和深入。

垂直搜索网站以提供搜索信息为主要服务内容,如去哪儿旅行网、酷讯网等。

去哪儿旅行网与全球超过100家航空公司、9000家旅行代理商达成了深度合作,为用户提供更低的价格、更全面的覆盖以及更好的服务。它可以实时搜索预订全球范围内超68万条航线机票、320万家境内外酒店、100多个国家及地区的签证服务、100万条度假线路、近2万个全球目的地景区门票等,支持火车票无间断出票,并提供租车、接送机等地面交通服务。

8.4.3　旅游中间商电子商务网站案例——携程旅行网

1. 携程旅行网简介

携程创立于1999年,总部位于中国上海。携程旅行网为注册会员提供包括酒店预订、机票预订、度假预订、商旅管理、高铁代购以及旅游资讯在内的全方位旅行服务。携程旅行网拥有超过60万家的国内外会员酒店可供预订,是中国领先的酒店预订服务中心,每月酒店预订量达到50余万间夜。

凭借稳定的业务发展能力和优异的盈利能力,携程旅行网于2003年12月在美国纳斯达克成功上市。

2. 携程旅行网服务

1) 旅游度假产品

携程度假提供数百条度假产品线路,包括"三亚""云南""港澳""名山""都市""自驾游"等20余个度假专卖店,每个专卖店内拥有多条不同产品组合线路。旅游者可选择由北京、上海、广州、深圳、杭州、成都、沈阳、南京、青岛、厦门、武汉11个城市出发。

2) 私人向导平台

携程旅游私人向导平台汇集众多导游加入。导游发布的服务在国内是徒步向导,包括9小时讲解和向导服务。旅游者可以通过平台完成服务预订和交易全过程,还可以在平台上根据向导的年龄、性别、价格、服务次数、点评等选择自己心仪的导游。选择后,旅游者可以与导游沟通,初步确定需求。在出行前,导游会根据旅游者的需求定制个性化的游玩线路。确定行程后,旅游者即可在平台上确认合同、在线支付。

3) 携程顾问

2016年,携程旅行网倾力推出全新的"B2C2C"个人旅游分享经济服务模式——携程顾问。携程顾问借助携程品牌和产品库为旅游者提供旅游咨询和预订服务。想要旅游咨询和预订服务的旅游者可使用携程顾问App,获得最有效的帮助。

4) 酒店预订服务

携程旅行网拥有中国领先的酒店预订服务中心，为会员提供即时预订服务，合作酒店超过32 000家，遍布全球138个国家和地区的5900余个城市，有2000余家酒店保留房。

5) 携程信用卡

金穗携程旅行信用卡是中国农业银行股份有限公司(以下简称中国农业银行)与携程旅行网合作发行的金穗系列品牌贷记卡，该卡集金穗贷记卡的金融功能以及携程VIP会员卡功能于一体，可预订全球134个国家的28 000余家二至五星级酒店，可实现国内、国际航线机票信息查询，异地出发，本地订票、取票，旅游者可享受携程旅行网VIP会员各种优惠礼遇，专享酒店折扣、机票折扣、度假折扣等。

6) 携程礼品卡

携程旅行网自2011年推出代号为"游票"的预付卡产品，并逐步深度优化产品的用户体验及支付范围，2013年，其正式定名"携程礼品卡"，有"任我行""任我游"两类产品可供选择。

携程礼品卡(任我行)可预订预付费类酒店、惠选酒店、机票、旅游度假产品、火车票产品、团购产品。携程礼品卡(任我游)可预订预付费类酒店、惠选酒店、旅游度假产品、团购产品。

7) 票价比价

携程旅行网推出的机票、火车票同时预订功能在国内在线旅游行业中尚属首次出现。该功能来源于对用户行为习惯的深入观察，携程旅行网创新性地将机票和火车票放在同一页面进行价格对比，改变了传统火车票单一的订票页面模式，解决了旅游者因价格而难以选择的问题，这是携程的旅游产品创新。

8) 旅游资讯

旅游资讯是携程旅行网为会员提供的附加服务。

(1) 携程旅行网可以查询国内外32 000多家酒店的详细信息。

(2) 目的地指南提供全球200多个国家的6000多个景点的交通、餐饮、住宿、购物、娱乐、出游佳季、推荐线路、注意事项等实用信息，涉及出行情报、火车查询、热点推荐、域外采风、自驾线路等资讯，是旅游者出行前必备的"电子导游"。

(3) 携程网络社区提供全球7万个旅游目的地，包括2万条国内外景点的图文详细介绍，并提供旅游攻略下载、用户游记分享、全方面解答旅游问答、结伴一起去旅行、小组找到驴友以及旅游局官网认证等服务，方便旅游者了解自己所需的旅游目的地信息，让旅游者未到景点就能全方位预览景点风貌，制定更佳的旅行攻略。

(4) 携程旅行网还推出新版旅游丛书《携程走中国》以及旅游类杂志《携程自由行》。

《携程走中国》首批丛书共有六分册(云南、贵州、海南、四川、广西、浙江)，均为大32开四色印刷，累计文字近90万字、照片800多张、地图150余幅。它完全站在"驴友"的角度，细细梳理国内六大旅游热点省份，几乎覆盖所有经典景点，以及当下备受自由行

"驴友"推崇的新兴旅游景点,为读者提供丰富实用的旅游资讯。

《携程自由行》是大型旅游月刊,采用16开开本和每期128页的篇幅,月发行量为38万册。它荟萃了实力派记者、国内外网友与编辑精心编写的稿件,以大中城市高端消费群为目标读者,通过大量的旅游资讯、精美的文字信息、多角度的感官体验,为读者提供周到体贴的出行服务,打造独具个性的旅游方案。

3. 携程旅行网盈利模式

作为中国领先的在线旅行服务公司,携程旅行网成功整合了高科技产业与传统旅游业,向超过4000万会员提供集酒店预订、机票预订、度假预订、商旅管理、特惠商户及旅游资讯在内的全方位的旅行服务,被誉为"互联网和传统旅游无缝结合的典范"。携程旅行网的收入主要来自酒店预订代理费、机票预订代理费、线路预订代理费、保险代理费、商旅管理、自助游中的酒店和机票等代理费、会员收入、广告收入等。

携程旅行网是中国领先的机票预订服务平台,覆盖国内外所有航线,并在45个大中城市提供免费送机票服务,每月出票量40余万张。同时,携程旅行网将酒店与机票预订整合成自助游和商务游产品。对于商旅客户,携程旅行网还提供差旅费用管理咨询等相应服务。

在与其他旅行社合作的情况下,携程旅行网也推出了一些组团线路,不过大多是出境游,而且数量有限。此外,携程旅行网还建立了目的地指南频道和社区频道,有效的信息沟通和良好的环境营造成为促进携程旅行网盈利不可或缺的辅助因素。

4. 携程旅行网核心竞争力

携程旅行网始终扎实打造自己的4个核心竞争力,即规模、技术、体系、理念。

1) 规模——优秀的大规模专业服务队伍

服务规模化和资源规模化是携程旅行网的核心优势之一。携程旅行网拥有亚洲旅游业首屈一指的呼叫中心,其座席数已超过12 000个。携程旅行网同全球138个国家和地区的32 000余家酒店建立了长期稳定的合作关系,其机票预订网络已覆盖国际国内大多数航线。规模化的运营不仅可以为会员提供更多优质的旅行选择,还保障了服务的标准化,进而确保服务质量,并降低运营成本。

2) 技术——强大的高科技工具和新技术手段的支持

携程旅行网一直将技术视为企业的活力源泉,在提升研发能力方面不遗余力。携程旅行网建立了一整套现代化服务系统,包括客户管理系统、房量管理系统、呼叫排队系统、订单处理系统、E-Booking机票预订系统和服务质量监控系统等。依靠这些先进的服务和管理系统,携程旅行网为会员提供了更加便捷和高效的服务。

3) 体系——成熟、高效的工作体系

先进的管理和控制体系是携程旅行网的又一核心优势。携程旅行网将服务过程分割成多个环节,以细化的指标控制不同环节,并建立起一套测评体系。同时,携程旅行网还将制造业的质量管理方法——六西格玛体系成功运用于旅游业。如今携程旅行网各项服务指标均已接近国际领先水平，服务质量和客户满意度也随之大幅提升。

4) 理念——科学先进的经营和服务理念

携程旅行网秉持"以客户为中心"的原则，以团队间紧密无缝的合作机制，以一丝不苟的敬业精神，以真实诚信的合作理念，创造"多赢"伙伴式合作体系，从而共同创造最大价值。

◈ 单元小结与练习

◆ 单元小结

旅游信息管理的实施可体现在旅行社、景区、饭店等各个层面。在饭店和旅行社业，大型企业集团和国际集团皆采用信息化管理系统，全面实现了业务电子化，以信息化再造企业运营流程。在旅游景区，电子门票、入口控制、景区监控系统、车辆GPS监控跟踪系统、环境数字化监控、生态环境数据库等技术的应用，使景区管理水平得以提高。

本章分别从旅行社、饭店、景区、旅游中间商4个层面阐述了旅游电子商务的概念与作用，介绍了旅游电子商务的特点及发展趋势，重点讲解了旅游电子商务系统的构成。

◆ 实训

实训8.1　　　　　实训8.2　　　　　实训8.3　　　　　实训8.4

◆ 习题

1. 登录携程旅行网和艺龙网，比较抚顺、本溪和丹东三地2023年10月28日的酒店查询反馈结果，熟悉并掌握酒店预订的基本程序；选择你喜欢的国际知名酒店品牌并登录其网站，以用户的身份进行操作。

2. 登录黄山景区和本溪水洞景区的网站，比较两个景区电子商务网站的功能，并给予评价。

3. 登录一个国际著名酒店品牌网站，体会其网站设计的理念与功能，再与本溪知名星级酒店网站进行比较，并写出分析结论。

4. 试述旅游电子商务平台的功能设计要点，以及电子商务平台对促进旅游企业发展的作用。

5. 什么是信息管理系统？什么是酒店管理信息系统？

6. 分析电子商务的发展给旅行社带来的机遇与挑战，并说明旅行社应如何去适应和改善自身的生存环境。

7. 论述电子商务的发展对中小企业的影响，对比大型旅游企业集团与中小旅游企业在旅游电子商务策略选择上的差异。

8. 了解最新的旅游企业信息化解决方案,谈谈其中包含哪些管理新思想、新技术和新应用。

9. 旅游中间商电子商务的概念是什么?

10. 从未来发展趋势来看,你认为旅游中间商电子商务网站是否应该考虑为客户定制个性化的服务?为什么?

11. 你认为旅游中间商电子商务网站的功能还有哪些地方可以完善?

第9章 旅游目的地电子商务

课前导读

信息技术的进步和旅游电子商务的出现促进了旅游目的地电子商务的发展，旅游目的地营销系统(destination marketing system，DMS)应运而生。旅游目的地管理机构积极依靠旅游目的地营销系统对旅游目的地进行营销，推动目的地旅游业的发展。本章将对旅游目的地电子商务进行全面探讨。

学习目标

知识目标：掌握旅游目的地营销系统的概念；理解信息技术对旅游目的地电子商务的影响。

能力目标：能够运用旅游目的地电子商务的基本理论分析当前旅游目的地电子商务的问题并提出解决方案。

素质目标：具备与知识点相对应的分析和解决实际问题的能力。

9.1 旅游目的地电子商务概述

旅游电子商务的出现促进了旅游目的地电子商务的发展。它将目的地的食、住、行、游、购、娱等有机地结合起来，为旅游者提供高质量的服务，同时改变了传统旅游市场的格局，使目的地旅游产业得到了快速、健康的发展。

9.1.1 认识旅游目的地

本章首先明确何为旅游目的地，在此基础上，探讨旅游目的地电子商务的相关问题。

1. 旅游目的地的定义

关于旅游目的地，暂时尚无统一的定义。旅游目的地是一个内涵较为丰富的概念。世界旅游环境研究中心将旅游目的地定义为："乡村、度假中心、海滨或山岳休假地、小镇、城市或乡村公园；人们在其特定的区域内实施特别的管理政策和运作规则，以影响游客的活动及其对环境造成的冲击。"英国学者迪米特里奥斯•布哈利斯(Dimitrios Buhalis)把目的地定义为一个特定的地理区域，它被旅游者公认为一个独立完整的个体，有统一的旅游业管理和规划的政策司法框架，也就是说它是由统一的目的地管理机构进行管理的区域。我国学者保继刚认为："旅游目的地是吸引游客在此短暂停留、参观游览的地方。"邹统钎认为："目的地这个概念包括社区、旅游吸引物及入境主干道，可以是一个城市、一个度假区或一个乡村。"

总之，旅游目的地可以是一个具体的风景胜地、一个城镇、一个国家内的某个地区、一个国家，甚至是地球上一片更大的区域。

2. 旅游目的地的类型

按照核心吸引力，初步将旅游目的地划分为4个类型，即城市核心型、景区主体型、区域复合型和产业聚集型。不同类型的旅游目的地具有不同的结构和发展模式。

1) 城市核心型

城市核心型旅游目的地以城市作为主要旅游吸引力，并在城市里实现旅游产业要素的聚集，同时与其他产业形成联动、互补关系。在我国，城市核心型旅游目的地以北京、上海、大连、杭州等为代表。

在城市核心型旅游目的地的构建中，应处理好"旅游城市"和"城市旅游"的关系，不应让城市成为单纯的旅游者集散地，而应该充分挖掘旅游资源，打造城市本身的休闲旅游吸引力。同时，发挥城市在交通、住宿、会议、科研、政务等多方面的优势，打造旅游与其他产业的交叉整合产品，比如商务旅游、会展旅游、科教旅游、修学旅游等，丰富产品结构，形成城市旅游目的地的独有特征。

2) 景区主体型

景区主体型旅游目的地是以某个或某几个著名旅游区为基础和核心形成的旅游产业聚集区，如黄山、九寨沟、峨眉山、神农架、千岛湖等。

我国较早形成的一批大型旅游区，已经逐渐进入了打造目的地系统的进程中，凸显了旅游业对地方经济和社会发展的引擎带动作用，并通过吸引力的聚合效益，提升了国际知名度和竞争力。

此类旅游目的地以大型旅游区为核心，围绕其形成交通、住宿、餐饮、购物、娱乐、旅游管理等配套要素集群，甚至进一步整合周边文化、生态、城镇、温泉等资源，发展会议、度假、养生等旅游消费产品。景区主体型旅游区创建旅游目的地的关键在于增强其核心吸引力，在此基础上，发展复合功能，形成产业聚集，并坚持可持续发展原则，形成个性鲜明的休闲生活方式。

3) 区域复合型

区域复合型旅游目的地是以聚合一定空间内的旅游要素、游憩方式为主发展成的旅游目的地。这类旅游目的地以旅游地市、旅游区县、旅游乡镇等为主要单元，是当前我国旅游目的地建设的主力军。

打造区域复合型旅游目的地应在资源整合、形象塑造、产品组合、交通线路设计等方面下功夫，坚持政府主导和市场化运作相结合，形成拳头产品和品牌形象。

4) 产业聚集型

产业聚集型旅游目的地是随着旅游业的发展而出现的一种新型旅游目的地，它以某类旅游产品或某主题旅游产品的聚合为特征，比如依托中关村、中国科学院、北京大学、清华大学、海淀园等诸多科教资源而形成的"中关村科教旅游区"，以某个大型中心城市为核心而形成的"环城市旅游度假带"等。

产业聚集型旅游目的地的关键在于"整合"，整合旅游资源、产业链、市场资源、其他产业以及不同行政区间的利益关系，形成发展的合力，共同打造一张目的地发展的"王牌"。

3. 旅游目的地管理机构

1) 旅游目的地管理机构的定义

世界旅游组织(World Tourism Organization，UNWTO)认为，旅游目的地管理机构(destination management organization，DMO)是负责管理旅游目的地或营销旅游目的地的组织，主要包括国家级旅游组织，区域性旅游组织以及地方级旅游目的地管理机构。旅游目的地管理机构的主要活动包括促销、营销、信息收集、预订服务、与旅游产品相关活动(旅游线路开发与运营、旅游企业分类、经营证许可认证、游客中心实体资源开发、人力资源开发与职业培训、旅游行业规范与管理等)以及电子商务战略的培育实施。总体来说，DMO应具备对外和对内两大功能。对外应表现在对外进行促销活动方面；对内应表现在对旅游目的地的开发管理方面。

旅游目的地管理机构是旅游目的地的重要组成部分。由于旅游目的地管理具有综合性、复杂性、联动性的特点，旅游目的地管理机构必须发挥主导性作用，统一规划、统一管理、整体营销。引入市场化运作机制，培育旅游企业，做大做强旅游产业，并利用就业、福利、舆论等手段，提高社会支持度，形成上下一体、管产结合的产业运作结构。

2) 旅游目的地管理机构的类别

在我国，各级政府旅游管理机构承担相应的职能，按照管理范围的不同，可以分为国家级旅游目的地管理机构，如文化和旅游部；省级旅游目的地管理机构，如辽宁省文化和旅游厅；地方级旅游目的地管理机构，如本溪市文化旅游和广播电视局。

3) 旅游目的地管理机构的职责

国家级旅游目的地管理机构是在国家层面上行使对国家旅游的管理和促销。省级旅游目的地管理机构的职责是负责其所管辖的地区、省市的旅游管理和促销。地方级旅游目的地管理机构的职责是负责较小地理区域，具体到城市或乡镇的旅游管理和促销。

4) 旅游目的地管理机构的主要活动

旅游目的地管理机构的主要活动包括信息采集、预订服务、市场营销、促销活动以及与旅游产品相关的活动，如旅游线路的开发与运营、旅游企业的资质与分类、游客中心的实体资源开发、人力资源开发与职业培训、旅游行业规范与管理等。

9.1.2　旅游目的地电子商务系统

随着在线旅游市场的快速发展，旅行社在整个旅游市场中所占的份额比例迅速萎缩，而与此同时，旅游目的地的直客比例却在急剧上升，这就对传统的目的地经营模式产生了重大的影响，客观上促成了旅游目的地旅游电子商务这一新的经营模式的诞生。本节将探讨旅游目的地电子商务系统的构成要素、基础设施等问题。

1. 旅游目的地电子商务系统的构成要素

旅游目的地电子商务是指以现代信息技术为手段，以高效整合旅游目的地各种资源为目的的一系列旅游综合服务过程。旅游目的地电子商务业务主要由旅游目的地管理机构、当地旅游服务企业、旅游中间商(如旅行社)等实体活动组成，目的在于不断增加目的地对旅游者的吸引力，促成旅游者前来消费，拉动区域经济的良性发展。

旅游目的地电子商务系统的构成要素包括人的要素、物的要素、财的要素和信息要素。其中人的要素是系统的核心，物的要素是系统的基础，财的要素是系统的保障，信息要素是系统的精髓。

旅游目的地电子商务系统是个多层次、多要素的复杂系统，常被用来整合旅游目的地的供给，具有很强的战略管理和营销管理功能，突出表现为对旅游目的地各利益群体的协调，该系统能够使旅游目的地以更低的成本、更高的效率进行市场营销和推广。

2. 旅游目的地电子商务系统的基础设施

旅游目的地电子商务系统的基础设施是旅游目的地信息网络。它是由旅游目的地管理机构组织建设的以互联网为基础，由目的地内各种不同类型和规模的旅游信息系统与网站组成的大型信息系统。它一般分为3个层次，即内部网、外部网和互联网。

1) 内部网

内部网是以互联网技术建立的，可以支持旅游目的地管理机构内部业务处理和信息交流的综合网络信息系统，用于协调旅游目的地管理机构的内部运作，使信息部门能够通过内部网络进行共享，实现信息的快速传递和无纸化办公。内部网提高了各部门的办公效率和各组织之间的协同能力。

2) 外部网

外部网是内部网的延伸，通过共同的协议和标准，外部网可以支持旅游目的地管理机构发展与其合作伙伴之间的联系，建立密切的合作关系。包括旅游目的地管理机构在内的旅游业各利益群体的合作，能有效地帮助旅游目的地的利益群体采取协调统一的行动，更好地制定政策、法规和计划。

3) 互联网

互联网是旅游目的地宣传和交流的窗口。通过互联网，旅游目的地管理机构提高了与各种类型客户沟通的效率，促进了促销与经营活动的开展。

旅游目的地网络的核心是旅游目的地信息系统。世界各国基本上都建立了本国的旅游目的地信息系统，如丹麦、芬兰、新加坡、中国等。这些旅游目的地信息系统既有以国家为中心的，也有以主要旅游名胜地为中心的，我国的一些旅游大省(如海南省)也纷纷建立了以本地为中心的旅游目的地信息系统。

9.2 旅游目的地营销

本节主要探讨旅游目的地网络营销和旅游目的地营销系统的相关问题。

9.2.1 旅游目的地网络营销

1. 旅游目的地网络营销的含义与意义

旅游目的地网络营销是指旅游目的地管理部门运用互联网技术了解旅游者需求，为旅游者提供旅游目的地的信息和个性化、定制化服务，传播旅游目的地形象，开展旅游目的地宣传推广活动，引导和促成旅游企业产品交易实现，吸引更多的旅游者来旅游目的地旅游的过程。它以网络为基础，继承了旅游目的地传统营销的基本特点，又有其自身优势，能有效提升旅游目的地的市场知名度和竞争力。

旅游目的地网络营销是旅游目的地旅游管理部门进行宏观管理的重要工作，也是其开展旅游营销的重要内容，更是其提供公共产品和服务的重要体现。旅游目的地旅游管理部门可以借助网络媒体开展网络营销，以此推动旅游目的地旅游业的发展，增加旅游收入和旅游人数，提升旅游目的地的旅游形象，增强旅游目的地的竞争力，促进旅游目的地的社会经济等各项事业的发展。

2. 旅游目的地网络营销策划的原则

1) 政府主导原则

旅游业没有特定的有形产品，旅游者购买的是一系列无形产品和服务，包括一个地区的经济、环境和文化，单一经营者不能影响旅游者访问一个特定国家或地区的旅游决策。

设计和推广地区旅游形象、举办大型活动等可以较快地提升旅游业的国际竞争力，这些工作的性质决定了其必须由DMO(destination management organization，目的地管理组织)来承担。在地区旅游业中，中小型企业较多，它们只会在特定时间、特定市场上推销其特定产品，不会在更大的市场上促销，即使是大型旅游企业集团也不会开展大范围促销。由

DMO对目的地促销做统一规划和管理，就能保证目的地营销的完整性和整体的有效性。

具有"公共物品"属性的旅游目的地促销不能有效地促进单一旅游企业或旅游组织的投资。DMO必须发挥统筹作用，合理制定利益机制，协调产业内各方面参与。企业参加联合促销比自己单独促销更具经济上的合理性，政府统筹可以有效地调动企业参加联合促销的积极性。

2) 强化目的地整体形象的原则

我国旅游电子商务网站基本上是商业性网站，这些网站在营销过程中不可避免地遇到了一个相同的问题：网站是以旅游目的地形象为主，还是以企业形象为主？当网站以旅游目的地形象为主时，浏览者常常只关心旅游目的地的相关信息，不会通过该网站来预订任何旅游产品；当网站以旅游企业及其产品为主时，浏览者往往并不太关心旅游企业的品牌，而只关心旅游目的地。

这个矛盾必须由DMO来化解，旅游者会先浏览DMO所建立的网站，了解旅游目的地的信息后，再决定选择哪个企业的产品。一般是把企业网站链接在DMO网站上，从而形成一个完整的旅游购物流程，而且要不断培养旅游者的这种消费习惯。因此，DMO在进行旅游促销时，必须先着力宣传一个国家和地区的整体形象，当旅游者对这种形象认可时，才会发生购买行为，通过链接到相关的企业网站预订旅游产品。

3) 系统性原则

一方面，在旅游信息搜索方面，不同地区的不同人会有不同的媒体偏好，因此应该根据这些市场偏好特征来选择不同的媒体组合进行系统推广。旅游目的地不能依赖于单一的营销媒体，更不能根据相关领导这样的非市场消费人群的喜好来选择目的地营销媒体，同样也不能机械地根据媒体的受众覆盖率来选择营销媒体。

另一方面，旅游目的地营销不仅是信息传播问题，还必须和产品开发、服务配套、设施建设等相互协调。没有科学的旅游产品开发，营销必然成为无本之木；没有有效的服务配套和设施建设，营销得越成功，最终的满意度可能越低，这样必然会影响旅游目的地的后续营销，所以旅游目的地营销既要"敢吹、会吹"，也要名副其实，"经得起吹"。

应该说，在移动互联网快速发展的时代，确保信息的及时送达应该没有问题，关键在于确定信息送达的目标群体和信息内容，以及当信息送达并转化为市场消费力之后，相应的产品与服务是否可以同步跟上。因此，在旅游目的地营销过程中要强调整体营销，即全环境营销，要关注少数关键点的价值，尤其是要关注那些有之未必加分、缺之必然减分的环节，正所谓"细节决定成败"。

4) 关注性原则

旅游是一种体验和经历，旅游目的地营销自然应该更加关注消费者(即关注旅游者的需求和感受)，而不能具体关注消费(即关注旅游者在当地花了多少钱，能给旅游目的地带来多少经济收入)。"消费者"与"消费"虽然只有一字之差，但是这两者对于旅游目的地的持续发展会产生截然不同的影响，旅游目的地营销应该高度关注这一问题。

旅游目的地营销不仅要关注产品、价格、渠道和推广，同时还要满足旅游者的需求，以旅游者能够接受的价格，本着方便购买的原则进行渠道规划，变单向营销为双向沟通，从而把单一的促销行为变为整合传播推广，寻找旅游者更易于接受的营销方式。

3. 旅游目的地网络营销策划的内容

1) 目标定位

旅游目的地通过网络宣传时，需要旗帜鲜明地突出目的地的旅游形象，如大连的"时尚之都"、武汉的"水上动感之都"等，从而为旅游目的地在品牌建立和识别方面贴上独具特色的标签。在设计旅游目的地形象并进行网络展现之前，需要进行详尽的调研，了解目的地固有的旅游资源，从而创造性地找到宣传切入点。

2) 营销信息内容的确定

旅游目的地可以在网络上全方位地展示如下信息。

(1) 旅游目的地的常规介绍。

(2) 针对旅游者咨询的问题，做出详细而实用的解答，内容可涉及签证、货币兑换、语言、当地习俗、宗教、商店、银行营业时间、保健常识等。

(3) 旅游交通信息，包括主要航班、航船、火车、汽车班次和公路网的情况等。

(4) 官方旅游咨询中心的名录和地址，以及能够提供的服务。

(5) 预订功能，以方便旅游中间商通过网站订购旅游产品。

(6) 旅游产品数据库查询，以方便旅游中间商查询旅游目的地的饭店、景点、旅游活动等信息，最好能提供报价。

(7) 发布旅游促销信息。当旅游目的地推出优惠活动和发放优惠券时，及时告知旅游中间商并通过他们将信息推向客源市场。

(8) 出版物预订，以方便旅游中间商通过网站向DMO预订年度旅游手册或培训资料。

(9) 提供旅游目的地企业名录，以方便旅游中间商通过企业名称和产品种类等查询目的地旅游企业，并与之建立联系。

(10) 引导旅游中间商注册成为会员，旅游中间商注册时提供的全部资料将纳入客户关系管理数据库。

(11) 向本地旅游企业出售网站广告位，以帮助本地旅游企业吸引旅游中间商的注意，通过旅游中间商代售旅游产品。

(12) 公布DMO参加旅游展销会、交易会的计划和安排。公布旅游目的地开放的新景点，推出的新型旅游产品的信息，以便于代理目的地旅游产品的旅游中间商开展工作。

(13) 提供不限版权的旅游目的地风景图片、介绍文字和旅游文学作品以及多媒体影像资料，以便于旅游中间商从网站下载并自由地用于宣传资料中。

3) 预算决策

营销任务必须与目标结合在一起，而开展网络营销的预算规模和成本又制约着目标的选择。旅游目的地网络营销的预算包括开发费用和运行费用。

全国性旅游目的地营销系统一般由政府独资开发，地区性旅游目的地营销系统的开发费用来源多样。此外，还包括许多公私合营的情况。

旅游目的地网络营销的运行费用一般由DMO承担。如果提供预订服务，那么广告就可酌情收费，一般不会要求查询信息的浏览者交费，但如果能为浏览者提供增值服务(如旅游短信)，那么就可以向浏览者收费。

4. 旅游目的地网络营销的手段

1) 构建旅游目的地网站

这是旅游目的地网络营销的第一步。网站既是旅游目的地的宣传平台，也是与旅游者的互动平台。如景区企业建立网站的目的就是吸引潜在旅游者的关注，并形成互动。这就要求网页内容与形式设计尽量考虑潜在旅游者的特征与需求，提供旅游目的地的全面介绍、旅游产品相关信息，使潜在旅游者访问页面后，可以通过点击按钮和搜索信息发现兴趣点，培养旅游者对旅游消费的进一步兴趣。

同时，网站设计要考虑基于搜索引擎的优化。这是一项技术工作，必须聘请专门的技术公司来实施。通过搜索引擎优化，可使景区企业获得搜索引擎并在检索结果中排名靠前。这意味着景区会有更多的流量和更高的关注度，也就意味着会有更多的销售机会。

2) 网络社区营销

网络不仅是一个媒体，更是一个具有整合、互动、参与功能的平台。现阶段，很多旅游目的地所开展的网络营销还局限在打广告阶段，平台应用的意识不够，很难通过网络形成口碑效应，品牌的核心价值体现不出来。实际上，网络营销的手段非常丰富，比如网络新闻、微博、论坛话题等，关键在于如何有效应用这些手段来达到旅游目的地营销的目的。

网络社区营销的核心是"让用户参与"，注重与网民的情感交流，在互动中形成口碑传播，意见领袖在网络社区中扮演着重要角色。

3) 网络视频营销

网络视频营销是近年来兴起的一种新的网络营销形式，增长速度十分迅速，与微博营销一样，强调网民的互动性，需要精心策划。网络视频营销与其他营销方式相比具有很多优势，一是内容优质的视频不依赖媒介推广即可在受众之间横向传播；二是网络视频营销的价格相当低廉，但传播效果并不逊色；三是优秀的网络视频营销不仅能够与用户互动，摆脱电视广告的强迫式，还能够延伸品牌内涵，加强传播效果。

4) 即时通信营销

即时通信营销是利用互联网即时聊天工具进行推广宣传的营销方式，尤其是最近几年，旅游目的地利用QQ、微信等即时通信软件进行营销大有愈演愈烈之势。即时通信营销的优点是可以很方便地与客户沟通，维护客户关系，并且可以迅速带来流量。但需要注意的是，通过这种方式进行营销，一旦处理不当，便会给用户带来不好的体验，还会对自身品牌产生一定的影响，所以即时通信营销常配合网络营销的其他手段或地面推广活动共同应用。

5) 新媒体营销

新媒体是近年来出现的一个新名词。一般认为，只要是与传统媒体有所区别的媒体，都可以称为新媒体。比如手机媒体、交互式网络电视、移动电视、移动信息平台等。新媒体相较于传统媒体有其自身的特点，例如传播状态改变，由一点对多点变为多点对多点；能够消除媒体之间、受众群体之间和产业之间等的边界。

新媒体可以与受众真正建立联系。同时，它还具有交互性和跨时空的特点。例如有些景区选择城市公交移动电视作为品牌传播的平台，取得了很大的成功。新媒体在旅游业中的应用已经越来越广泛，而且随着技术的发展，新媒体有超越传统媒体的趋势。

9.2.2　旅游目的地营销系统

1997年，世界旅游组织针对旅游电子商务推出一个主题，即旅游目的地营销系统(destination marketing system，DMS)。2002年4月，世界旅游组织在昆明举行"亚太旅游信息技术会议"，对DMS进行了重点推荐。

1. 认识旅游目的地营销系统

1) 旅游目的地营销系统的定义

旅游目的地营销系统是以计算机软硬件为基础，实现目的地各种旅游资源、设施与服务的数据和辅助信息输入、存储、更新、查询、检索、分析、应用和显示的空间信息系统。它以本地旅游数据为主，基于旅游者数据库、关系型营销的运用以及与商业伙伴的合作关系，利用现代信息技术(互联网)，架构一体化服务信息系统和交易平台。

旅游目的地营销系统以网站为主要门户和表现形式，配合相应的加盟机构和支持性服务体系，提供旅游产品和服务信息的收集、处理、发布、更新以及旅游服务在线预订和在线支付功能，以实现深度本地化的旅游产品和服务的一体化营销。

2) 旅游目的地营销系统的模式

旅游目的地营销系统对外是旅游目的地宣传服务系统，对内是旅游目的地管理系统，其运营模式按照服务对象的不同可分为两种：一是面向旅游者的信息模式，主要是为旅游者展示各种旅游目的地信息，方便旅游者；二是面向旅游目的地各管理部门及旅游供应商的管理模式，可实现各部门、各行业之间的信息更新与传递。

(1) 信息模式。该模式可以建立旅游目的地触摸式多媒体旅游查询信息系统，装备于各大酒店、旅行社、主要停车场、旅游景区(点)、长途汽车站和旅游者信息中心，为国内外旅游者提供丰富的信息。借助该系统，旅游者可任意查询所需信息，同时为旅游管理部门开展对外宣传、交流等活动提供新型的旅游信息产品。

(2) 管理模式。该模式可以建立基于网络的旅游管理信息系统，装备于各旅游管理机构和经营单位，其主要任务是对旅游管理所需的信息进行收集、传递、存储、加工和使用，以便旅游决策管理层充分利用现有的信息数据，实施系统管理和宏观调控。同时为各行业、部门提供行业信息和旅游者信息，以便于及时调整价格及市场战略，从而提高经济效益。

3) 旅游目的地营销系统的作用

(1) 旅游目的地营销系统可以代替传统的信息传递方式，更好地介绍旅游目的地。它能够向旅游者提供出行前或出行后所需要的信息，并具有预订功能。

(2) 旅游目的地营销系统集旅游信息服务、互联网电子商务、旅游行业管理于一体，能够建立起一个完善、高效、低投入的目的地信息平台和旅游营销体系。

(3) 旅游目的地营销系统具有顺畅的旅游信息采集、发布、更新流程，完整的信息技术标准和管理规范，完善的旅游信息和服务质量保证机制，可以有效收集、整理和整合目的地信息，建立有效的旅游产业市场反馈机制，有助于对旅游目的地进行整体策划和有效宣传，并能结合全国性的目的地营销系统为当地旅游企业提供各种营销服务。

(4) 旅游目的地营销系统在为旅游者提供覆盖旅游各个阶段和各个方面的旅游信息服务的同时，有效地推动了旅游企业信息化建设，实现了企业宣传网络化、旅游产品信息化、旅游交易电子化等。同时它还建立起目的地城市旅游行业的电子商务平台，为企业提供在线宣传、发布客房和旅游线路等产品信息、网上预订等有价值的服务。此外，旅游目的地城市旅游局、旅游企业、旅游者以及技术支持商相互之间也可以通过信息平台进行交互。

2. 旅游目的地营销系统的功能及服务

1) 旅游目的地营销系统的建设

(1) 组织结构。DMS的组织结构可以分为3种形式，即以国家为中心的组织结构、以地区为中心的组织结构、地区性的网络结构。以国家为中心的信息系统，其数据库储存了全国旅游设施的信息。这种结构的信息系统允许所有的旅游问询处及设在国外或境外的旅游办事处通过电信联系获得有关数据。

(2) 经费结构。DMS的经费结构包括系统创建经费和系统运营经费两部分。多数全国性的信息系统由政府提供开发基金。地区性的信息系统在开发资金来源方面则显示了多样性，可以由政府、法人、个人共同提供。DMS系统建立起来后，必须随时刷新信息。多数DMS系统免费为旅游供应商发布信息、提供服务，有些DMS系统会象征性地收取一些手续费。当DMS系统提供用户预订功能时，旅游供应商可以付费发布信息或为每一份预订付佣金，无论哪一种情况收入都可以用来弥补营业费用。DMS的经费结构与它的信息类型和范围息息相关。如果旅游供应商需要付费发布信息，那么他是否愿意付费就成为决定信息类型及范围的因素。

(3) 信息内容与信息来源。DMS的成功在很大程度上依赖于信息的准确性和新颖性。保持信息的准确性和新颖性存在一定的难度，因为旅游信息时间性强，特别容易过时而成为无效信息，诸如汇率、日程安排等随时都会变化。DMS中的信息应有质量保证，任何一条信息出现错误，整个系统将失去可信度。针对这一问题，国家旅游部门可以对信息的准确性进行检查，另外也可以由一些专门机构来辅助评价产品信息的可靠性。例如，在一些旅游目的地，商业部、饭店协会或汽车俱乐部建立了评估系统，评估DMS系统中的住宿及其他设施信息的准确性。

(4) 信息技术。在创建数据库过程中，常用的软件是一种关联数据库，用户可以通过它迅速查询及搜索信息。有些国家的旅游部门创建了大众与DMS的连接界面。当旅游部门下班后或员工无暇顾及时，旅游者可以通过设立在外面的计算机终端自行查询。同时，商店、机场及火车站等地也设立了公众查询终端。

(5) DMS与其他信息系统。在设计DMS系统时，应该考虑的一个重要问题是预留该系统与其他旅游部门计算机系统的兼容性。例如，DMS与GDS(global distribution system，全球分销系统)相连接可以使旅行商通过联机而获得旅游目的地信息；DMS系统同样可以与视传系统相连接，将信息传递给千千万万的潜在旅游者；DMS系统还可以与其他许多计算机系统相连接，如全国气象预报系统、交通信息系统、饭店业数据库等。

2) 旅游目的地营销系统的功能模块

(1) 营销类模块，包括以下几部分。

① 旅游局营销应用系统模块。旅游局是旅游目的地营销的组织协调管理者。该模块包括行政信息发布与管理、旅游新闻发布与管理、节庆发布与管理、视频发布与管理、三维实景发布与管理、壁纸发布与管理、贺卡发布与管理、屏幕保护发布与管理、文章发布与管理、图片发布与管理、网站遥控器、网站自动换肤等功能模块，以及旅游电子杂志订阅发行与管理系统、旅游电子示意图应用系统、广告管理系统、E-mail营销系统、信息检索系统、目的地内容管理系统、友情链接管理系统、预订中心管理系统和网上支付系统等。这些功能模块和系统能帮助各旅游目的地营销组织整合社会资源，建立目的地营销资源数据库，可以更加全面、准确、高效、多元化、人性化以及低成本、无国界地进行旅游目的地形象宣传，同时为广大旅游目的地企业搭建共同营销旅游目的地的信息化平台，真正形成了政府做形象宣传、企业做产品促销，共同营销旅游目的地的良好机制。

② 企业营销应用系统模块。旅游企业是目的地营销的参与者。该模块包括专业化网络营销咨询、企业注册信息发布与管理、企业动态新闻发布与管理、企业名片发布与管理、企业促销活动发布与管理、企业招商项目发布与管理、企业产品发布与管理、企业商情发布与管理、企业预订中心管理、视频发布与管理、三维实景发布与管理、旅游电子示意图标注、黄页展示等功能模块，以及企业营销电子杂志订阅发行与管理系统、广告管理系统、E-mail营销系统、信息检索系统、网上支付系统等。该功能模块和系统不仅可以帮助旅游企业在政府搭建的信息化平台上进行营销，提高经济效益，还可以跟踪旅游者记录、建立旅游者营销数据库、检验分析营销效果，为旅游企业提供产品预订、撮合交易等商务功能，促进企业商务手段多样化，提升企业经营能力。

③ 旅游媒体营销应用系统模块。旅游媒体是旅游目的地营销的宣传者、参与者。该模块包括媒体信息发布与管理系统、媒体资源共享系统，可直接从即时更新的数据库中提取旅游目的地的视频、照片和广告文字等信息，使企业更加方便、快捷地参与到营销目的地的工作中来，通过第三方的角度全面、准确、即时地宣传旅游目的地，引导和监督旅游经营者文明经营、旅游者文明旅游，同时也方便旅游局对旅游媒体的统一引导和管理。

④ 旅游者服务模块。旅游者是旅游目的地营销的参与者、旅游目的地产品的购买者。旅游者服务模块包括旅游者社区管理系统、旅游者行程规划系统、旅游者信息咨询系统、消费订单管理系统等。该模块可帮助旅游者方便、即时地了解权威旅游资讯,传播目的地资讯,制订出行计划,管理消费记录,从而达到互动营销的目的。

(2) 管理类模块,包括以下几部分。

① 旅游局管理应用系统模块。该模块包括内部管理系统、客户关系管理系统、目的地营销系统、运营管理系统。该模块可以帮助旅游局实现传统模式无法完全实现的资源整合工作,根据各部门、人员在组织中的职责分工情况进行权限细分,使其共同参与目的地营销的管理工作。该模块的具体职能包括:使领导能即时、方便地查询并了解资源整合情况、平台运营情况、营销效果;满足机关日常的信息流转自动化需求,实现上下级旅游部门之间、旅游行政管理部门与企业和各媒体之间的在线沟通,包括公文传呈、政策下达、意见反馈等;通过客户关系管理系统,问卷、电子邮件、投诉系统等收集旅游者的反馈信息,提高政府服务质量,优化旅游局与企业、旅游者之间的关系,提升旅游者满意度,从而提升旅游局的形象;实现旅游局系统与旅行社、酒店、风景区等六大要素相关企业系统的信息交换和业务链接,对企业实施动态服务与管理,及时了解同行及旅游者对企业的信誉评价状况,有效地将传统的行业管理手段延伸到互联网上,拓展行业管理与服务的领域。

② 企业管理应用系统模块。该模块包括内部管理系统(领导查询系统、信息流转系统、内部权限管理系统)、客户关系管理系统、企业人才管理系统、行政管理接口系统(公文报送系统、公文接收系统、旅游投诉系统)。该模块的具体职能包括:帮助企业根据各部门和人员在企业中的业务分布情况进行权限细分,使其共同参与企业的管理运作,帮助企业内部实现资金流、物流与信息流的一体化;管理企业客户资源、产品资源、商务运营,使领导能即时、方便地查询旅游企业营销效果;满足企业日常的信息流转自动化需求,实现企业内部各部门之间、与上级主管部门之间、与海内外同行之间、与旅游者之间、与媒体之间的在线沟通、信息交流、产品交易,记录和管理企业所有资源,做到资源共享而不流失;帮助企业及时获得旅游者的即时反馈信息,挖掘旅游者需求及潜在的旅游者,针对不同的旅游者提供不同的旅游产品组合,提升对旅游者的个性化服务水平;提供人才招聘、求职、单位介绍及简历的发布管理,操作快捷方便,用户可快速方便地查询以及打印人才登记表和人才聘用表等,实现旅游人才供求关系及用工情况管理等。

③ 媒体管理应用系统模块。该模块包括客户关系管理系统、信息管理系统,不仅可以帮助媒体高效地获取和管理新闻信息,还可以方便、有序地管理各类客户。

④ 旅游者管理应用系统模块。该模块包括个人注册信息管理系统、个人旅游资源管理系统、个人客户关系管理系统、个人旅游工具管理系统,可帮助旅游者记录和管理私人资料、导游册、旅行日记等各类文字资料和图片。

(3) 交流类模块,包括以下几部分。

① 旅游局交流沟通应用系统模块。旅游局交流沟通应用系统模块为旅游局提供即时

通信系统、信息群发系统、站内邮件系统，可以帮助旅游局利用信息化手段，低成本、高效率地进行内部沟通及与各级旅游主管部门、旅游企业等的即时沟通，发送各类信息资讯，大大降低了通信成本。

② 企业交流应用系统模块。企业交流应用系统模块为旅游企业提供即时通信系统、信息群发系统、站内邮件系统，可以帮助旅游企业利用信息化手段，低成本、高效地进行内部沟通及与海内外同行、海内外旅游者之间的即时沟通，发送各类产品商情，大大降低了通信成本。

③ 旅游者交流应用系统模块。旅游者交流应用系统模块为旅游者提供即时通信系统、信息群发系统、站内邮件系统，可以帮助旅游者利用信息化手段，低成本、高效率地与朋友、客户进行即时沟通，传递资讯，为平台汇聚人气。

9.2.3 国内外旅游目的地营销系统的发展

旅游目的地营销系统(destination marketing system，DMS)在国内外的发展经历了不同的过程。

在国外，DMS概念得到了深入的研究，并且得到了广泛的应用。在奥地利、爱尔兰、芬兰、英国、西班牙、澳大利亚、新加坡等国家，DMS已经成为一种新的旅游营销模式。这些国家通过将网络营销和传统营销业务有效结合，显著提高了旅游营销效果，同时支持了当地的旅游企业发展，DMS也因此成为旅游业信息化的一个核心系统。世界旅游组织也在向更多的目的地政府管理机构推广DMS的概念和系统。

在国内，DMS是中国旅游业信息化工程——"金旅工程"的一个基础组成部分。它基于旅游信息标准化，是一个全国性的网络营销平台。DMS网站是旅游政府管理部门宣传目的地形象的主要渠道，也是和旅游者进行接触的主要方式。DMS网站作为旅游者的目的地门户，为旅游目的地树立了一个全国乃至全球性的旅游品牌。

总体来说，国内外都在积极探索和发展旅游目的地营销系统，以促进旅游业的发展和旅游目的地竞争力的提升。

9.3 旅游目的地电子商务实践案例

9.3.1 海南旅游目的地营销系统

海南旅游目的地营销系统符合国家"金旅工程"及"旅游目的地营销系统"的总体要求和标准。该系统是依靠海南省旅游信息数据库建立的旅游信息服务公众网络(见图9-1)，是旅游行业信息的交流平台，也是以海南省为基础延伸至全国乃至国外的全方位宣传营销体系。它可以提供全面、及时、准确、权威、实用的旅游信息，通过数字化技术推动产业发展，加强旅游业信息交流，全面提高面向旅游者的信息通达性，增强旅游宣传效果，提高市场业务运作水平。这一系统的使用有助于打造"海南旅游"这个国际著名的区域旅游品牌。

图9-1　海南旅游目的地营销系统——自由行网主页

1. 海南旅游目的地营销系统的技术架构

从系统结构的角度来看，旅游目的地营销系统是一个四层结构体系，从里到外依次为以下几层。

(1) 信息数据层。该层作为核心综合数据库存储信息数据，包含用户数据库、产品库、知识库。

(2) 信息表现与管理层。该层用于表现和管理信息数据，包含公共资讯网、政务公开网、旅游商务网、呼叫咨询中心、媒体营销网、旅游者管理软件、旅游企业营销软件、文旅局管理软件。

(3) 信息通道层。该层为信息传播的通道和介质，即连接信息表现与管理层和信息获取层的介质，包含计算机、电话等。

(4) 信息获取层。该层为信息获取的终端，包含旅游行政管理人员、旅游行业从业人员、DMO工作人员、旅游媒体、团队旅游者、商务旅游者、自助游或自驾车旅游者等。

2. 海南旅游目的地营销系统的功能结构

海南旅游目的地营销系统由DMS五大产品功能(旅游信息服务系统、旅游网络分销系统、旅游网络营销系统、旅游业务管理系统和网站内容管理系统，详见表9-1)和DMS三大客户端(DMS文旅局客户端、DMS旅游企业客户端和DMS消费者客户端，详见表9-2)组成。该系统是以目的地营销系统旅游综合数据库为核心的旅游政务平台和旅游商务平台，可以提高海南信息化建设水平。

表9-1　海南旅游目的地营销系统功能结构——DMS五大产品功能

旅游信息服务系统	网站信息检索系统
	旅游行程规划系统
旅游网络分销系统	旅游产品预订系统
旅游网络营销系统	邮件营销系统
	网络广告管理系统
	旅游电子地图
	旅游三维实景
	旅游企业黄页
	旅游电子杂志
	旅游社区系统
旅游业务管理系统	旅游投诉管理系统
网站内容管理系统	—

表9-2　海南旅游目的地营销系统功能结构——DMS三大客户端

DMS文旅局客户端	旅游目的地信息管理系统	旅游信息管理系统
		促销主题管理系统
		促销信息管理系统
		文件资料管理系统
		节庆活动管理系统
		招商引资管理系统
		目的地综合信息管理系统
	旅游目的地企业管理系统	旅游资源管理系统
		一般企业管理系统
		会员企业管理系统
		企业黄页管理系统
		现有产品管理系统
		信息发布管理系统
		企业账户管理系统
		地图描点管理系统
	旅游投诉管理系统	
	旅游目的地管理系统	
	旅游网站管理系统	
	统计报告系统	
DMS旅游企业客户端	企业信息管理	
	企业信息发布	
	产品订单管理	
	旅游投诉管理	
	统计报告	
	同业交流	
DMS消费者客户端	—	

3. 海南旅游目的地营销系统的网站结构

海南旅游目的地营销系统主要将海南地区的人文景观以及特色文化作为宣传要点进行产品设计，并结合当地的特色专题旅游营销活动带动市场，打造海南红色旅游、绿色生态旅游、蓝色海滨旅游、工农业旅游、休闲度假和自驾游等特色主题旅游，吸引更多的旅游者前来海南观光和度假旅游。产品预订中心为旅游者提供吃、住、行、游、购、娱等一站式旅游产品和服务，旨在让每一位旅游者都能享受到贴心、便捷的服务。

9.3.2 张家界旅游信息网

张家界旅游信息网如图9-2所示。该网站提供关于张家界旅游的全方位信息，包括旅游资讯、张家界概况、景点介绍、线路推荐、旅游交通、宾馆酒店、美食娱乐、精彩视频、驴友问答等内容。

张家界旅游信息网提供一些实用的旅游攻略，包括如何规划行程、如何避免旅游高峰期的拥挤、如何选择合适的交通工具等。这些攻略旨在帮助旅游者全面了解张家界的旅游资源和旅游文化，并制订适合自己的旅游计划。

此外，该网站还提供了一些实用的旅游工具，如天气预报、地图导航等，以便旅游者更好地了解当地的天气和交通情况。

图9-2　张家界旅游信息网主页

9.3.3 山东目的地营销系统

山东目的地营销系统是一个旨在推广和宣传山东旅游资源的系统。该系统整合各种营销渠道和资源，以提高山东旅游目的地的知名度和吸引力。

该营销系统主要具有以下功能。

1. 品牌推广

通过各种宣传手段，打造山东旅游目的地的品牌形象，以提高其知名度和美誉度。

2. 营销策划

根据市场需求和目标客户群体，制定有针对性的营销策略和活动，从而吸引更多的旅游者前来旅游。

3. 渠道管理

通过多元化的营销渠道，如线上平台、社交媒体、传统媒体等，将山东的旅游资源推向更广泛的受众。

4. 数据分析

通过收集和分析旅游者数据，了解旅游者的需求和行为，为营销策略的制定提供数据支持。

5. 合作伙伴关系建立

通过与航空公司、酒店、旅行社等合作伙伴建立合作关系，共同推动山东旅游的发展。

该营销系统的优势在于其整合了各种资源和渠道，能够更全面地推广山东的旅游资源，提高其竞争力。同时，该系统还注重与合作伙伴的合作关系建立，可以实现资源共享、互利共赢。

◈ 单元小结与练习

◆ 单元小结

本章主要介绍了旅游目的地电子商务系统的构成、业务流程及基本模式，旅游目的地网络营销的原则、策划内容和手段，以及旅游目的地营销系统的相关内容等。通过学习，应熟练掌握旅游目的地网络营销和旅游目的地营销系统的相关知识，理解旅游目的地电子商务的概念和业务流程。

◆ 实训

实训9.1

◆ 习题

1. 什么是旅游目的地营销系统？

2. 旅游目的地营销系统的服务对象有哪些？

3. 为什么旅游目的地营销系统建设通常由政府主导？

4. 为什么说企业对旅游目的地营销系统的参与是重要的？

5. 旅游目的地营销系统通常有哪些功能？对促进当地旅游发展有何作用？

6. 简述旅游目的地营销系统的建设目的和意义。

第10章　旅游管理部门电子政务

🔍 **课前导读**

　　电子政务(electrical-government)兴起于20世纪90年代。如今,电子政务已经成为许多国家追求的目标和关注的焦点。电子政务的大力发展代表了信息社会政府管理的正确方向,有着不可替代的功能和效益。而旅游电子政务不仅是衡量旅游管理水平和效率的重要标志,也是实现旅游业跨越式发展的助推器和提高旅游业竞争力的有效途径。现阶段,我国各地的旅游电子政务工作已取得了突出成绩并获得了宝贵经验,但也存在一些不足,亟待在未来的建设中加以改进和解决。

🔍 **学习目标**

　　知识目标:掌握电子政务、旅游电子政务的概念;熟悉"金旅工程"的目标和基本框架;掌握旅游电子政务建设的内容与模式。

　　能力目标:能够把握并结合当前我国各地旅游电子政务的现状,对发展中存在的问题进行归纳和分析,并提出相应的解决建议。

　　素质目标:理解旅游信息化与旅游电子政务建设的关系;能运用一定的信息技术手段,检索、分析并总结各地旅游政务网建设的成功经验与失败教训。

10.1　旅游电子政务概述

　　1999年1月22日,由中国电信和国家经贸委(现为商务部)经济信息中心联合40多家部委(办、局)的信息主管部门共同倡议发起的政府上网工程宣布正式启动,其目标是在2000年实现80%以上的部委和各级政府部门上网。文旅部门也积极响应,全力推进旅游电子政务建设。发展旅游电子政务是实现旅游政府部门的核心价值观向"以公民为中心""以需求为导向"转变的重要体现,对推进政务公开、廉政、透明、高效和信息共享等具有重要意义。

10.1.1　旅游电子政务的概念、内涵及特点

1. 电子政务的概念

自1998年起，美国华盛顿每年都会召开年度电子政务大会和博览会，而且每年都会有数百家政府机构和企业前往展示其在电子政务各方面的研究成果和产品。我国的电子政务起步稍晚一些。2002年8月，国家信息化领导小组发布了《关于我国电子政务建设指导意见》，指导各级政府部门有序开展电子政务建设。当前，全国各地无论是政府机构，还是社会公众，对电子政务的关注程度、认识程度日益加深，要求发展电子政务的热情也比以往更为高涨。电子政务是现代化信息技术与行政管理等多个学科相融合的产物。它不仅是计算机和网络技术在政府工作中的新的应用方式，更是一场划时代的变革，具有深远的历史意义。

"电子政务"一词是相对于"传统政务"和"电子商务"而言的。简单地说，电子政务是指政府机构的政务处理电子化，即运用电子化手段实施的国家管理工作，具体是指公共管理部门运用计算机、网络和通信等现代信息技术手段，将管理和服务通过网络技术进行集成，在网络上实现政府组织结构和工作流程的优化重组，超越时间、空间和部门的限制，从而建成一个精简、高效、廉洁、公平的政府运作模式，以便全方位地向社会提供优质、规范、透明、符合国际水准的管理与服务。

2. 旅游电子政务的概念

当前，国内学术界对旅游电子政务的相关研究并不多，关于旅游电子政务的概念也尚未达成共识，但这并不代表旅游电子政务的重要性不被大家所认识。相反，新事物的诞生，经常都是实践先行于理论。各地旅游局等旅游行政管理部门已相继开展大量的旅游电子政务工作，并取得了丰硕的成果和宝贵的经验。此外，也有很多专家学者对旅游信息化工作进行了较深入的研究。在前人研究成果的基础上，结合前文对电子政务概念的介绍，我们可以认为旅游电子政务是电子政务在旅游这一行业领域活动中的具体应用与体现。因此，我们尝试对旅游电子政务做出如下界定。

旅游电子政务是指各级旅游管理部门运用计算机网络和通信技术等现代信息技术手段，通过构建旅游管理网络和业务数据库，建立一个旅游系统内部信息上传下达的渠道和公共信息发布的平台，从而有效处理各项旅游管理业务和提供公共信息服务。

旅游电子政务不仅是衡量旅游管理水平和效率的重要标志，也是实现旅游业跨越式发展的助推器和提高旅游业竞争力的有效途径。

3. 旅游电子政务的内涵

从更深的层次上看，旅游电子政务是对现有的工业时代政府形态的一种改造，即利用信息技术和其他相关技术来构造更适合以互联网为主要特征的信息时代的政府结构和运作模式。

旅游电子政务的内涵包括以下3个方面。

(1) 旅游电子政务处理的是与公共权力行使相关的业务，或者是为了提供高效的公共

服务而需快速处理的公共部门的内部事务，这决定了旅游电子政务包含非常广泛的内容。

(2) 旅游电子政务必须借助现代信息技术、数字网络技术和办公自动化技术，同时也依赖于信息基础设施建设和相关软件技术的发展。

(3) 旅游电子政务并不是将传统的政府管理和运作简单地搬上互联网，而是要对现有的政府组织结构、运作模式、行政流程进行重组和再造，使其更有利于信息技术和网络技术的应用。

4. 旅游电子政务的特点

相较于传统行政管理方式，旅游电子政务的最大特点就在于其行政方式的电子化，即行政方式的无纸化、信息传递的网络化、行政法律关系的虚拟化等，具体体现在以下几个方面。

(1) 旅游电子政务是以改革旅游政务流程为基础的人机结合的信息系统。旅游电子政务是一个在旅游政府管理部门业务流程优化的基础上，包含计算机网络软硬件、相关工作人员、社会公众和企业在内的完整的人机结合的应用系统和社会系统工程。如果没有旅游管理部门业务流程的优化，没有相关工作人员、社会公众和企业的参与，仅仅是由计算机和网络软硬件组成的系统不可能成为完整的旅游电子政务系统。

(2) 旅游电子政务以互联网络为运行环境。随着信息技术和互联网络的发展，旅游政府管理部门与众多的企业和社会公众能够通过方便、快捷、低成本的互联网进行沟通和协作。互联网本身具有开放性、全球性、低成本、高效率等特点，而这些特点也成为旅游电子政务的内在特征，并使旅游电子政务大大超越了作为一种政务运行平台所具有的价值。它不仅会改变旅游管理部门的业务活动过程，促进业务流程的重组，而且对其他相关部门的运作模式都将产生积极的作用。

(3) 旅游电子政务以安全为保障。对于旅游电子政务而言，信息安全是一个需要特别关注的问题，旅游电子政务系统的安全决定了旅游管理部门的业务能否正常开展，安全是旅游电子政务的基石。旅游电子政务的安全保障体系包括两个方面：一方面是通过技术手段保证网络安全和信息安全；另一方面是安全管理制度建设和相关管理部门工作人员安全意识的培养和树立。

(4) 旅游电子政务以旅游管理部门、旅游企业和社会公众为行为主体。旅游电子政务的行为主体主要包括旅游管理部门、旅游企业和社会公众。为此，相关的业务活动也主要围绕这三个行为主体展开，主要包括旅游管理部门与旅游管理部门之间的互动、旅游管理部门与旅游企业之间的互动，以及旅游管理部门与社会公众之间的互动，如图10-1所示。

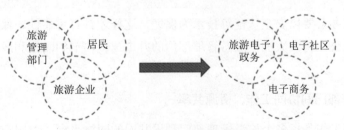

图10-1　旅游电子政务的行为主体

(5) 旅游电子政务将满足新经济条件下旅游企业和公众对旅游管理部门的新要求。旅游电子政务的实施，将提高旅游管理部门的决策理性和政策品质，帮助旅游管理部门运用国家政治、经济、社会发展诸领域的准确信息，制定正确的决策并采取必要的行动。它还有助于最终建立旅游管理部门与公众之间的良性互动机制，使旅游管理部门可以借助现代信息和通信技术，建立旅游管理部门之间、旅游管理部门与社会之间、旅游管理部门与旅游企业之间、旅游管理部门与公众之间的沟通网络，从而提高旅游管理部门的治理反应能力和社会回应力。旅游电子政务的实施，还将促使旅游管理部门的组织结构和运作模式发生变革，促进旅游管理部门重视节约行政成本，提高行政效率。

10.1.2　旅游电子政务的主要内容及应用

1. 旅游管理部门网上信息发布

网上信息发布即旅游管理部门在互联网上建立自己的主页和网站，通过网络实现实时信息发布，向社会公众提供信息服务，实现旅游政务公开。这样公众可以在网上查询相关信息，迅速了解办事章程以及各项政策法规，从而有效提高旅游管理部门办事执法的透明度，并自觉接受公众监督。

2. 旅游管理部门内部办公自动化

旅游管理部门内部办公自动化就是要建立办公业务流程的自动化系统，实现公文、报表制作及管理等业务的计算机处理，并通过内部局域网进行数据交换，实现内部信息的网上共享和交流，协同完成工作事务，从而达到办公业务工作运转的科学化、系统化、自动化，提高单位内部的办公效率和办公质量。在旅游电子政务中，相关管理部门的各种数据、文件、档案、社会经济数据都可以数字形式存储于网络服务器中，并通过计算机检索机制快速查询、即用即调。内部办公自动化是旅游电子政务的基础，但这绝不是简单地将传统的办公模式照搬到网上，而是必须对旅游管理部门业务进行重组。

3. 旅游管理部门网上交互式办公

网上交互式办公是指建立网上服务体系，使旅游管理部门能够利用网络平台与公众进行互动来处理旅游政务。具体来说，就是指面向社会公众实现在线申请、申报、登记、备案、意见征集等交互式办公，同时还应包括旅游管理部门电子化采购、招标、审批以及网上报税和纳税等内容。此外，网上交互式办公也可以进行电子化民意调查和社会经济数据统计等。

网上交互式办公要以安全认证等技术为保证，这样才具有可靠性、保密性和不可抵赖性。实现网上办公，将大大加快旅游管理部门的办事速度，节约时间和成本，从而使行政效率大大提高。

4. 旅游管理部门间协同工作，资源共享

部门间协同工作是指多个旅游管理部门利用共同的网络平台，对同一事项进行协同工

作，例如各级旅游管理部门召开远程视频会议等。而此类协同工作是在资源共享的基础上完成的，各旅游管理部门之间可以通过网络实现信息资源的共建、共享。这样既提高了办事效率、质量和标准，又节省了部门开支，从而起到反腐倡廉的作用。此外，在旅游管理部门内部，各级领导可以在网上及时了解、指导和监督下属部门的工作，并向各下属部门做出各项指示。这将带来办公模式与行政观念上的一次革命。

【课堂互动问题10-1】请举例说明电子政务在你生活中的具体应用。

10.1.3　旅游电子政务的主要模式

结合电子政务的实际应用，从旅游电子政务的实施对象和应用范畴的角度来看，可将旅游电子政务的基本应用模式划分为4种，即政府对政府的电子政务(G2G)、政府对企业的电子政务(G2B)、政府对公众的电子政务(G2C)、政府对政府公务员的电子政务(G2E)。

1. G2G——政府对政府的电子政务

G2G(government to government)是指政府对政府的旅游电子政务应用模式，它是旅游电子政务的基础性应用，它主要应用于以下4种不同工作关系的政府机关之间。

(1) 隶属关系。同一组织系统中的上下级机关之间，属于领导与被领导的隶属关系，如文化和旅游部与各省文旅厅。

(2) 业务指导关系。同一专业系统中的上下级主管业务部门之间，属于业务指导关系，如省文旅厅人事局与各市文旅局人事处。

(3) 平行关系。同一组织系统中的同级机关之间，如市文旅局下属的教育处与规划厅。

由此可见，G2G是应用于上下级、平级政府及其部门之间的旅游电子政务，因此又可划分为一个具体政府机关内部的旅游电子政务和政府机关之间的旅游电子政务两种形式。前者的应用模式主要定位于机关自身公务处理电子化，实际上也就是对政府办公自动化(OA)的发展，涉及公文处理、视频会议、事务处理、日常管理等方面，其功能主要是通过各相关方面的协调运作，提高机构自身的工作效率，科学决策，为电子政务的其他应用模式奠定基础。而后者的应用模式主要定位于政府机关系统内部公务处理的电子化，主要是通过网络(主要是内网)及电子公文传输系统等收发、传递公文及其他形式的政务信息，其基本目标是共享信息，提高办事质量和效率。

旅游电子政务的G2G模式即指上下级旅游管理部门、不同地方旅游管理部门、旅游管理部门内部各机构之间的电子政务。各部门通过计算机网络实现旅游信息的共享和实时通信，主要涉及旅游电子政策法规的规范管理、电子公文流转、电子财务管理、电子办公、电子统计等方面。

2. G2B——政府对企业的电子政务

G2B(government to business)是指政府对企业的电子政务应用模式。在G2B模式中，政府主要通过电子化网络系统为企业提供公共服务。G2B模式旨在打破各政府部门的界限，使业务相关部门在资源共享的基础上迅速快捷地为企业提供各种信息服务，精简工作流程，简化审批手续，提高办事效率，减轻企业负担，为企业的生存和发展提供良好的环境。

旅游电子政务的G2B模式实质上是指政府向旅游企事业单位提供各种公共服务，具体包括旅游电子采购与招标、电子证照办理、旅游信息咨询和中小型旅游企业服务等。

3. G2C——政府对公众的电子政务

G2C(government to citizen)是指政府通过电子化网络系统为公众提供各种服务。与G2B模式一样，G2C模式的着眼点是强调政府的对外公共服务功能。所不同的是，前者侧重针对企业，而后者的服务对象是社会公众特别是公众个人。G2C模式旨在为社会公众提供快捷方便地获取政府公共服务的渠道，提供公众参政议政的实际途径，通过直接与政府的"对话"、交流，拉近政府与公众的距离，使政府能够更及时、真实地了解和充分满足公众的需求。

旅游电子政务的G2C模式的服务范围更为广泛，包括旅游教育培训服务、旅游就业服务、旅游投诉服务、公共信息服务等。

4. G2E——政府对政府公务员的电子政务

G2E(government to employee)电子政务是指政府(government)与政府公务员(employee)之间的电子政务。G2E电子政务是政府机构通过网络技术实现内部电子化管理的重要形式，也是G2G、G2B和G2C电子政务模式的基础。G2E电子政务主要是利用互联网建立有效的行政办公和员工管理体系，为提高政府工作效率和公务员管理水平服务。

旅游电子政务的G2E模式主要是指利用互联网建立有效的行政办公和员工管理体系，为提高旅游局等旅游行政管理部门的工作效率和人员管理水平服务。

10.2　我国旅游电子政务的发展现状

10.2.1　旅游信息化与旅游电子政务建设

1. 旅游信息化与旅游电子政务建设的关系

旅游信息化与旅游电子政务建设之间有着非常密切的关系。一般来说，旅游信息化是数字旅游的基础阶段，它通过对信息技术的运用来改变传统的旅游生产、分配和消费机制，以信息化的发展来优化旅游经济的运作，实现旅游经济的快速增长。旅游信息化的表现形式主要是旅游网站、旅游呼叫系统、数字化管理以及支持信息化的基础设施建设。旅游信息化的内容主要包括旅游企业信息化、旅游电子商务以及旅游电子政务。

课堂案例
四川旅游政务
网与四川旅游
信息化建设

旅游电子政务是旅游信息化建设的重要组成部分，实施旅游电子政务既可以使旅游主管部门更好地发挥旅游经济调节、旅游市场监督、旅游服务等职能，又有利于政令畅通，提高工作效率。同时，旅游主管部门职能的转变也会影响旅游信息化建设的步伐。

2. 旅游电子政务系统的功能

旅游电子政务系统的实质是政府利用信息技术更好地履行政府职能，提高办公效率和增加旅游行政管理部门决策的透明度，加强廉政建设和监督机制的建立，更有效地为社会和公众服务。

从旅游电子政务系统内部管理(见图10-2)和外部管理(见图10-3)的角度来看，旅游电子政务系统应具备网上旅游信息发布、旅游管理部门内部办公自动化、旅游各部门资源共享并协同工作、网上交互式办公等基本功能。

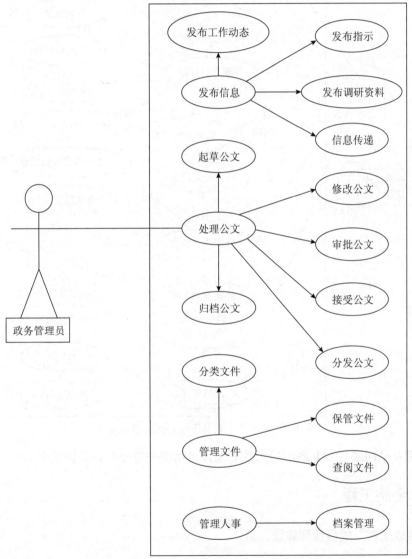

图10-2　旅游电子政务系统内部管理示意图

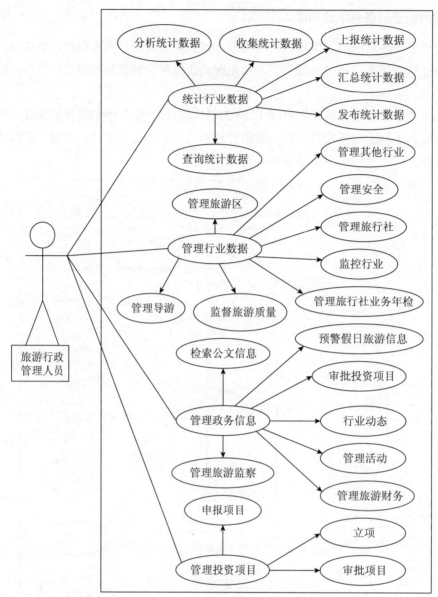

图10-3　旅游电子政务系统外部管理示意图

【课堂互动问题10-2】旅游电子政务建设包括哪些方面？请举例说明。

10.2.2　金旅工程

1."金旅工程"的目标和建设方针

谈到旅游电子政务建设，不可避免地要谈到我国"金旅工程"的建设。"金旅工程"由国家旅游局(现为文化和旅游部)于2001年启动，它是国家信息网络系统的一个组成部分，也是旅游部门参与国家旅游业信息化建设的重要基石。"金旅工程"包括两个基本组成要素：一是政府旅游管理电子化，重点建立面向全国旅游部门，包含旅游业的业务处理、信息管理和执法管理的现代化信息系统，初步形成旅游电子政务的基本骨架；二是利用网络技术发展旅游电子商务，使其与国际接轨。"金旅工程"的总体目标是最大限度地整合国内外旅游信息资源，建设和完善政府系统办公自动化网络和面向旅游市场的电子商务系统。

　　"金旅工程"是旨在促进信息化发展和信息技术应用的旅游部门信息化系统工程(见图10-4)。"金旅工程"将建成覆盖国家、省(自治区、直辖市)、地市旅游部门和旅游企业的四级计算机网络系统，为旅游业发展提供强有力的技术支持。基于此构想，我们得出"金旅工程"三网一库基本框架(见图10-5)：核心层——内部办公网，中间层——管理业务网，外围层——公共商务网，以及公共数据库。内部办公网将国家旅游局与国务院办公网相连，为国家旅游局提供一个与国务院办公网和各部门进行内部文件交换的安全保密的网络，实现内部办公自动化。管理业务网着力建立一个旅游系统内部信息上传下达的渠道和功能完善的业务管理平台，实现各项业务处理的自动化。公共商务网主要建立一个可供各旅游企业进行供求信息交换、电子商务运作的"中国旅游电子商厦"，向旅游企业提供整套的电子商务解决方案。旅游企业可基于此框架从事网上同业交易，为全球互联网用户提供旅游产品在线订购等电子商务服务。公共数据库是指以上三网的公用数据库。

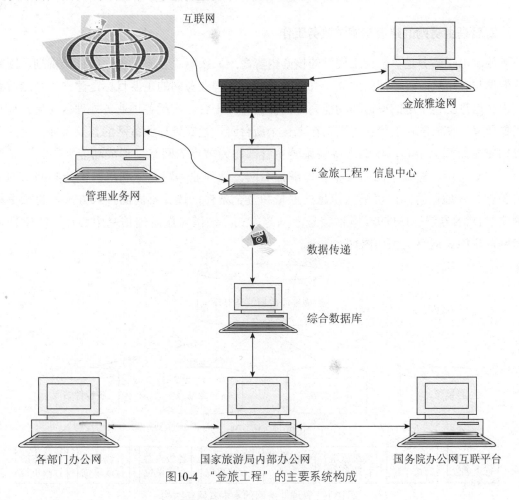

图10-4　"金旅工程"的主要系统构成

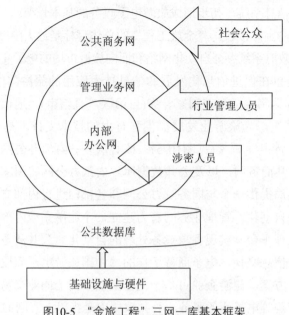

图10-5　"金旅工程"三网一库基本框架

2. 管理业务网的建设与旅游政务工作

旅游电子政务是"金旅工程"的核心内容之一。按照"金旅工程"的框架规划，国家旅游局与各地旅游管理部门建立了管理业务网。管理业务网的主要目标是建立一个旅游系统内部信息上传下达的渠道和功能完善的业务管理平台，实现各项业务处理自动化，提高工作效率，使旅游业的行业管理工作上一个新台阶。建立管理业务网的首要条件，是建立以国家旅游局为中心，以地方各级旅游主管部门为节点的网络，形成功能完善、科学规范、安全实用、覆盖全国的旅游管理虚拟专网。管理业务网充分利用国家公共网络的优势条件，各地旅游部门可根据信息处理量和资金条件，选择不同的接入方式，包括卫星网络、DDN专线、ISDN或电话拨号上网等方式，与国家旅游局信息中心连通。管理业务网的集中式网络结构如图10-6所示。

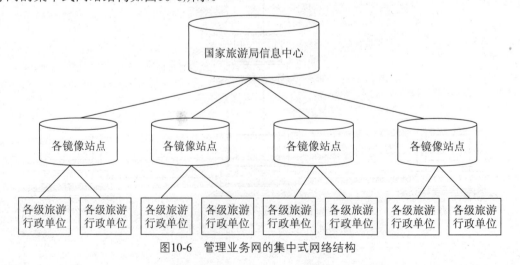

图10-6　管理业务网的集中式网络结构

利用科学高效的信息网络技术组建的"金旅工程"，对于提高国家旅游局和全国各级旅游管理部门的管理水平、决策水平和工作效率，发挥着不可或缺的作用。现阶段，在政府主导下，各地区的旅游电子政务网站相继开通，逐步实现了旅游办公网络化、政务信息和行业管理系统化。自建设"金旅工程"以来，国家旅游局相继建成了内部办公网、中国旅游网、金旅雅途网，业务处理的网络化程度有了很大的提高，开发建设了一批适应旅游业发展的管理系统，使信息技术在行业的应用日益普及和深化，在旅游管理和发展中发挥了积极的作用。

其中需要说明的是，"金旅工程"之公共商务网——金旅雅途网，虽非一个完全意义上的旅游政务网，但它却和我国的旅游电子政务建设有着密切的联系。金旅雅途网实质上是一个以政府为主导，实行市场化运作的国家级旅游信息与电子商务网。"金旅工程"发展规划提出，"金旅工程"作为现阶段我国旅游业信息化系统工程，分为电子政府(注:可理解为电子政务，提法不同)和电子商务两大部分。为优化"金旅工程"建设的效益和效率，"金旅工程"的建设采取了有区分的操作和发展方式。"电子政府"是政府信息系统，主要依靠行政方式建设；"电子商务"是政府推动行业发展的商务系统，也是政府信息系统的基础和延伸，主要依靠市场化措施发展，辅之以必要的政策和行政引导。

10.2.3 旅游电子政务系统的实现——各地旅游电子政务网

旅游电子政务网是由政府旅游管理部门、旅游行业协会等设立的主要面向业内的政府官方网站，命名多为"××省(市)旅游信息网"或"××省(市)旅游政务网"，如北京旅游网(www.visitbeijing.com.cn，北京市文旅局主办)、四川省文化和旅游官网(wlt.sc.gov.cn，四川省文旅厅主办)等。独立的旅游政务网应当包括工作动态、政务公开和网上办公等方面的功能，并相应加大工作宣传力度，强化政府服务职能。另外，在网络研发工作中，应考虑设置自动数据分析功能，为政府宏观决策服务。

从地方的发展情况来看，在"金旅工程"的推动下，我国各省(自治区、直辖市)及众多优秀旅游城市均已开展了旅游电子政务建设工作，构建了旅游信息交流共享平台，只是完善程度有所不同。旅游资源优势地区和旅游业较发达地区，如北京、上海、四川、广东、湖北、山西等地，均建成了比较完善的集旅游信息发布、公共服务和旅游业务管理于一体的平台。但仍然有一些地区的旅游政务网与旅游资讯网掺杂在一起，这样就会存在受众不清、定位不准和效果欠佳等方面的问题，政务网和资讯网的分离工作正在逐步开展。

我国已有20多个省级地方旅游局建有单独的旅游资讯(信息)网，广东、山东、上海、四川、天津、云南等地还建有独立的公共商务网站。严格地说，公共商务网站并非纯粹意义上的旅游政务网，它属于应用服务供应商旅游网站，也可称之为旅游公共信息服务网。此类旅游网站是政府支持的，自身不经营旅游业务，只是由旅游政府部门进行推动和宏观指导，为旅游企业提供一个开展旅游电子商务的操作平台，同时也为公众获取旅游信息提供便利，如苏州旅游资讯网(suzhou.jianggupiao.com，苏州市文旅局主办，见图10-7)等。此类网站建设有政府背景，但内容上侧重于旅游目的地的营销系统与管理等。下面对我国典型地区发展较好的旅游电子政务网建设及其政务工作情况做简要介绍。

图10-7　苏州旅游资讯网网站主页

1. 文化和旅游部官方网站

作为旅游行业的行政管理部门,中华人民共和国文化和旅游部是一个与公众交互频率较高的单位,及时提供各类旅游信息是它非常重要的职能。旅游电子政务的发展一直得到中央政府、文化和旅游部以及各级旅游行政管理部门的重视。文化和旅游部以其官方网站(https://www.mct.gov.cn)为应用平台,搭建并逐步完善了国家、省两级旅游信息报送机制。该网站是各级旅游行政管理部门上下沟通的重要渠道,成为各级领导、机关以及普通公众把握旅游行业动态的窗口。

经过多年的努力,文化和旅游部机关使用电子政务系统进行政务公开已经全面普及。比如由文化和旅游部以及国家统计局共同开发的"黄金周假日旅游预报系统",不仅实现了全国参报单位的网上数据交换,及时准确地完成数据的汇集、传输、审核、分析,而且保证了审核的严格性和信息发布的及时性,为黄金周的预报工作提供了有力的技术手段。该网站包括假日旅游预报系统、星级饭店管理系统、全国导游员IC卡管理信息系统、旅游投诉系统、旅行社年检网上填报管理系统、旅游统计系统、旅游财务指标管理系统、旅游项目投资管理系统、景区(点)管理系统、导游等级考核管理系统。这十大信息应用系统的应用在行业管理工作中初显成效。这一大批全国性应用网络系统的推广应用,初步体现了行政办公和行业管理部分功能的电子化。文化和旅游部还成功启动了"12301"旅游服务热线工程,这是政府不断依靠信息化手段进行旅游电子政务建设、强化社会管理与公共服务职能的一项重要举措。

2. 北京市文化和旅游局官网

北京市文化和旅游局是主管北京市旅游业管理工作的市政府直属机构,其主办的旅游政府网站——北京市文化和旅游局官网 (whlyj.beijing.gov.cn),体现了北京市文化和旅游局所承担的诸多公共服务职能。如研究拟订旅游政策、起草北京市旅游业的地方性法规、研究制定旅游市场开发战略、培育完善北京市国内旅游市场、审批管理旅行社及旅游饭店的业务工作、制定旅游行业服务标准、依法管理与规范旅游市场、组织旅游资源的普查、协调促进旅游项目与产品的开发销售等。

北京市文化和旅游局官网于2021年正式开通。北京市文化和旅游局作为北京市旅游企业的主管政府机构，不仅承担着全市旅游企业的业务管理工作，而且作为开发口岸，承担着全国出入境旅游的协调等工作。北京市文化和旅游局官网旨在通过政务公开，最大限度地提高效率为旅游企业服务。这一政府旅游电子政务系统的建设，对于促进政府职能转变、提高办公效率以及实现政府机构与旅游企业的零距离接触奠定了网络基础。

3. 上海文化和旅游局官网

上海市文化和旅游局为加强对政务公开载体的建设，落实政府信息公开，对上海市文化和旅游官网(whlyj.sh.gov.cn)进行了多次改版，其电子政务工作以网上办事为重点，重新梳理并更新本单位的行政审批事项及办事程序。现已实现8项对外行政审批事项全部上网，对其中两项能够实现在线受理的办事项目做到一办到底，对群众办事的下载表格进行更正、增加，同时进一步完善了状态查询和结果反馈。另外，根据《上海市政府信息公开规定》和《上海市政府信息公开工作要点》的要求，梳理修正了上海市文化和旅游官网中的政府信息公开目录，以体现政务信息的权威性；加快更新官网中"政府信息公开""规范性文件""要闻动态"等有关政府信息公开专栏的速度，确保政府信息能在第一时间在网上与市民见面，方便市民查阅。

4. 青岛市文化和旅游局官网

青岛市文化和旅游局官网(whlyj.qingdao.gov.cn)建设也取得了很好的效果。除了做好网络平台的建设外，青岛市文化和旅游局还积极开展政务公开工作，严格按照工作职责及程序办事，努力做到公开化、透明化、公正化，通过设立公开栏，及时公开旅游政务内容，主要的公开事项包括行政审批事项、收费项目、办事程序和办事期限、大宗物品采购、招待费开支、年度工作目标及科室职责。通过媒体进行政务公开的项目包括以下几个：公布旅游投诉电话；在各景区(点)和旅游饭店设立了投诉电话标志牌；在"五一""十一"期间在即墨电视台和青岛报纸上公开发布投诉电话。及时公开承诺服务和行政审批事项包括：青岛市旅游局根据有关旅游法规、规章的规定，及时将职责和有关行政审批等事项予以公示，如旅行社设立初审、旅行社变更登记或注销登记、导游人员的资格认证、旅行社分支机构的设立等。此外，青岛市文化和旅游局还高起点编制旅游总体规划和重点旅游区域规划，紧紧围绕青岛市规划目标，积极实施旅游大项目带动战略，加快了旅游大项目开发建设的步伐。

5. 杭州市文化广电旅游局官网

杭州市文化广电旅游局官网(wgly.hangzhou.gov.cn)主页设置政府信息公开、互动交流、网上办事及专题专栏等内容。基于杭州旅游信息化发展所具备的条件，以及新的旅游信息化规划中杭州旅游电子政务欲达到的目标，杭州文化广电旅游局官网显著体现了政务公开透明、网站信息时效性强和内容丰富的特征，如图10-8所示。

图10-8　杭州文化广电旅游局官网内容

6. 河北省旅游电子政务建设

河北省旅游主管部门为加深旅游业管理规范化的程度，在"假日旅游预报系统""导游员网络管理系统"等行业管理网络办公系统开发和运行过程中，与国家文旅部加强合作，积极建设旅游电子政务系统，以提高办公效率和质量。河北省文旅局为方便各界查询，也设立了功能齐全、页面美观的官方网站(whly.hebei.gov.cn)。

河北省旅游电子政务建设是分两期发展的，第一期着重发展河北省旅游局的信息发布功能和部分业务重点项目(见表10-1)，以积累经验，突破重点，建立旅游部门的信息化工作程序，改善工作流程。第二期是对第一期的业务项目进行补充完善，并开发相关的业务项目，以全面提高旅游部门的行业管理水平(见表10-2)。

表10-1　河北省旅游政务网第一期重点业务项目

旅游行业统计系统	统计报表数据的收集、上报、汇总、发布、查询、分析
部分行业管理系统	旅行社业务年检管理系统、旅游质量监督管理信息系统、导游员IC卡管理系统、饭店管理信息子系统、旅行社管理信息子系统，旅游区(点)管理信息子系统、领导查询子系统等。
部分信息管理系统	公文信息检索系统、假日旅游预报预警系统

表10-2　河北省旅游政务网第二期重点业务项目

行业管理系统	市场促销信息子系统、旅游招商引资项目库、其他行业管理业务(含旅游车船、商务、教育等)、安全管理信息子系统
旅行社网上申报系统	河北省新旅行社的前期申报工作均通过网上完成
投资项目管理系统	申报、立项、审批
信息管理系统	行业动态子系统、优秀旅游城市活动信息子系统、旅游财务信息(含报价/外汇管理)子系统、旅游监察管理信息子系统

此外，还有一些地方旅游政府部门的电子政务也开展得如火如荼，取得了很好的工作成效。如浙江(浙江省文化广电和旅游厅官网，ct.zj.gov.cn)、辽宁(辽宁省文化和旅游厅官网，whly.ln.gov.cn)、内蒙古(内蒙古自治区文化和旅游厅官网，www.nmgtour.gov.cn)、云南(云南省文化和旅游厅官网，dct.yn.gov.cn)等地的旅游电子政务工作，都有很多成功经验值得借鉴。限于篇幅，此处不再赘述。

10.3 我国旅游电子政务的发展方向

10.3.1 我国旅游电子政务发展存在的问题

国家旅游局(现为文化和旅游部)于2001年发起并启动的旅游信息化政府项目——"金旅工程"，旨在推动实现政府旅游管理电子化。在"金旅工程"这样一个具有明显"中国特色"的项目实施的特殊背景下，各地政府主管部门在我国旅游信息化建设中担当了非常重要的角色。当前，全国大多数地区的旅游信息化建设如火如荼，各类地方旅游政务网站及相关旅游网站如雨后春笋般涌现，其中不乏成功的经验。但总体来说，各地发展水平参差不齐，存在诸多问题。通过对我国31个省(自治区、直辖市)和新疆生产建设兵团的旅游行政管理机构和旅游企业的信息化建设状况进行抽样调查和结果反馈，总结起来，主要问题体现在以下几个方面。

1. 缺乏旅游电子政务总体发展规划

旅游电子政务要想实现良性发展，必须制定宏观发展战略规划，明确电子政务的发展目标，明确电子政务的使命、发展战略、关键要素等。我国实施的是政府主导型旅游发展战略，而旅游业涉及的行业多、综合性强，通常是哪个部门能争取到资金就做哪个部门想做的事，能争取到多少资金就做多少事，没有根据各地区旅游电子政务的应用情况以及国内外发展趋势，制定全省的旅游电子政务发展中长期规划和具体的实施纲要，没有进一步加强对旅游电子政务建设的引导和规范。

2. 部分地区对旅游电子政务的认识不足，推动工作力度不够

从旅游电子政务建设取得的实际成果来看，能够真正实现网上办公的旅游管理部门相对有限。部分地方政府和旅游部门虽然提出了建设"金旅工程"的口号，但在具体贯彻落实过程中，担心因为旅游电子政务带动行政改革、机构重组导致丧失权力与岗位而对此持消极态度的还大有人在；也有部分政府官员误认为买一批计算机，招聘几个专业技术人员，开通网络就算实现电子政务了，没有从更深层次上去推进旅游电子政务建设。以上这些认识都严重地制约了旅游电子政务的发展。

此外，在旅游电子政务网站方面也存在建设不够成熟、思路不够开阔等问题。当前，除各省和部分优秀旅游城市外，大部分地市级政府的旅游电子政务网站仍局限于静态的图片介绍，缺乏网站的动态维护，网站形象不突出，内容较为单一。信息以景点介绍、政策

法规发布为主，公开信息较少，数量和质量都差强人意。在针对公众的互动性功能方面更是普遍欠缺，且对旅游政务网站的宣传和营销也不够重视。

3. 旅游信息化基础设施落后，发展不均衡

当前，我国大多数旅游相关单位在硬件平台数据库和系统软件平台、应用平台的投资上尚显不足，网络基础设施也有待进一步完善，导致数据的传输能力与预期水平相比仍存在很大差距。在网络域名、IP地址、网络总数方面，旅游电子政务的建设还不能满足旅游业日益蓬勃的实际发展需要。网络基础设施薄弱成为制约我国旅游电子政务整体发展的瓶颈。

就现实来看，我国各省市级旅游电子政务发展很不均衡，像山东、上海、四川、福建等省份的旅游信息化工作及电子政务明显处于领先水平，而更多省份的旅游信息化工作还处于起步阶段。现阶段，我国有三分之二的旅游行政管理部门应用了办公自动化系统，然而，这些部门的信息化建设水平存在参差不齐、发展不均衡的情况，这种不均衡的信息化建设水平反过来进一步阻碍了各地方各部门之间的对接政务建设和信息资源共享。

4. 旅游电子政务建设资金投入过少，无法形成完整的多平台系统

在旅游电子政务建设方面，财力不足是各地旅游管理部门普遍存在的问题。据了解，当前我国很多地方旅游管理部门的财政拨款捉襟见肘，加之还有其他工作需要经费，所以市、县级旅游局尤其缺乏电子政务建设、维护资金，人员编制不足，办公场所也不到位。由于受两级财政资金管理的限制，省级缺乏对市、县级信息化发展的统一规划和引导督促，导致无法建成全省统一的电子政务数据系统和统一的网络营销平台。旅游电子政务建设和应用水平较低，投入较少，缺乏信息系统维护经费，至今电子政务系统维护费还没有单独列入年度财政预算。由于资金短缺，用于旅游信息化建设与项目运行维护的经费不足，难以有效保障和提升系统的效能，这会严重影响各地方旅游目的地的营销形象和旅游电子政务的服务效果。

5. 旅游电子政务专业人力资源缺乏，旅游电子政务事业机构不健全

旅游电子政务从业人员不但应具备较高水平的网络技术与完备的电子政务知识，同时还应熟练掌握旅游专业以及营销管理知识。如今，学校培养出来的旅游专业人才并不具备全面的旅游电子政务知识，尤其缺少高素质、复合型的旅游信息化建设管理人员、技术研发人员。单一的知识结构使他们面对飞速发展的旅游信息化有些力不从心，现有人才已难以支撑建成的多语种网站集群以及省旅游局多套信息系统的正常运行，更无法满足新系统的建设需求。此外，各省市仍普遍存在旅游信息中心地位薄弱的问题，在机构、编制、资金等方面都比较欠缺，全国只有少数省份有机构健全的旅游信息中心，大多数省份的旅游信息化工作都是由其他处室负责的，缺乏专业的旅游电子政务机构。

6. 旅游法律法规和标准建设滞后，旅游信息化标准亟待统一

尽管《中华人民共和国电子签名法》和《中华人民共和国政府信息公开条例》已经颁布，其他许多法律法规也在制定中，但是我国的旅游信息化由于起步较晚，法律法规和标

准仍不健全。在旅游信息化建设的过程中，对信息的规范化和标准化有着严格的要求，否则将无法实现网络的互联互通和信息的大规模集成，因此迫切需要在信息基础设施、电子商务、电子政务、信息安全、政府信息公开、个人信息保护等方面，创造旅游信息化发展所必需的良好法治环境。而且由于我国暂时没有统一的旅游信息标准，旅游信息的描述千差万别，导致旅游信息基本数据库的建设和日常维护需要消耗大量的人力、物力。旅游信息标准的问题若得不到妥善解决，将严重影响我国旅游信息化的发展和旅游电子政务工作的开展。

综上所述，在我国旅游电子政务建设过程中，领导重视不够、机构建制不完整、人才匮乏和工作职能模糊，以及资金不足、基础薄弱、发展不平衡等问题是普遍存在的。为此，可从战略规划与政策、管理执行、技术操作3个层面，对阻碍旅游电子政务发展的因素加以归纳总结(见表10-3)。

表10-3 阻碍旅游电子政务发展的因素

战略规划与政策层面	管理执行层面	技术操作层面
缺乏协同性的战略部署	缺乏管理大规模ICT项目的能力	技术与基础设施的成本因素
缺乏可持续规划	缺乏管理人才	缺乏足够资源支持运营
部门间存在分歧	领导层消极对待	公共部门缺乏创新性激励
地方旅游发展不平衡	其他专业组织消极对待	缺乏规章制度
缺乏方针政策指导	缺乏法律体系的支持	部门间不愿共享信息或误用敏感数据

【课堂互动问题10-3】根据你的观察与了解，当前我国旅游电子政务的发展还存在哪些问题？请举例说明。

10.3.2 我国旅游电子政务建设的构想

1. 总体思路

各地旅游管理部门应根据当地旅游发展的具体要求，明确"创新、整合、带动、共赢"的旅游电子政务建设的战略思路。在国家"金旅工程"三网一库的框架体系内，以市场需求为导向，以利益整合为基础，以信息整合为核心，以应用促发展，把握正确方向，通过技术创新贯彻落实各地旅游发展及信息化战略。根据国际、国内旅游信息化主流模式，将其转化为业务和技术性的应用规划和建设项目。通过政府引导与市场推动的密切结合，以及产学研的紧密结合，为旅游信息化及电子政务建设的发展创造了良好的环境和必要的条件。

2. 推进"金旅工程"的建设

"金旅工程"是国家信息化工作在旅游部门的具体体现，也是国家信息网络系统建设的重要组成部分。因此，各地旅游管理部门应以"金旅工程"框架为标准，相互借鉴兄弟省市地区的成功案例，结合当地自身的旅游特色，构建旅游电子政务系统，继续重点建设

"金旅工程"。同时，还应制定和完善旅游信息化建设中的安全保密措施、制度，跟踪先进的保密技术，积极采用经国家有关部门审核认定的措施和手段，确保旅游管理业务网络的安全和保密。

3. 抓好重点旅游信息化工程项目"12301工程"的建设和运营

在世界旅游市场竞争激烈的背景下，各国、各地方政府都在加紧努力，通过各种渠道传播旅游信息。一些国家通过成立国家级旅游呼叫中心，增设旅游咨询热线服务，整合社会各方资源，收到了较好成效，提高了服务水平和旅游者满意度，也增强了目的地竞争力。参照国际经验，按照国内基础，国家旅游局需要打造一个功能强大、信息齐全、传播有力的信息平台，超越传统的公益信息服务界限，除了发挥旅游促销、投诉、救援和政策法规方面的功能外，还应突出旅游服务的综合性和关联性特点，为旅游者提供具有一定深度和个性化的旅游信息服务。

"12301旅游服务热线工程"是旅游信息化发展的必然趋势，也是当前我国旅游电子政务建设的一项非常重要和紧迫的工作。各省应制定出详细的实施方案，建立工程建设领导小组，保证工程顺利进行。通过这样一个平台可以提升旅游公共服务水平，推动旅游行业信息化发展进程，进一步完善旅游综合数据库。

4. 旅游电子政务网站应具备的功能信息与构建要素分析

旅游电子政务网站的建设不仅涉及管理方式的变革，还要求政府部门在管理思想和业务流程上做适当的应变。旅游业要成功实现电子政务，管理部门必须抓住构建旅游电子政务网站的几个关键点。例如，构建旅游网站不仅需要政府与旅游业的各个企业结成合作伙伴，也需要为电子政务服务制定具体的目标、方案以及评估标准以衡量成果，还需要统筹规划旅游电子政务的各个建设方案并制定优先秩序等。

1) 旅游电子政务网应涵盖的功能信息范围

旅游电子政务网是各级旅游管理部门的官方网站。旅游电子政务网站的开通，为提高政府的办事效率，实现政府机构与旅游企业、旅游者的零距离接触和互动，提供了一个便利的网络平台。旅游电子政务网站中的政务公开部分的信息发布栏目一般由对内发布和对外发布两个功能组成，大致包括如下几个方面的内容：法律法规政策；政府职能介绍、办事指南；旅游新闻；通知公告；旅游统计数据查询；本地企业(行业)旅游信息；旅游投诉；意见征集；在线交流论坛；友情链接。

2) 旅游电子政务网站构建要素分析

(1) 旅游政务信息。对于旅游电子政务网站而言，旅游政务信息必不可少，主要包括：旅游局的职能、办事指南；旅游法律法规政策；旅游规划；旅游外事信息；旅游新闻；旅游审计、监察；旅游经济、旅游管理、旅游地理等旅游科学研究；年度旅游统计数据以及旅游黄金周数据统计；旅游行业相关的信息；涉及食、住、行、游、购、娱的相关旅游企业信息。

(2) 旅游商务信息。除了旅游政务信息外，旅游商务信息也应是旅游电子政务网站的重要信息组成部分。以旅游电子政务网站为平台开展旅游电子商务，信誉度更有保证，同时具备其他网站所不具备的优势。

(3) 旅游电子政务网站的运营维护。旅游电子政务网站用于旅游部门内部的业务管理和信息发布。在进行业务管理时，旅游电子政务网站需要为旅游管理部门下辖的每个旅游企业设置账户，使旅游企业可以直接在网上填报年检和专项申报表单；而旅游管理部门可以直接在网上对文件进行批阅，并可以采用电子签名；此外，还可以提供纵向文件传递系统，包括通知、公告、阅读确认、通知回复、查询等功能。旅游电子政务网站应由国家旅游管理部门和地方旅游管理部门按照统一标准分级建设，系统的运作、日常维护工作应由国家旅游管理部门和省旅游管理部门控制，系统的开发、技术支持及维护应由相关的企业负责。内部办公网属于国家机密网络，需要按照国务院和省政府的有关规定运作。公共商务网可以按照商业网络的性质来运营管理。

(4) 系统功能组成。旅游电子政务网站的功能主要是支撑系统内的旅游管理业务系统，具备旅游信息统计、评级、立项审批、预警等应用处理功能和信息发布功能。它主要由网络系统、服务器系统、统计信息系统、投资项目管理系统、等级评定系统、预警分析系统、公众信息发布系统组成。

(5) 网站性能特点。总体来说，旅游电子政务网站具有以下特点(见表10-4)。

表10-4 完善的旅游电子政务网站应具备的特点

灵活性	信息分类单独维护，分类层次没有限制
可靠性	在正常情况下，网站系统的各项功能能够持续运行，无程序故障出现
安全性	系统在操作功能和数据存储方面要采取合理的安全措施，任何未经授权者，不能随意执行网站功能或从数据库直接读取数据
容错性	系统应具有故障处理措施，能够恢复由于意外事件引发的程序突然中断造成的数据损坏，保证系统数据完整和正常运行
可维护性	系统在具备开发环境时应是可维护的，能够提供程序源代码文件和技术文档，但需要由专业人员进行维护

3) 理想的旅游电子政务网站应具备的功能特征

旅游电子政务网站往往是宣传当地旅游业的一个权威窗口，也是旅游者和政府沟通的平台。一般来说，一个理想的旅游电子政务网站应能满足如下几项功能需求。

(1) 旅游管理部门可以通过旅游电子政务网站完成日常政务工作，通过信息管理平台发布旅游信息，统计旅游者的需求信息，并与旅游企业协调沟通，以满足旅游者的需求等。

(2) 旅游者可以直接通过旅游电子政府网站查询相关信息，并(通过链接)开展预订业务和网上支付。

(3) 旅游者可以通过旅游电子政府网站向旅游管理部门直接投诉，还可以实现旅游管理部门对旅游企业的监督管理。"局长信箱"和"在线投诉"这两个栏目应是旅游电子政务网站最重要和最有特色的功能模块。

(4) 旅游电子政务网站应具备全文检索功能，在访问者等级界定安全体制下，以分层结构查询、主题查询、全文检索等多种方式，向公众、企业及相关机关提供信息检索服务。

【课堂互动问题10-4】 你认为一个理想且完善的旅游电子政务网站应该是什么样的？

10.3.3　实现我国旅游电子政务建设构想的发展战略与保障措施

为加快我国旅游电子政务的建设步伐，保障建设构想的顺利实现，必须紧密结合我国国情，找准切入点，制定详细的发展战略，有计划、有步骤地实施。结合上述目标与分析，我们必须加强以下几个方面的工作。

1. 坚持统筹兼顾，明确发展战略

1) 把旅游信息化和旅游电子政务工作全面融入旅游业发展的大局中

党的二十大报告中提出工作中要"着力推动高质量发展"，这就要求，我国的旅游信息化建设要自觉贯彻科学发展观，要融入全国旅游业发展的大局中。我们要始终明确，旅游信息化、旅游电子政务是旅游业发展的重要组成部分，旅游电子政务建设与发展要服从于旅游业发展全局。积极发挥各方面力量，尤其是各省、自治区、直辖市旅游信息中心和旅游信息相关部门的力量，积极优化旅游电子政务发展环境，通过信息手段为旅游信息化、旅游电子政务体系建设、宣传促销以及旅游公共服务等方面的工作，提供技术支持和宣传平台。

2) 坚持科学规划和制度创新，加大统筹规划力度

相关旅游主管部门应发挥主导作用，在制度创新、观念创新的基础上，加强统筹规划，结合政府上网工程，进一步加大管理创新力度，保证旅游电子政务的顺利发展。各级旅游主管部门应明确有关部门的管理职责，加强组织和协调，为保证有关政策、法规、标准的一致性和连续性，务必要以旅游电子政务为龙头，切实发挥"金旅工程"的作用，落实"三网一库"的建设，发挥旅游电子政务网站平台信息量大、覆盖面广、跨越时空、互动性强的优势，开展长期有效的旅游产品网络营销，打造宽平台、多语种的旅游目的地营销系统，及时提供直观生动、丰富有效的旅游信息。

2. 发挥政府主导作用，改善旅游电子政务建设的宏观环境

1) 加强对旅游电子政务的宣传力度，使各级领导树立正确观念

各级政府领导树立正确观念应包括两个层面。一个层面是各级领导应明确旅游电子政务与传统旅游管理的差异、旅游电子政务与办公自动化的区别，旅游电子政务对信息产业的引导作用等要加强宣传。另一个层面是要改变"重建设、轻维护"的观念。现阶段，各级旅游管理部门的电子政务建设采用不同的标准，各自为政，缺乏统一规划，有些地方凭着一腔热情建立网站，没有专人去维护、更新，无法体现旅游政务信息公开和与旅游公众的互动。因此，各旅游管理部门应明确职责，各级领导干部应带头学习、提高认识，以加快旅游电子政务建设，提高服务水平。

2) 建设、健全以政府为主导的旅游信息化组织机构

各级旅游管理部门和重点旅游企业必须建立健全旅游信息化领导机构和工作机构，主要领导要亲自挂帅，抓好信息化工作，还要有专人负责落实这项工作。在领导小组之下，成立以计算机、网络和通信技术专家为主，包括旅游、管理等相关人员参加的旅游信息化专家组。由相关旅游管理部门科室、专门人员负责具体工作的落实，并聘请具有信息化工作经验的专业人士做顾问。同时，还要建章立制，制定科学合理的旅游信息化工作目标和信息化工作制度，如日常管理网络平台制度、信息资源平台管理制度、安全保密制度等，以确保网络安全、稳定地运行，以及各项工作顺利进行。

3) 加强和完善旅游信息化基础设施建设

旅游信息化基础设施是旅游电子政务得以顺利开展的重要前提。各级旅游管理部门和旅游企业必须高度重视旅游信息网络构建和应用系统开发，建设旅游专网和信息化共享平台，实现旅游信息共享。政府在投入资金时，应考虑对旅游地区的航空、铁路、公路等交通设施与通信、水电、能源供应等基础设施，施行一定程度的倾斜，为旅游发展铺平道路。此外，为保证各地旅游信息化建设符合国家整体方向和要求，避免各自为政、重复建设，造成人力、物力、财力的浪费，各级旅游管理部门必须建立旅游信息化项目审核和工程监理制度。

4) 尽快完善我国旅游电子政务的法律法规政策

现阶段我国已有的电子政务法律法规已经跟不上旅游业的高速发展，因此，政府应尽快完善我国电子政务法律法规，加快研究，统一推出旅游电子认证、旅游电子合同、旅游数字签名、旅游电子凭证等行业标准，加强数字防伪系统建设与网络安全建设，保证电子支付安全和网络信息安全。同时，政府应该出台相应的制度法规，以推动旅游电子政务信用征信系统的建设。

5) 拓宽旅游信息化发展的新思路，采用新手段

各级政府要加强旅游公共服务职能建设，以12301客服电话为平台，推动旅游信息咨询服务网络的建立和完善，逐步构建多层级、多语种、多方面的旅游信息传输平台，进一步丰富旅游电子政务信息，增强政府服务功能。同时，要加强与网络信息服务企业的合作，在旅游行业信息化建设等方面加强交流与沟通。

3. 重视技术因素和个性化服务，打造服务型政府旅游网站

电子政务的实质是信息技术和政务工作的结合。在实际运作中，旅游管理部门往往选择外包直接建站的模式。这种模式表面上省时省力，但发包方由于对技术参数不了解，在选择外包方时缺乏有效的评价指标，有时出现外包方中途毁约或合约期满后不再负责网站维护而导致网站瘫痪甚至关闭的现象，对政府旅游职能部门的形象造成极大的负面影响。因此，在选择外包方时，应侧重评价对方的资信，必要时延长网站测试时间，加大测试力度，在测试期间尽可能测试到网站各个层面，督促外包方供应商改善网络状况，以提高政府旅游网站性能。同时，在前期费用预算时，需保证测试期间有足够的经费支出，以确保

网站测试的顺利进行。

对于建设完成的政府旅游网站，应采取相应的技术手段，监控网站运营状况和用户(下级单位、旅游企业、旅游者)反馈，并及时调整更新网站内容，以更好地开展旅游电子政务。同时，要突出个性化服务，实现内部网和公众门户网站的互动，打造服务型政府旅游网站。在全面信息整合的基础上，突出个性化服务、集成显示，形成旅游相关部门之间、政府与企业之间、企业与旅游者之间、政府与公众之间的多维互动关系，搭建旅游企业网络营销平台，把政府旅游网站办成面向旅游企业和旅游者的形象宣传网站。

4. 保障对旅游电子政务建设的资金投入

各级政府要将旅游电子政务建设专项资金列入政府年度财政预算，实现专项资金的规范化管理。积极做好前期准备工作，努力争取"信息化专项""电子政务专项""服务业专项"等一切可能的资金支持；鼓励各地区旅游部门、行业积极争取中央部办委的支持和帮助；支持、引导各地区旅游主管部门多渠道筹集资金，加快旅游电子政务建设步伐；积极引导民营资金参与地方旅游电子政务建设，使参与者在投身旅游电子政务建设的同时享受合理的回报。

同时，为了加强旅游电子政务建设资金的管理、监督和审计，应统一由省旅游管理部门规划财务处、信息化处综合平衡成本效益，统一上报计划，管理和使用电子政务建设资金。在财政资金投入的同时，还应采取网站有偿服务、信息发布、网络广告发布、信息产品和旅游用品开发、网络招商等方式进行合理的市场运作，通过多渠道筹集资金。

5. 做好旅游政务人员培训与培养工作

旅游电子政务能否健康发展在很大程度上取决于是否有一个良好的软环境，这个软环境主要包括政策要素、人才要素和协作要素3个方面。旅游电子政务建设需要大批既懂旅游知识又懂电子政务的复合型人才，因此必须建立一支既精通旅游业务又熟悉信息化技术的专家队伍。各级旅游管理部门领导和旅游企业负责人应了解旅游信息管理技术，多参加各种培训，还应对现有的传统旅游人才提供电子政务知识培训，针对现有从业人员中的电子政务技术人才实施旅游知识培训。各地旅游院校应实施专项人才培养计划，增加旅游相关专业电子政务方面的课程教育，为旅游相关专业输入新的"电子政务"血液，培养大批集旅游、信息、网络、管理、营销等知识于一身的复合型人才，以尽快适应网络时代旅游业的发展需求。

通过上述分析可以看出，旅游电子政务建设既是一项复杂的工程，又是诸多因素共同作用的结果。旅游电子政务的发展需要法律政策的支撑、技术平台的搭建、服务型政府的建设和整体社会环境及观念的转变，其使命重大、任务艰巨，充满了机遇与挑战，还需要几代人的共同努力。但同时我们也完全有理由相信，只要我们能全面认识和把握旅游业发展与信息化发展的新趋势、新形势、新任务，结合实际不断加强旅游电子政务建设，健全旅游管理部门机构，完善职能体系，为旅游公共服务体系的建设提供坚实可靠的、有力的信息化保障，我国最终将迎来政府主导、市场驱动、高起点、高标准、规范化的旅游电子政务发展新局面。

【课堂互动问题10-5】你认为我国旅游电子政务的发展趋势是怎样的？对于未来旅游电子政务建设你有什么建议？

【课堂互动问题10-6】武夷山市旅游电子政务工作的开展可归纳为哪几个方面？起到了哪些作用？

【课堂互动问题10-7】武夷山是否有必要建立独立的旅游政务网？其现阶段的旅游电子政务栏目有哪些特色？有哪些需要改进的地方？

【课堂互动问题10-8】呼叫中心系统的运营与12301旅游热线的建设是否重复？两者的运营现状如何？

课堂案例
武夷山市是如何
开展旅游电子政
务工作的？

◈ 单元小结与练习

◆ 单元小结

电子政务是相对于传统政务和电子商务而言的，它是指政府机构的政务处理电子化，即运用电子化手段实施的国家管理工作。

旅游电子政务是指各级旅游行政管理部门运用计算机网络和通信技术等现代信息技术手段，通过构建旅游管理网络和业务数据库，建立一个旅游系统内部信息上传下达的渠道和公共信息发布的平台，从而有效处理各项旅游管理业务和提供公共信息服务。

"金旅工程"是旨在促进信息化发展和信息技术应用的旅游部门信息化系统工程，主要包括内部办公网、管理业务网、公共商务网和旅游数据库4个方面。

在"金旅工程"的推动下，我国各省、自治区、直辖市较好地开展了旅游电子政务工作，大大提高了政府工作绩效，取得了很多成功经验。但是也存在一些不足之处，主要表现为缺乏总体发展规划、认识不足、旅游信息化基础薄弱、建设资金投入过少、专业人力资源缺乏、法律支撑不足等。为解决这些问题，应做好以下几方面工作：坚持统筹兼顾，明确发展战略；改善旅游电子政务建设的宏观环境；打造服务型政府旅游网站；保证对旅游电子政务建设的资金投入；做好旅游电子政务人才的培养工作。

◆ 实训

实训10.1

◆ 习题

1. 电子政务的基本含义是什么？主要特点有哪些？

2. 简述电子政务的基本内容及分类。

3. 旅游电子政务的含义是什么？其工作内容包括哪些方面？

4. 我国"金旅工程"的远期目标是否已经实现？"三网一库"的含义是什么？

5. 当前，我国旅游电子政务建设存在哪些问题？如何解决这些问题？

6. 结合走访和调研，评价当地旅游电子政务的发展水平，并分析制约旅游电子政务发展的关键因素。

7. 旅游电子政务的实施对旅游企业产生了哪些影响？

第11章 旅游电子商务实训指导

课前导读

在前文中，我们学习了旅游电子商务的基础知识，进行了旅游电子商务的分项实训。在这一章中，我们将指导学生进行旅游电子商务的综合实训，具体包括旅游企业电子商务实训指导、旅游管理部门电子商务实训指导、旅游目的地电子商务实训指导。

学习目标

知识目标：能对旅行社旅游电子商务网站、旅游饭店电子商务网站、景区景点旅游电子商务网站、旅游行政管理部门电子政务网站的构建以及功能有基本的了解；能熟练操作旅行社旅游电子商务软件、旅游饭店信息管理软件的各功能模块；能熟练运用景区景点旅游电子商务网站、旅游行政管理部门电子政务网站、旅游目的地电子商务网站提供的功能。

能力目标：能熟练运用旅行社旅游电子商务网站、饭店信息管理软件的各功能模块，提高实际操作能力；能熟练运用景区景点旅游电子商务网站、旅游行政管理部门电子政务网站、旅游目的地电子商务网站提供的功能解决实际问题；能熟练运用旅游目的地电子商务网站提供的功能开展营销推广活动。

素质目标：树立顾客至上的营销理念，以优质的服务和高效的管理满足旅游者和管理者的需求；在录入客人信息时确保准确无误，及时耐心解答客户的疑问；树立本企业的品牌形象，形成快速高效的工作作风。

11.1 旅游企业电子商务实训指导

通过设置旅游企业经营中的典型旅游电子商务工作任务，使学生能够掌握一些基础的电子商务信息工具的使用方法，构建旅行社、旅游目的地网站的内容框架，并利用现有的旅游电子商务平台完成旅游产品发布、产品报价、产品采购等工作。本节主要内容包括旅行社电子商务实训指导、旅游饭店电子商务实训指导、景区景点电子商务实训指导。

11.1.1　旅行社电子商务实训指导

1. 实训目标

1) 最终目标

熟练运用旅行社旅游电子商务网站的各功能模块，提高实际操作能力。

2) 促成目标

(1) 能对旅行社旅游电子商务网站的构建有基本的了解；

(2) 能熟练操作旅行社旅游电子商务软件的各功能模块。

2. 工作任务

(1) 掌握基于互联网的旅行社电子商务建设策略；

(2) 了解旅行社管理软件的主要功能模块；

(3) 掌握旅行社管理软件中行政管理与客户管理的模块操作；

(4) 掌握旅行社管理软件中产品管理与销售管理的模块操作；

(5) 掌握旅行社管理软件中计调管理与资源管理的模块操作。

3. 活动设计

1) 活动内容

模拟操作旅行社管理软件的各功能模块。

2) 活动组织

活动组织的具体内容如表11-1所示。

表11-1　活动组织

序号	活动项目	具体实施	课时	课程资源
1	理论知识讲授	讲授与任务相关的理论知识，全班合课讲解	1	多媒体教学设施与设备
2	行政管理与客户管理的模块模拟操作	通过教师演示操作、设置学生练习情境、教师答疑、学生巩固练习、教师统一总结，让学生熟练掌握操作过程	2	计算机、多媒体教学设备
3	产品管理与销售管理的模块模拟操作	通过教师演示操作、设置学生练习情境、教师答疑、学生巩固练习、教师统一总结，让学生熟练掌握操作过程	2	计算机、多媒体教学设备
4	计调管理与资源管理的模块模拟操作	通过教师演示操作、设置学生练习情境、教师答疑、学生巩固练习、教师统一总结，让学生熟练掌握操作过程	2	计算机、多媒体教学设备
5	设置情境，模拟练习，综合运用六大功能模块	通过一位新员工对黄山5日游线路的成功操作，将六大功能模块的操作融会贯通	1	计算机、多媒体教学设备

3) 活动评价

活动评价应依据学生实际操作的熟练度和正确性，具体如表11-2所示。

表11-2 活动评价

评价指标	优 90分以上	良 80~89分	中 70~79分	及格 60~69分	不及格 60分以下
团队任务分工合理性及协作性(20%)					
实际操作的熟练度(30%)					
实际操作的正确性(30%)					
任务完成的创新性(20%)					
合计					

4. 主要实践知识

当前，越来越多的旅行社都开始实施网络化经营和管理，利用相关旅行社管理软件和前台网站将传统旅行社业务和现代销售方法相结合，以优质的服务和高效的管理满足旅游者和管理者的需求。下面以同程六合一旅行社管理软件为例，分析旅行社网站系统设置和内部信息化管理中资源中心的操作方法。

1) 旅行社网站系统设置

(1) 网站展示(构成部分)，如图11-1、图11-2所示。

图11-1 网站展示(构成部分)(一)

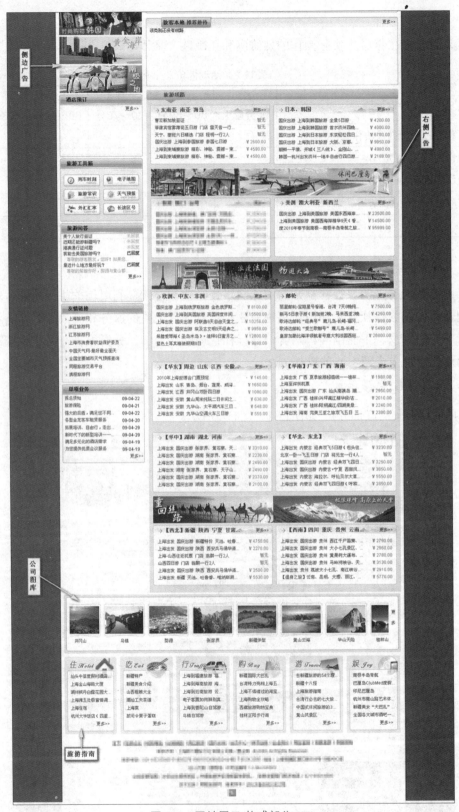

图11-2　网站展示(构成部分)(二)

(2) 网站基本设置，如图11-3所示。

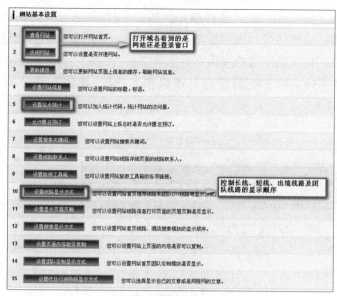

图11-3 网站基本设置

(3) 网站模块选择，如图11-4所示。

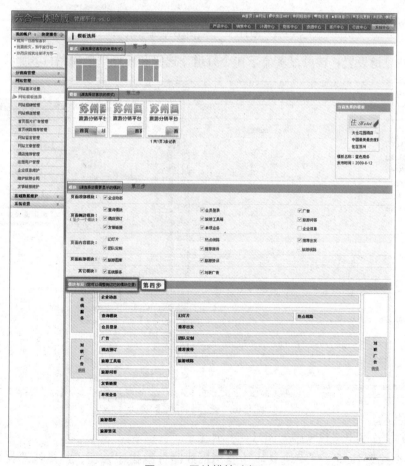

图11-4 网站模块选择

网站模板设置步骤：第一步，选择网站框架，有3种框架可任由选择；第二步，选择网站颜色；第三步，选择需要出现的模块，勾选即可；第四步，单击已选择的模块，拖动鼠标可以调整顺序，但仅限左边的模块。

（4）网站招牌管理。网站招牌管理有通栏和"社标+招牌"两种模式，可以任意选择，具体如图11-5所示。

图11-5　网站招牌管理

（5）网站频道设置。首页最多显示10个频道，选择和新增频道如图11-6所示。

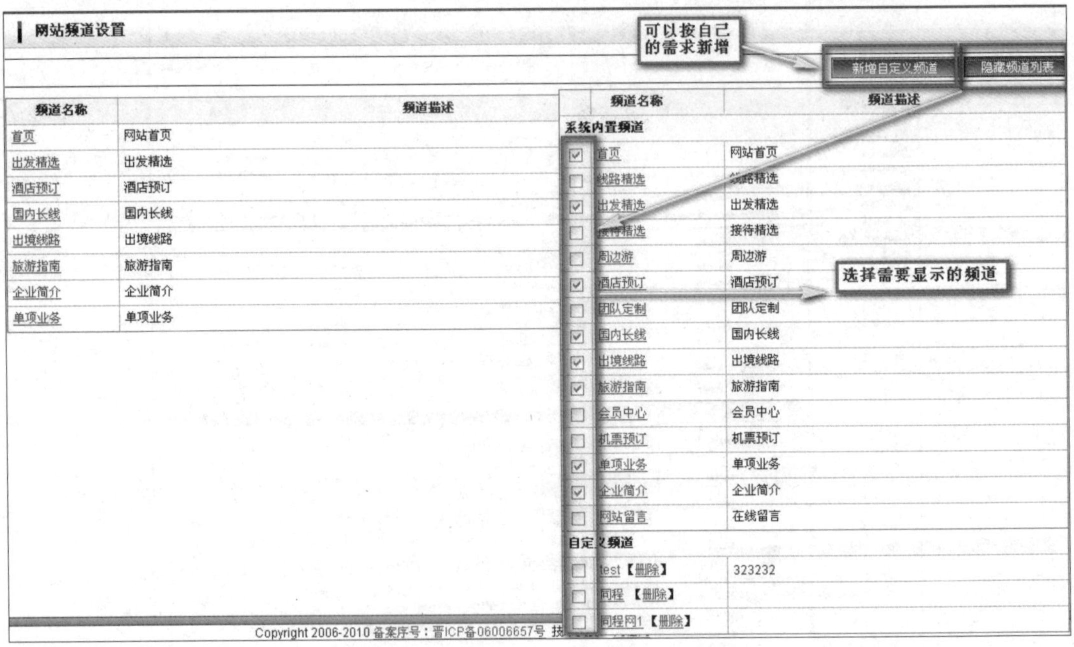

图11-6　选择和新增频道

修改频道名称和调整顺序如图11-7所示。

（6）首页线路管理。该模块具体功能包括线路分组排序管理、热点线路排序管理、推荐线路排序管理、团队DIY线路排序管理4个部分，具体如图11-8所示。

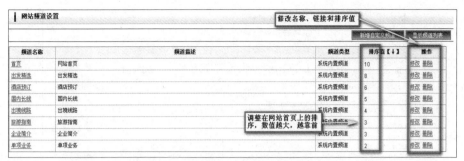

图11-7 修改频道名称和调整顺序

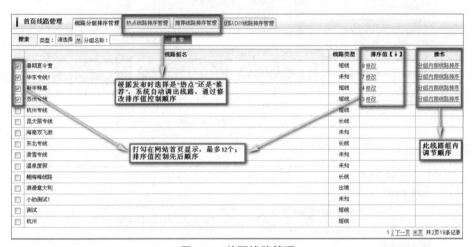

图11-8 首页线路管理

(7) 报价行程模版。该模块用于团队地接快速报价、参考行程与景区，具体如图11-9所示。

图11-9 报价行程模板

(8) 首页广告设置。该模块包括登录页面、文字广告、图片广告等内容，具体如图11-10所示。

图11-10　首页广告设置

(9) 个性化功能设置，如图11-11所示。

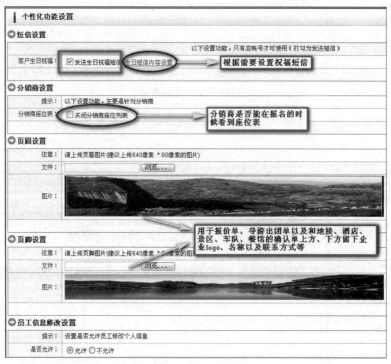

图11-11　个性化功能设置

(10) 公章维护，如图11-12所示。

图11-12　公章维护

上传公章后，可以在确认单上选择盖章。

(11) 线路分组管理。该模块可以新增分组、控制分组排序、修改分组、转移分组里面的线路到其他分组、删除分组，并控制这些分组是否可以显示到金牌网店上，具体如图11-13所示。

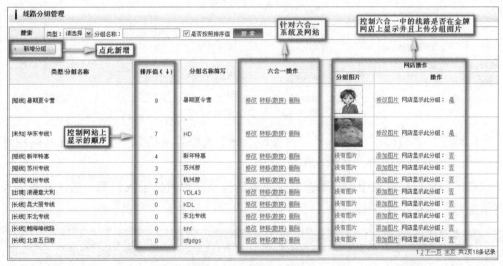

图11-13　线路分组管理

(12) 自定义团号规则。用户可根据自己的习惯，设置团号规则，以后系统可以自动生成团号，具体如图11-14所示。

2) 内部信息化管理中资源中心的操作

同程六合一旅行社管理系统的资源中心是房、餐、车、导、景等资源的整合地。资源中心实现了信息的共享互通，解决了资源应用整合难题，提高了旅行社的工作效率，有利于旅行社内部管理，是旅行社管理所有资源信息的好帮手。

(1) 新增导游信息。

用户可以单独添加导游信息，可以选择从Excel直接导入导游信息，可以直接导出系统里的导游信息，可以批量删除处理无用的导游信息，还可以查看、修改、单独删除导游信息。

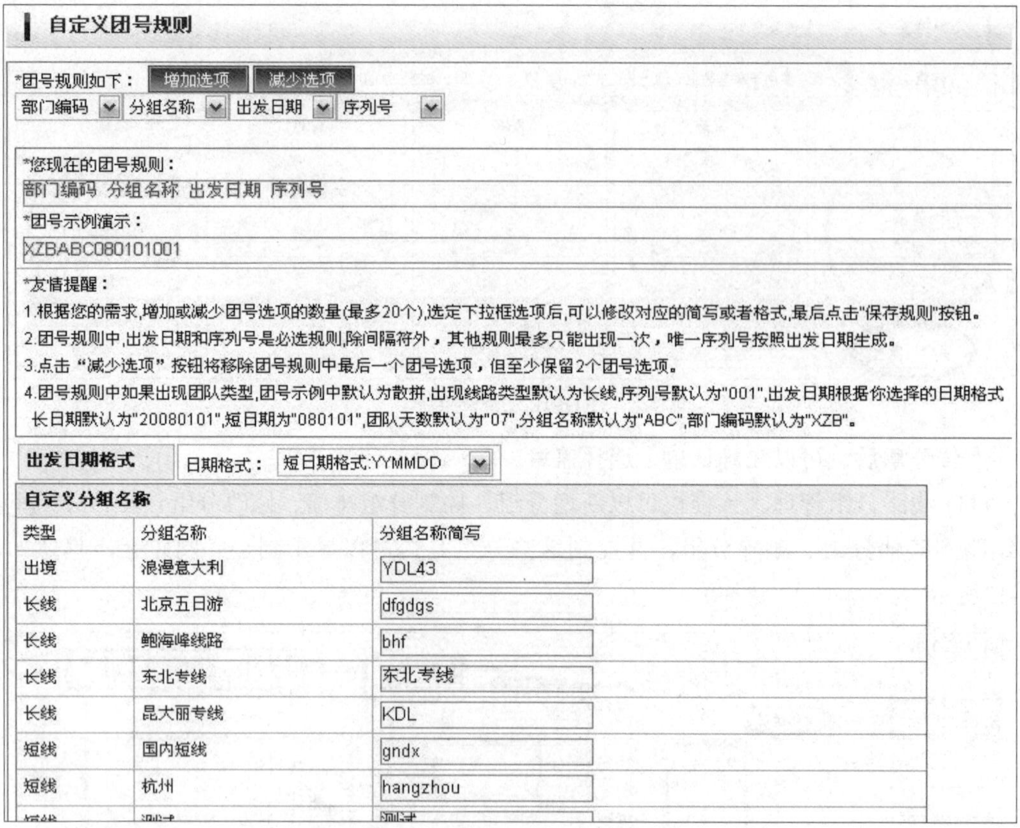

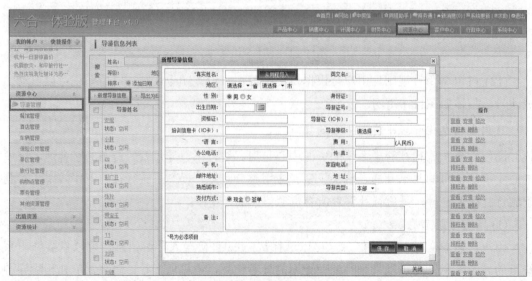

图11-14　自定义团号规则

操作顺序："资源中心"→"导游管理"→"新增导游信息"(可以选择从同程导入酒店资料)，填好保存即可，具体如图11-15所示。

注意：如果需要单独增加导游信息，可以选择从同程直接导入，每一条从同程导入的导游信息都会带有"TC"标志。

图11-15　新增导游信息

(2) 批量导入导游信息。

操作顺序："资源中心"→"导游管理"→单击从Excel导入,具体如图11-16所示。

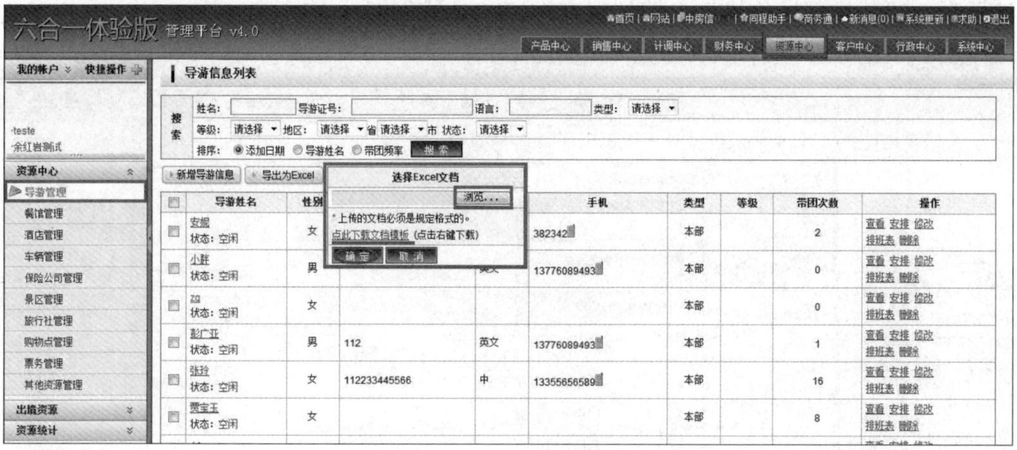

图11-16　批量导入导游信息

(3) 新增餐馆信息。

用户可以单独添加餐馆信息,可以选择从Excel直接导入餐馆信息,可以直接导出系统里的餐馆信息,可以批量删除处理无用的餐馆信息,还可以查看、修改、单独删除餐馆信息和设置价格清单。

操作顺序:"资源中心"→"餐馆管理"(首先选择新增国内还是国外餐馆)→"新增国内餐馆"(可以选择从同程导入餐馆资料),填好保存即可,具体如图11-17所示。

注意:用户在搜索的时候,可以参照不同的条件,缩小搜索范围,例如可按照"国内餐馆"等条件来搜索。如果需要单独增加餐馆信息,可以选择从同程直接导入,每一条从同程导入的餐馆信息都会带有"TC"标志,而带有握手标志的餐馆信息是已经有协议的餐馆单位。

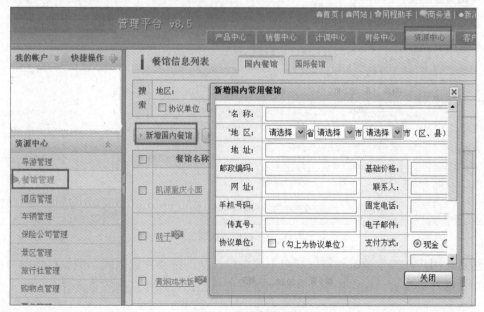

图11-17　新增餐馆信息

(4) 新增餐馆价格。

操作顺序："资源中心"→"餐馆管理"(首先要选择新增国内还是国外餐馆)→"价格清单"→"新增餐馆价格"，填好保存即可，具体如图11-18所示。

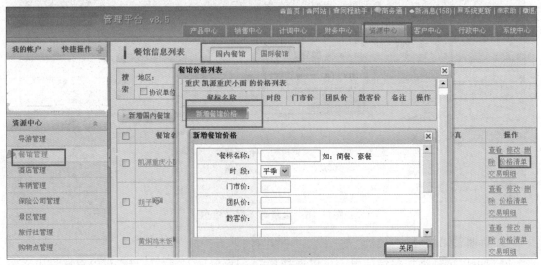

图11-18　新增餐馆价格

(5) 新增酒店信息。

用户可以单独添加酒店信息，可以选择从Excel直接导入酒店信息，可以直接导出系统里的酒店信息，可以批量删除处理无用的酒店信息，还可以查看、修改、单独删除酒店信息和设置房价清单。

操作顺序："资源中心"→"酒店管理"(首先要选择新增国内还是国外酒店)→"新增国内酒店"(可以选择从同程导入酒店信息)，填好保存即可，具体如图11-19所示。

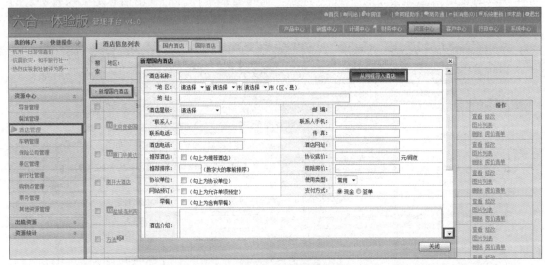

图11-19　新增酒店信息

注意：用户在搜索的时候可以参照不同条件，从而缩小搜索范围，例如可按照"国内酒店"等条件来搜索。如果需要单独增加酒店信息，可以选择从同程直接导入，每一条从同程导入的酒店信息都会带有"TC"标志，而带有握手标志的酒店信息是已经有协议的酒店单位。同时，还应注意是不是协议单位、是否支持在线预订、是否含早餐、支持哪种支付方式等。

(6) 新增酒店图片。

操作顺序："资源中心"→"酒店管理"(首先要选择新增国内还是国外酒店)→"新增酒店"→"图片列表"→"新增图片"→"浏览"(用户找到自己需要的图片)，上传即可，具体如图11-20所示。

注意：排序值。

图11-20　新增酒店图片

(7) 新增客房价格。

操作顺序："资源中心"→"酒店管理"→新增酒店基本信息→"房价清单"→"新增客房价格"(注意：是否含早餐)，保存即可，具体如图11-21所示。

图11-21　新增客房价格

(8) 新增车辆信息。

用户可以单独添加车辆信息,可以选择从Excel直接导入车辆信息,可以直接导出系统里的车辆信息,可以批量删除和批量移交无用的车辆信息,还可以查看、修改、单独删除车辆信息和显示用车价格。

操作顺序:"资源中心"→"车辆管理"→"新增车辆信息"(此处可以进行车队公司管理维护),填好保存即可,具体如图11-22所示。

注意:用户在搜索的时候可以设置不同条件,从而缩小搜索范围,例如可按照"车牌号"等条件来搜索。如果需要单独增加车辆信息,可以选择从同程直接导入,每一条从同程导入的车辆信息都会带有"TC"标志,而带有握手标志的车辆信息是已经有协议的车辆单位。同时,还应注意是不是协议单位、支持哪种支付方式(现金或签单)等。

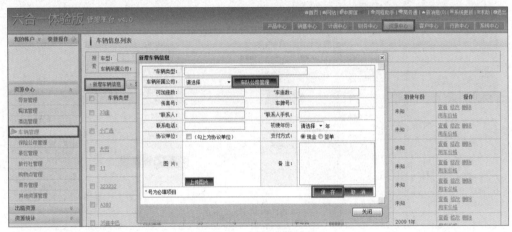

图11-22　新增车辆信息

(9) 新增车辆价格。

操作顺序:"资源中心"→"车辆管理"→"新增车辆信息"→"显示用车价格"→"新增车辆价格",填好保存即可,具体如图11-23所示。

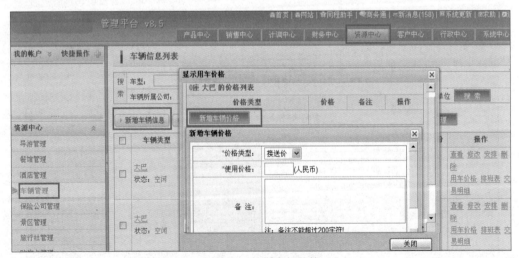

图11-23　新增车辆价格

(10) 新增保险公司。

用户可以单独添加保险公司信息，可以选择从Excel直接导入保险公司信息，可以导出系统内所有的保险公司信息，可以批量删除处理无用的保险公司信息，还可以查看、修改、单独删除保险公司信息和设置保险清单。

操作顺序："资源中心"→"保险公司管理"→"新增保险公司"，填好保存即可，具体如图11-24所示。

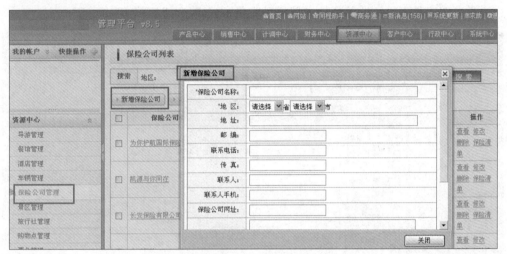

图11-24　新增保险公司

(11) 新增保险价格。

操作顺序："资源中心"→"保险公司管理"→"保险清单"→"新增保险价格"，填好保存即可，具体如图11-25所示。

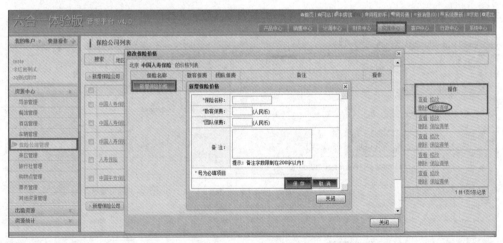

图11-25　新增保险价格

(12) 新增景区信息。

用户可以单独添加景区信息，可以选择从Excel直接导入景区信息，也可以导出系统内所有的景区信息，还可以批量删除处理无用的景区信息。此外，用户可以进行查看、修改、单独删除和选择门票价格、选择价格策略等操作。

注意：用户在搜索的时候可以设置不同的条件，从而缩小搜索范围，例如可按照"国内景区"等条件来搜索。如果需要单独增加景区信息，可以选择从同程直接导入，每一条从同程导入的景区信息都会带有"TC"标志，而带有握手标志的景区信息是已经有协议的景区单位。

操作顺序："资源中心"→"景区管理"(首先选择新增国内还是国外景区)→"新增国内景区"，填好保存即可，具体如图11-26所示。

注意：明确是不是协议单位，支持哪种支付方式(现金或签单)等。

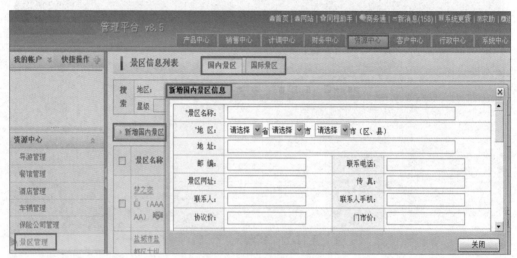

图11-26　新增景区信息

(13) 修改门票价格。

操作顺序："资源中心"→"景区管理"(首先选择新增国内还是国外景区)→"新增国内景区"→"门票价格"→"修改门票价格"，填好保存即可，具体如图11-27所示。

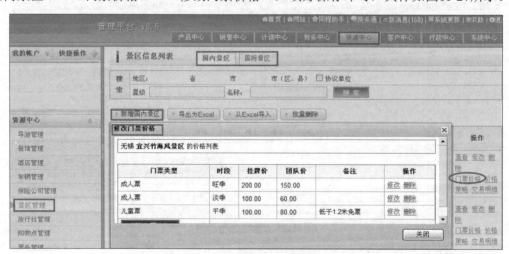

图11-27　修改门票价格

(14) 新增价格策略信息。

操作顺序："资源中心"→"景区管理"(首先选择国内还是国外景区)→"新增国内景

区"→"门票价格"→"新增价格策略",填好保存即可,具体如图11-28所示。

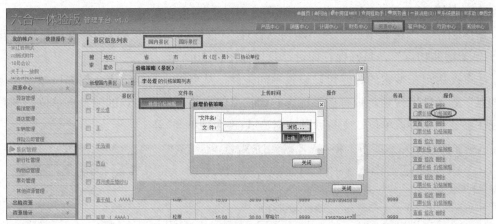

图11-28 新增价格策略信息

(15) 新增旅行社信息。

用户可以单独添加旅行社信息,可以选择从Excel直接导入旅行社信息,可以导出系统内所有的旅行社信息,可以批量删除处理无用的旅行社信息,还可以查看、修改、单独删除旅行社信息。

注意:用户在搜索的时候可以设置不同条件,从而缩小搜索范围,例如可按照"国内旅行社"等条件来搜索。如果需要单独增加旅行社信息,可以选择从同程直接导入,每一条从同程导入的旅行社信息都会带有"TC"标志。

操作顺序:"资源中心"→"旅行社管理"(选择新增国内还是国外旅行社)→"新增旅行社"(可以选择从同程导入),填好保存即可,具体如图11-29所示。

注意:明确是不是协议单位,支持哪种支付方式(现金或签单)。

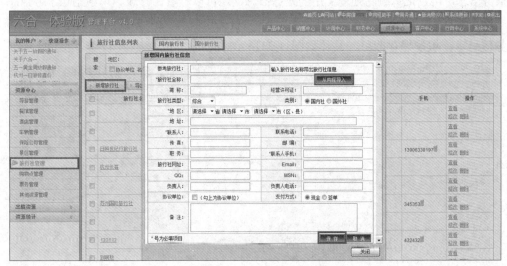

图11-29 新增旅行社信息

(16) 新增购物点信息。

用户可以单独添加购物点信息,可以选择从Excel直接导入购物点信息,可以导出系统内所有的购物点信息，可以批量删除处理无用的购物点信息，还可以查看、修改、单独删除购物点信息。

操作顺序："资源中心"→"购物点管理"(首先选择添加国内购物点还是国外购物点)→"新增购物点"，填好保存即可，具体如图11-30所示。

注意：用户在搜索的时候可以设置不同条件，从而缩小搜索范围，例如可按照"国内购物点"等条件来搜索。带有握手标志的购物点信息是已经有协议的购物点单位。同时，还应注意是不是协议单位、支持哪种支付方式(现金或签单)等。

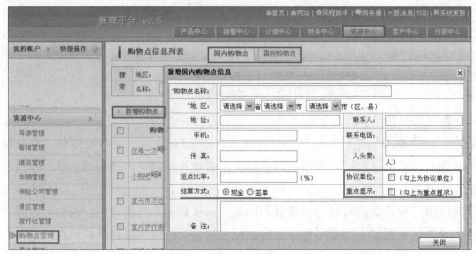

图11-30　新增购物点信息

(17) 新增票务信息。

用户可以单独添加票务信息，可以选择从Excel直接导入票务信息，可以导出系统内所有的票务信息，可以批量删除处理无用的票务信息，还可以查看、修改、单独删除票务信息。

操作顺序："资源中心"→"票务管理"(首先选择添加火车或飞机或轮船)→"新增票务信息"，填好保存即可，具体如图11-31所示。

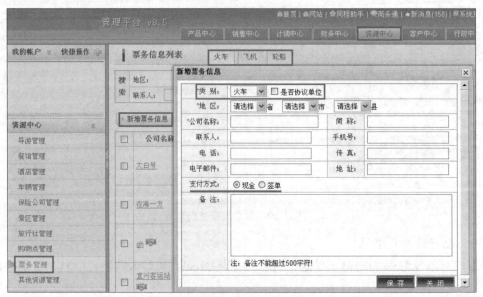

图11-31　新增票务信息

　　用户在搜索的时候可以设置不同条件，从而缩小搜索范围，例如可按照"飞机"等条件来搜索。

　　注意：是不是协议单位、支持哪种支付方式(现金或签单)等。

　　(18) 其他资源管理。

　　用户新增其他信息以后，如有需要可以批量删除无用的信息，还可以查看、修改、单独删除相关信息。

　　操作顺序："资源中心"→"其他资源管理"→"新增资源信息"，填好保存即可，具体如图11-32所示。

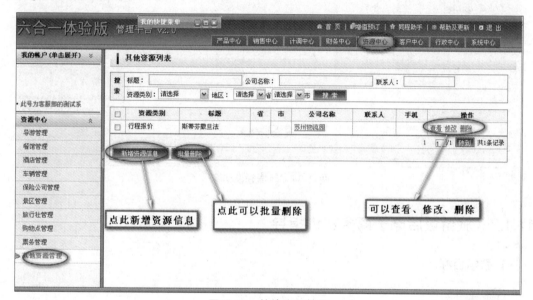

图11-32　其他资源管理

　　(19) 新增文档信息。

　　用户可以阅读、修改、删除新增的文档，并且可以查看日志情况。

　　操作顺序："资源中心"→"出境资源"→"出境游文档管理"→"新增文档信息"，填好保存即可，具体如图11-33所示。

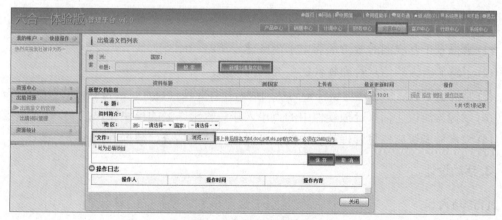

图11-33　新增文档信息

(20) 新增领队信息。

操作顺序："资源中心"→"出境资源"→"出境领队管理"→"新增领队信息"，填好保存即可，具体如图11-34所示。

注意：支持哪种支付方式(现金或签单)。

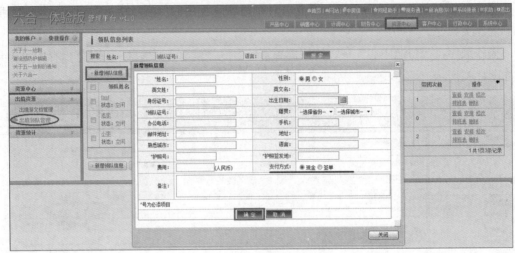

图11-34　新增领队信息

11.1.2　旅游饭店电子商务实训指导

1. 教学目标

1) 最终目标

熟练运用旅游饭店信息管理软件的各功能模块，具备实际操作能力。

2) 促成目标

(1) 能对旅游饭店电子商务网站的构建有基本的了解；

(2) 能熟练操作旅游饭店信息管理软件的各功能模块。

2. 工作任务

(1) 掌握基于互联网的旅游饭店电子商务建设策略；

(2) 了解旅游饭店信息管理软件的主要功能模块；

(3) 掌握旅游饭店信息管理软件中的基础数据和营业项目设置、接待登记的模块操作；

(4) 掌握旅游饭店信息管理软件中的点单入账、收银结账的模块操作；

(5) 掌握旅游饭店信息管理软件中的预订操作、公关系统、数据维护的模块操作。

3. 活动设计

1) 活动内容

模拟操作旅游饭店信息管理软件的各功能模块。

2) 活动组织

活动组织的具体情况如表11-3所示。

表11-3 活动组织

序号	活动项目	具体实施	课时	课程资源
1	理论知识讲授	全班合课讲解与任务相关的理论知识	1	多媒体教学设施与设备
2	基础数据和营业项目设置、接待登记的模拟操作	通过教师演示操作、设置学生练习情境、教师答疑、学生巩固练习、教师统一总结,让学生熟练掌握操作过程	2	计算机、多媒体教学设备
3	点单入账、收银结账的模拟操作	通过教师演示操作、设置学生练习情境、教师答疑、学生巩固练习、教师统一总结,让学生熟练掌握操作过程	2	计算机、多媒体教学设备
4	预订操作、公关系统、数据维护的模拟操作	通过教师演示操作、设置学生练习情境、教师答疑、学生巩固练习、教师统一总结,让学生熟练掌握操作过程	2	计算机、多媒体教学设备
5	设置情境,模拟练习,综合运用各功能模块	选择3位客人,通过实践预订入住、点单结账的过程,让学生综合操作各功能模块	1	计算机、多媒体教学设备

3) 活动评价

活动评价的依据是实际操作的熟练度和正确性,具体如表11-4所示。

表11-4 活动评价

评价指标	优 90分以上	良 80~89分	中 70~79分	及格 60~69分	不及格 60分以下
团队任务分工合理性及协作性(20%)					
实际操作的熟练度(30%)					
实际操作的正确性(30%)					
任务完成的创新性(20%)					
合计					

4. 主要实践知识

下面以上海金友软件有限公司开发的JY-HTOMS酒店管理系统为例,介绍旅游饭店信息管理软件基础数据营业项目设置的操作要领。

1) 金友酒店管理系统软件(JY-HTOMS)的安装

运行电脑D盘中的安装文件(可执行程序),在安装程序的引导下,完成系统安装,详细步骤如图11-35所示。

- 用鼠标双击安装文件图标,或用光标键选择安装文件图标,然后按键盘上的Enter键执行。
- 单击"下一步"。

- 选择"浏览"更改目录或单击"下一步"继续安装(默认为C:\jy_htoms目录)。
- 单击"完成",系统安装成功。
- 安装成功后桌面上会出现一个快捷方式,可以删除两个帮助主题。

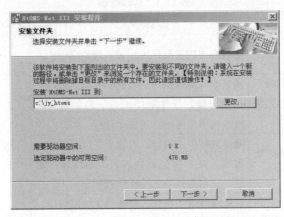

图11-35　金友酒店管理系统软件(JY-HTOMS)的安装

2) 金友酒店管理系统软件(JY-HTOMS)的启动

系统安装完成后,系统桌面上会生成一个"HTOMS管理系统"快捷方式图标,用鼠标双击此图标即可启动系统,进入常规模式。如果数据被破坏或用户忘记密码,系统会启动安全模式,这时会出现授权检查,这是所有软件必有的功能,也叫身份验证。用户登录后,输入默认密码"888888",即可进入软件操作系统。系统运行主界面如图11-36所示。

图11-36　系统运行主界面

3) 金友酒店管理系统操作界面的一般设置

(1) 控制中心。用户在此处可以更改桌面内容。

① 功能。用户可以设置系统的桌面信息、桌面图片、系统窗口标题、用户单位名称、系统标识名、系统显示字体等属性。

② 启动。启动方法有以下两种。

a. 运行"维护"→"控制中心"菜单。

b. 右击桌面。

③ 操作。单击右键会出现相应的对话框,具体功能如下所述。

a. "桌面图片"可用于修改桌面的图片。

b. 标题设为"旅游管理学院大酒店",功能键"A"调字体,功能键"…"调颜色。

c. 附标题二设为教师机(显示在右下角)。

d. "系统属性"可更改用户单位。

(2) 操作员设置。

① 功能。用户可以添加、删除操作员,修改操作员的登录口令,向操作员授予系统可操作权等。

② 启动。"维护"→"操作员设置"。

③ 操作。添加操作员的操作流程如下所述。

a. 在"操作员"文本框中输入新操作员姓名或代号,也可以添加多个SYSTEM级的系统管理员,只要左边6个字符是SYSTEM即可,如SYSTEM-001、SYSTEM-002。

b. 单击"添加"图标按钮。

c. 出现"新添操作员的初始密码"提示框。

d. 在"操作员列表"中单击刚才添加的操作员姓名。

e. 在右侧权限表中进行权限配置,也可单击鼠标右键快速设置权限。

f. 单击"保存"图标按钮进行保存操作。

备注:只有当操作员为"SYSTEM"时,才有权进行此项操作。

删除操作员的操作流程如下所述。

a. 在操作员列表中单击要删除的操作员(SYSTEM为系统最高管理员,不可删除)。

b. 单击"删除"图标按钮。

备注:只有当操作员为"SYSTEM"时,才有权进行此项操作。

修改登录口令的操作流程:"维护"→"密码口令修改"。

(3) "基础数据"→"营业项目设置"。

① 设置用户营业类别及各消费项目类别如下所述。

a. "维护"→"基础数据"→"营业项目设置",进入"编辑'类别树'"模式。

b. 添加新营业类别。选定要添加的节点标签后,单击"添加图标"按钮,即可添加当前项的子节点。例如,新添加营业项目"舞厅",具体操作步骤如下所述。

● 双击"营业项目"节点。

- 单击"添加"图标按钮。
- 重命名新节点名称为"($)舞厅"。

备注：

- 此处的"($)舞厅"前的"($)"标记为系统中营业类别(营业部门)的标识，也就是说，凡是以"($)"开头的节点名，系统中均作为营业类别名处理。
- "基础数据"及"账户相关"节点，用户无权编辑。
- 在节点上增加子节点后，父节点的图标将变成文件夹图标。
- 完成相应设定后，需进行保存操作。
- 用户更新营业类别(营业大类)的节点后，必须进入"维护"菜单中的"本机营业类别使用权设置"模块中进行"重置"操作，其他客户机均要重置营业类别使用权。

c. 删除营业类别。选定要删除的营业类别节点标签，单击删除图标按钮，即可删除当前节点及所有所属节点，并删除相应的节点数据。

② 设置营业消费项目名称，具体包括以下几项功能。

a. 运行方式。"维护"→"基础数据"→"营业项目设置"，进入"编辑'数据表'"模式。

b. 添加。用户在节点树中选定要添加数据的节点标签，单击"添加"图标，即可添加具体的项目数据，用户可以在右边列表中编辑各项目属性，例如单价、登记项目、允许打折等。

c. 删除。在项目表的"删除"列中进行标记后，再单击"删除图标"按钮，即可删除所有标记删除的项目信息。

d. 清空。用户在节点树中选定要清除全部数据的节点标签后，单击"清除图标"按钮，即可清除当前节点的所有项目信息。

备注：用户如果要编辑"数据资源"，应先展开基础数据节点，然后通过工具条编辑数据资源。此外，特别感谢苏州同程网络科技股份有限公司和上海金友软件有限公司提供的软件操作相关资源。

11.1.3　景区(点)电子商务实训指导

景区(点)电子商务系统通过先进的信息技术，以风景名胜区为中心，整合景区(点)门票、酒店、餐饮、娱乐、交通、观光车、演出表演等各方面相关资源，为游客提供饮食、住宿、出行、游玩、购物、娱乐等全方位、高质量的个性化旅游服务。如今，很多景区(点)都建立了面向旅行社和广大旅游者的综合服务性网站，提供网上预订、线路发布、信息查询等功能，如峨眉山电子商务网等。

1. 教学目标

1) 最终目标

熟练运用景区(点)旅游电子商务网站提供的功能解决实际问题。

2) 促成目标

(1) 能对景区(点)旅游电子商务网站提供的功能有基本的了解；

(2) 能熟练运用景区(点)旅游电子商务网站提供的功能。

2. 工作任务

(1) 了解景区(点)基于互联网提供的信息服务；

(2) 了解景区(点)IC卡门票管理系统；

(3) 访问峨眉山风景名胜区管理委员会官网，了解景区(点)旅游电子商务网站主要提供哪些功能。

3. 活动设计

1) 活动内容

熟练运用景区(点)旅游电子商务网站提供的功能。

2) 活动组织

活动组织的具体情况如表11-5所示。

表11-5　活动组织

序号	活动项目	具体实施	课时	课程资源
1	理论知识讲授	全班合课讲解与任务相关的理论知识	1	多媒体教学设施与设备
2	景区(点)旅游电子商务网站功能运用	访问峨眉山风景名胜区管理委员会官网，了解景区(点)旅游电子商务网站主要提供哪些功能，并设置情境加以运用	3	计算机、多媒体教学设备

3) 活动评价

活动评价的依据为实际操作的熟练度和正确性，具体如表11-6所示。

表11-6　活动评价

评价指标	优 90分以上	良 80~89分	中 70~79分	及格 60~69分	不及格 60分以下
团队任务分工合理性及协作性(20%)					
实际操作的熟练度(30%)					
实际操作的正确性(30%)					
任务完成的创新性(20%)					
合计					

4. 主要实践知识

景区(点)电子商务系统主要提供网上预订、住宿管理、出行管理、餐饮管理、景区POS系统、景区信息板管理、UJH-EBS后台管理等功能。人性化的信息查询功能支持用户在任何情况下可以轻松、高效地查询信息，系统提供按时间范围、类别等模糊查询功能。依据实际需要，用户还可以按照不同方式将搜索结果进行排序。

1) 景区(点)基于互联网的信息服务

以张家界旅游在线为例，如图11-37所示。

图11-37　张家界旅游在线

2) 景区景点网上预订

下面本节以峨眉山电子商务网为例，阐述具体的操作流程。

(1) 进入峨眉山风景名胜区管理委员会官方网站(https://emsjq.leshan.gov.cn/)，单击"电子商务"图标，如图11-38所示。

图11-38　峨眉山风景名胜区管理委员会官方网站首页

(2) 进入峨眉山风景名胜区管理委员会官方网站后，在用户登录处单击"注册"按钮，在此页面可填写注册基本信息，包括会员账号、密码、身份证号码、联系方式等，填写完成后，单击"提交"即可，如图11-39所示。

图11-39 账号注册

(3) 用户成功登录后，可以直接查找预订种类，如景区门票，单击"购买"完成网上支付即可，如图11-40所示。

图11-40 预订门票

11.2 旅游管理部门电子商务实训指导

在信息化时代，政府信息化的程度直接影响政府的竞争力，并成为衡量国家管理水平的重要标准。我国于1999年全面启动了政府上网工程，即电子政府，有力地推动了政府的改革。

旅游管理部门电子商务是指运用信息技术和通信技术建立一个基于计算机网络环境的电子化虚拟旅游机关，使得人们可以从不同渠道获取旅游管理部门的信息及服务，而不是采用传统的书面审核作业方式，旅游管理部门之间及其与社会各界之间经由各种电子化渠道进行沟通，为人们提供各种不同的服务。

1. 教学目标

1) 最终目标

熟练运用旅游行政管理部门电子政务提供的功能解决实际问题。

2) 促成目标

(1) 能对旅游行政管理部门电子政务网站提供的功能有基本的了解；

(2) 能熟练运用旅游行政管理部门电子政务网站提供的功能。

2. 工作任务

(1) 了解旅游行政管理部门基于互联网所能提供的信息服务；

(2) 了解旅游行政管理部门电子政务管理模式；

(3) 访问当地旅游行政管理部门电子政务网站，了解其主要提供哪些功能。

3. 活动设计

1) 活动内容

熟练运用旅游行政管理部门电子政务网站提供的功能并尝试解决实际问题。

2) 活动组织

活动组织的具体情况如表11-7所示。

表11-7 活动组织

序号	活动项目	具体实施	课时	课程资源
1	理论知识讲授	全班合课讲解与任务相关的理论知识	1	多媒体教学设施与设备
2	旅游行政管理部门电子政务网站功能运用	访问当地旅游行政管理部门电子政务网站，了解旅游行政管理部门电子政务网站的主要功能，并设置情境加以运用	3	计算机、多媒体教学设备

3) 活动评价

活动评价的依据是实际操作的熟练度和正确性，如表11-8所示。

表11-8　活动评价

评价指标	优 90分以上	良 80～89分	中 70～79分	及格 60～69分	不及格 60分以下
团队任务分工合理性及协作性(20%)					
实际操作的熟练度(30%)					
实际操作的正确性(30%)					
任务完成的创新性(20%)					
合计					

11.3　旅游目的地电子商务实训指导

旅游目的地对旅游业发展起着基础性作用，需要在发展过程中不断进行系统更新与完善。在旅游电子商务快速发展的产业背景下，旅游目的地通过电子商务网络构建实现营销创新势如破竹。通过对本节内容的学习，可使学生对旅游目的地电子商务网站提供的功能有基本的了解，能熟练运用旅游目的地电子商务网站提供的功能开展营销推广活动，解决实际问题。

1. 教学目标

1) 最终目标

熟练运用旅游目的地电子商务网站提供的功能解决实际问题。

2) 促成目标

(1) 能对旅游目的地电子商务网站提供的功能有基本的了解；

(2) 能熟练运用旅游目的地电子商务网站提供的功能并开展营销推广活动。

2. 工作任务

(1) 了解旅游目的地基于互联网能提供哪些信息服务；

(2) 访问知名旅游目的地电子商务网站，了解其主要提供哪些功能及如何开展营销推广活动。

3. 活动设计

1) 活动内容

熟练运用旅游目的地电子商务网站提供的功能。

2) 活动组织

活动组织的具体情况如表11-9所示。

表11-9　活动组织

序号	活动项目	具体实施	课时	课程资源
1	理论知识讲授	全班合课讲解与任务相关的理论知识	1	多媒体教学设施与设备
2	旅游目的地电子商务网站功能运用	访问知名旅游目的地电子商务网站，了解旅游目的地电子商务网站主要提供哪些功能以及如何开展营销推广活动，并设置情境加以运用	3	计算机、多媒体教学设备

3) 活动评价

活动评价的依据是实际操作的熟练度和正确性，如表11-10所示。

表11-10　活动评价

评价指标	优 90分以上	良 80～89分	中 70～79分	及格 60～69分	不及格 60分以下
团队任务分工合理性及协作性(20%)					
实际操作的熟练度(30%)					
实际操作的正确性(30%)					
任务完成的创新性(20%)					
合计					

4. 主要实践知识

下面我们以无锡灵山旅游电子商务网站(https://lingshan.com.cn/index.html)为例，分析信息发布的内容。

无锡灵山旅游电子商务网首页如图11-41所示。

无锡锡灵山旅游电子商务网信息发布链接主页如图11-42所示。

图11-41　无锡灵山旅游电子商务网首页　　图11-42　无锡灵山旅游电子商务网信息发布链接主页

用户单击"资讯中心"，即可看到"灵山新闻"(见图11-43)、"影像灵山"(见图11-44)、"高层访谈"(见图11-45)、"通知公告"(见图11-46)栏目，获取需要的信息资料。

图11-43 无锡灵山旅游电子商务网资讯中心
灵山新闻页面

图11-44 无锡灵山旅游电子商务网资讯中心
影像灵山页面

图11-45 无锡灵山旅游电子商务网资讯中心
高层访谈页面

图11-46 无锡灵山旅游电子商务网资讯中心
通知公告页面

◎ 单元小结与练习

◆ 单元小结

本章实训首先让学生对旅行社旅游电子商务网站、旅游饭店电子商务网站、景区(点)旅游电子商务网站、旅游行政管理部门电子政务网站的构建及提供的功能有基本的了解；然后通过实训练习使学生能熟练操作旅行社旅游电子商务软件、旅游饭店信息管理软件的各功能模块；最终使学生能够根据工作任务熟练运用景区(点)旅游电子商务网站、旅游行政管理部门电子政务网站、旅游目的地电子商务网站提供的功能解决实际问题，并达到实训要求。

◆ 实训

实训11.1   实训11.2   实训11.3

◆ 习题

1. 试分析旅游目的地网站的功能组成。

2. 请构思3个旅游目的地网络推广计划，其中包括具体的策略与方法。

3. 旅行社管理软件各功能模块相互之间有什么关系？

4. 请针对特定消费群体，设计一条旅游线路，并进行销售与操作。

5. 旅游饭店电子商务网站各功能模块之间有什么关系？

6. 请针对不同消费群体(VIP客人、团体、个人等)的不同消费内容，进行预订、入住、点单、结账操作。

7. 简述景区(点)商务网站各功能模块的主要作用。

8. 访问峨眉山电子商务网，了解网上订票的流程。

9. 简述旅游行政管理部门电子政务网站各功能模块的主要作用。

10. 访问当地旅游行政管理部门电子政务网，了解相关操作流程。

参考文献

[1] 黄平芳，李勇，李梁平. 中国涉旅电商政策的演进与发展趋势[J/OL]. 资源开发与市场，2024-01-31.

[2] 陈思宇，陈茳，周力青，等. 基于知识图谱嵌入的旅游电子商务个性化推荐[J]. 商业经济研究，2023，(19)：86-90.

[3] 胡广伟. 互联网商务模式[M]. 南京：南京大学出版社，2022.

[4] 周庭芳，周娜，赵国庆. 跨境电子商务实务[M]. 重庆：重庆大学出版社，2022.

[5] 曹宇宁. 中国旅游电子商务网站产品与服务分析[J]. 山西财经大学学报，2022，44(S1)：48-51.

[6] 李晓明，徐和平，张小齐，等. 新编电子商务概论[M]. 北京：中国铁道出版社，2022.

[7] 明小波，冉敏，刘毅. 电子商务运营基础[M]. 重庆：重庆大学出版社，2022.

[8] 白东蕊，岳云康，成保梅，等. 电子商务概论[M]. 北京：人民邮电出版社，2019.

[9] 全国人大常委会办公厅. 中华人民共和国电子商务法[M]. 北京：中国民主法制出版社，2018.

[10] 赵相忠，王丹. 旅游移动电子商务网络服务场景对顾客忠诚的影响分析[J]. 商业经济研究，2018，(10)：51-53.

[11] 刘彦戎，胡翮. 电子商务基础与实务[M]. 南京：南京大学出版社，2017.

[12] 俞海，顾金媛. 数据库基本原理及应用开发教程[M]. 南京：南京大学出版社，2017.

[13] 刘桓，高志坚，程艳红，等. 电子商务基础与应用[M]. 北京：人民邮电出版社，2017.

[14] 徐林海，刘志铭，吴海兵，等. 电子商务案例分析[M]. 南京：东南大学出版社，2017.

[15] 高晶，钟若南，武虹. 旅游移动电子商务个性化服务设计[J]. 商业研究，2017，(02)：166-171.

[16] 吴明华，钟诚，许亮，等. 电子商务安全[M]. 重庆：重庆大学出版社，2017.

[17] 熊励，梁曜. 电子政务[M]. 重庆：重庆大学出版社，2017.

[18] 陈水芬，孔伟成，谭春辉. 网络营销[M]. 重庆：重庆大学出版社，2017.

[19] 冯柳平. XML技术及安全基础[M]. 北京：电子工业出版社，2017.

[20] 周虹. 电子支付与结算[M]. 北京：人民邮电出版社，2016.

[21] 林晓华，陈秀琼. 基于微信公众号平台的旅游市场O2O电子商务应用探讨——以厦门为例[J]. 企业经济，2015，(12)：136-139.

[22] 李炳义. 新媒体在旅游目的地营销中的应用研究——以微博为例[J]. 开发研究，2014，(06)：124-127.

[23] 李小斌. 移动电子商务发展策略研究——以张家界景区为例[J]. 企业经济，2014，33(10)：131-135.

[24] 黄莺. 新时代旅游电子商务发展的问题与对策[J]. 全国流通经济，2023，(19)：137-140.

[25] 张月婷，闫静，荆耀霆，等. 旅游电子商务平台发展模式纵览[J]. 旅游纵览，2023，(17)：184-187.

[26] 余弦，龙杰丽，王二帅. 在线旅游平台商家管理系统探析——以马蜂窝旅游网为例[J]. 西部旅游，2023，(14)：79-81.

[27] 谭颖. 电子商务在旅游酒店管理中的运用[J]. 现代商业，2023，(10)：31-34.